高等院校经济学专业精品课程

—— 城市经济系列教材 ——

U0610808

城市经济研究方法

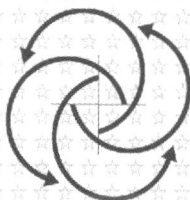

Methodology for
Urban Economy Study

姚永玲/编著

经济管理出版社
ECONOMY & MANAGEMENT PUBLISHING HOUSE

图书在版编目（CIP）数据

城市经济研究方法/姚永玲编著 . —北京：经济管理出版社，2020.6
ISBN 978 - 7 - 5096 - 7205 - 1

Ⅰ . ①城… Ⅱ . ①姚… Ⅲ . ①城市经济—研究方法 Ⅳ . ①F29

中国版本图书馆 CIP 数据核字 (2020) 第 098681 号

组稿编辑：申桂萍
责任编辑：申桂萍 刘 宏
责任印制：黄章平
责任校对：董杉珊

出版发行：经济管理出版社
（北京市海淀区北蜂窝 8 号中雅大厦 A 座 11 层 100038）
网 址：www. E - mp. com. cn
电 话：(010) 51915602
印 刷：三河市延风印装有限公司
经 销：新华书店
开 本：720mm×1000mm/16
印 张：14.5
字 数：252 千字
版 次：2020 年 6 月第 1 版 2020 年 6 月第 1 次印刷
书 号：ISBN 978 - 7 - 5096 - 7205 - 1
定 价：59.00 元

前　　言

由于城市在国家和地区经济中的重要作用，城市经济学越来越受到关注。作为一门新兴的交叉学科，城市经济学建立在经济学理论基础之上，既汲取了社会学、管理学的知识，也接受了很多地理学和生态学等自然科学的研究方法，焕发出巨大的生命力。

城市经济学研究包括的内容十分广泛，既包括自然、人文、社会、经济、政治、文化等内容，也包括空间、土地、住房、交通、犯罪、环境等领域，还涉及产业、财政、基础设施和公共服务等部门运行。城市问题既有宏观层面，也有中观和微观层面；既可以从经济角度解释，也可以从空间角度理解。因此，城市经济研究方法融合了很多学科的智慧，城市经济发展过程中的问题需要很多不同的方法来解决，任何一种能够解决城市问题的方法，都可以作为城市经济的研究方法；要想通过一个明晰的线索将城市经济研究方法贯穿起来，俨然是一个巨大的挑战。不仅需要阅读大量文献，而且要在理解方法的基础上，清楚该方法的起源、解决问题的思路，以及优缺点和使用范围。到目前为止，城市经济方面的著作和教材已有数十本之多，但是尚没有一本完整的关于城市经济研究方法的成果问世，这也正说明其难度之大。

笔者之所以选择了这样一个难题，主要是因为城市经济研究的成果汗牛充栋，所采用的方法庞杂、分布凌乱，初学者要想较快进入城市经济研究领域，面临选择的迷惘。如果能有一本系统介绍城市经济研究方法的书，能为研究者尤其是初入茅庐的学者整理出线索，为进一步研究城市经济提供一些指引。

本书围绕城市的空间本质特征，避开传统的经济学分析方法，试图将描述城市经济运行的空间规律，通过结构、关联、聚集和规模等几个不同的侧面进行介绍，期望对研究城市经济的学者提供参考。

尽管该书历经数年积累，并由很多学生为其提供素材，但仍不免对一些方法有遗漏。尤其是随着城市经济学研究的快速发展，新方法层出不穷，希望读者在此基础上，提供更多信息，以不断完善城市经济的研究方法，共同进步。

目　录

第一章 城市经济学研究范式与研究方法

城市经济学一般被归纳在经济学领域中；但与主流经济学不同，城市经济运行的基本规律主要是建立在空间经济的基础之上；而且与其他空间经济领域相比，城市经济是最能体现空间运行规律的学科。从大空间尺度来看，城市之间经济关系所构成的空间格局可以体现全国经济的空间结构；从中观尺度来看，城市经济体现了都市圈、城市群等地区经济发展的核心；从微观尺度来看，城市内部的产业聚集与空间重组是城市发展和演进的基石。因此，我们需要有一套反映这种贯穿上下的城市经济研究方法；在已有经济学和地理学基础之上，进一步明确城市经济研究的范式，寻找其研究方法的基本思路。

第一节 城市经济学的研究范式

根据联合国的统计，1950 年世界城市人口仅占全球总人口的 30%，2009 年全球就已经有一半以上人口居住在城市，预计 2050 年全球 70% 的人口将生活在城市，且尤以亚洲的大城市为主，同时，财富和生产力的 90% 以上集中在城市；2017 年底，世界前 15 位最富有城市的私人财富总值占全球总财富的 11%。这些现象凸显了城市在人类社会中的重要地位，使得城市成为人类社会发展和进步的标志。随着这种进步的加速度带来的翻天覆地的变化，城市所呈现出的日新月异面貌使人类进入到前所未有的、丰富多彩的世界。城市，正使我们经历惊心动魄的生活，也将成为我们赖以生存的世界。城市是这样的具有魅力，吸引着如此多的人口前来寻求美好生活，并成为人们对未来美好生活的向往之地。那么城市到底是什么？为什么具有如此神奇的魔力？

从空间上来看，城市是一片集中了大量人口、呈现出高密度人口及其高强度活动的特殊区域；从社会组织角度来看，城市是一种高度有序的、将自然与人文，政治、经济与社会有机结合的严密组织；从经济上来看，城市是在生产和消费领域高效配置资源的场所。可见，城市之所以具有生命力，是因为人类集中活动所带来的共同需求而产生的共同利益。正是这种共同需求和共同利益推动城市形成、发展和演化。由于地球上空间的非均质性，资源和要素分布不均衡；由于人们对共同利益的追求，导致资源和要素向条件好的地方聚集，从而在一些地方集中。因此，城市的本质是聚集导致的集中，城市的内在动力是人口集中、资源集中、要素集中带来的共同利益。这种集中使城市具有了诸多的核心功能。例如，集中生产、有效分配、规模消费，并成为地区的交通枢纽、金融中心、创新中心、政治中心、文化中心等，引领人类社会发展。

因此，城市经济就是围绕着聚集而产生的经济运行规律。与其说城市经济学是研究城市经济运行的科学，不如说是研究城市为什么会聚集、在哪里聚集、聚集的经济效益，以及所产生的影响和带来的变化。按照笔者对城市和城市经济的理解，如果将城市经济学分为理论和方法两大范畴的话，城市经济学的理论主要来源于经济学的均衡与非均衡模型、地租理论、外部性，关于规模报酬、边际收益、税收、成本，以及地理学中的区位论；方法则主要来源于对空间规律的描述、刻画和机制的分析。

根据上述城市与城市经济的本质，城市是一个立体的空间过程，甚至是四维和多维的立体空间过程，不但包括三维的地球立体空间，还是一个具有时间演化特征的四维空间，甚至不同演化轨迹的多维空间。因此，城市经济的运行规律遵循的是立体的空间经济规律，城市经济的研究范式就是关于经济空间运行规律的思维和逻辑。

与空间经济学相比，城市经济研究除了采用垄断竞争、内部外部规模经济、规模收益递增、核心—外围、自由资本、均衡与非均衡等理论和模型外，更注重城市的区位特征、关联与网络特征，空间演化轨迹，以及特定自然、社会和经济制度环境下的城市问题的解决。因此，城市经济研究范式是运用空间经济规律，准确描述城市问题和解决城市问题的目标导向型的研究方式。这种研究需要采用特定的空间技术和方法，描述城市问题、刻画城市规律、采用政策工具、寻找实施途径。随着信息技术的飞速发展，无论是空间分析工具还是大数据技术，都为城市空间运行规律提供了十分有效的工具。因此，从空间角度研究城市经济规律，是一种采用空间思维将逻辑思维方式、还原论方法、假设方法、一般均衡方法、边际效率分析方法、数理模型方法、可证伪等方法与对称逻辑思维、还原论与整体论相统一、公理方法、对称平衡方法、规范与实证统一、逻辑与历史统一、抽象与具体统一、典型案例分析等方法相结合的全新研究范式。

第二节　从对象到方法

与经济学和空间经济学不同的是，城市经济学更强调特定的研究对象。城市经济学的研究对象是以城市为核心的空间主体，由于空间的多层次和多维特征，其研究对象自然也是多层次和多维的。

一、城市是一种特殊的区域

城市从乡村衍生出来，就注定了这里有与乡村不同的生产和生活方式。相对农村而言，这里人口密集、土地利用和开发强度大，有完善的公共交通系统和基础设施、便利的公共服务和社会服务、良好的商业环境、聚集着高端产业和创新人群。城市经济就是要研究这样一种特殊区域内经济的运行规律。不同的区位特征决定了城市的这些特征具有很大差异。城市经济的研究就是经济理论和经济模型与城市区位特征相结合，研究其产业组织、人口流动、土地利用、基础设施、公共服务、交通规划、创新创意，以及商业环境等，从而为城市资源有效配和高效运行提供依据。从这个角度来看，城市经济的研究范式就是采用基于区位的空间思维，发现和解释城市经济规律。例如，基于地理学第一定律就城市而言，城市之间的联系随空间距离增加而减少，来解释处于不同地区的城市经济运行，使城市经济更接近现实。

二、城市是一种非均质的空间

城市的本质是聚集，城市的经济规律是因为聚集导致的资源和要素分布不均衡。正是这种非均衡的空间分布，构成了城市空间的异质性，即任何一点的经济属性都与周围其他地点不同。城市经济就是要研究聚集如何发生，在哪里聚集，以及聚集的后果；同时，还要研究不同地点的聚集规律，以及它们共同构成的城市空间整体特征。基于这种空间异质性，城市经济需要采用特定的空间技术和空间思维反映空间异质性、刻画空间格局、分析经济要素的空间异质性运行规律。基于这一点，一般的经济理论和经济模型需要纳入城市空间的内部结构，才能真实反映城市经济的异质性，需要采用能够描述城市内部结构的空间数据和分析技术，尤其需要将经济学的一般模型进行空间异质性改进，才能深刻揭示城市聚集以及聚集外部性的经济运行特征。从这个角度看，城市经济需要采用空间异质性方法研究经济规律，其研究范式就是对空间异质性的描述、刻画与分析。

三、城市具有规模属性

城市作为一种特殊的区域，其特征还与其规模有关。规模越大、发展越成熟，城市特点越突出，即规模越大、聚集程度越高，当然也越容易出现大城市病。因此，城市特征是规模敏感性的，规模在很多时候成为决定城市经济运行差异的基本前提。由于城市规模大小不一，规模等级导致城市的差异呈现等级差异，体现了城市规模等级的空间分层异质性。这就是所谓的城市规模等级体系。基于这种空间分层异质性，使得城市经济空间运行规律也呈现出空间分层异质性。解释和刻画这种空间分层异质性经济规律的方法，就构成了城市经济的一些研究方法。比如，采用城市规模等级的 Zipf 法则、异速分形等描述手段与经济模型和理论相结合，解释这种分层异质性特征构成了城市经济研究的内容之一。从这个角度，基于空间分层的规模报酬和经济的空间异质性研究方法，成为城市经济研究的基本方法之一，空间分层异质性也就成为城市经济研究的一种基本范式。

四、城市与腹地唇齿相依

城市从来都不是孤立的。城市从乡村演化而来，城市既是乡村发展的创新高地，也是带动乡村发展的"领头羊"；乡村既是城市腹地，也是城市经济的支撑。有什么样的乡村就有什么样的城市，两者构成了地区经济的"中心—外围"结构，城乡关系是唇齿相依的关系。尽管城市经济似乎与乡村无关，但城市经济运行中的要素时刻与乡村（或腹地）进行着流通，正是这种流通使要素不断提升、资源得到有效配置；正是这种流通，使得城市作为开放系统不断优化。因此，城市经济不但需要考虑城市与腹地的关系，更应该考虑城市与腹地之间的相互作用，以及这种相互作用产生的发展动力。"中心—外围"模型之所以得到高度认可，就是因为解释了城市与腹地经济的这种相互关系；离开了城市与腹地的相互作用，就会使城市经济陷入封闭循环而导致城市的消亡。城市经济在采用"中心—外围"模型时，需要考虑的是，城市中心在哪里、外围地区又包括怎样的范围？只有进一步明确城市中心的区位和地点以及两者之间的差异程度，才能较好地理解不同城市与其腹地的关系。从这个角度看，城市经济的研究范式就是将"中心—外围"模型地域化、明确化，才能更加接近真实的城市与腹地，从而构成经济的研究范式。

五、城市之间构成了复杂的网络空间

城市除了与腹地是相辅相成的关系以外，城市与城市之间也密切相关，不但不同规模的城市之间依次构成了中心与腹地的关系，在不考虑规模的情况下，任何城市之间还都存在着联系。这种联系一般遵从两种规律：一种规律是两两城市之间的联系与距离有关；另一种规律是在同等距离条件下，越是大规模城市之间的关系越为密切，从而使城市之间形成了复杂的网络结构。这种网络结构既有层级特征，也有垂直特征；既遵从地理学第一定律（就城市而言，城市之间的联系随空间距离增加而减少），也遵从地理学第二定律（就城市而言，城市之间的空间联系具有分层异质性，大规模和高级别城市之间联系密切；反之，则联系较为松散）。研究城市经济就是要在考虑上述空间网络特征的基础上，发现不同城市之间的经济要素流动与空间配置的规律。例如，城市群的经济网络模型，就是要将经济模型纳入城市网络中，来发现和解释经济要素的网络运行规律。从这个角度看，用城市空间网络结构的分析技术和工具解释城市经济的理论与模型，成为城市经济研究一种基本方法。

第三节　从理论到方法

城市经济采用了很多相关学科的理论与模型，将不同学科的理论和模型运用到城市经济研究中，是城市经济研究的一个突出特点。目前比较常用的理论有聚

集经济、外部性、规模经济、新经济地理、企业区位理论、城市住宅区位理论、动态城市模型和空间均衡模型等。这些模型从不同侧面反映了城市经济的运行规律，但是要将这些模型落实到具体的城市空间，不仅仅是运用城市数据对其进行检验和实证，更需要采用特定的方法对其进行修正；或者结合不同的城市空间特征，进一步进行假设或者空间整合与分割处理。无论采取何种方法，其核心都将围绕城市复杂的空间结构，通过异质性的空间逻辑思维，归纳、演绎，假设和还原，实现对城市复杂结构经济运行规律的解释。因此，空间异质性的逻辑思维是在现有经济理论和模型基础上，发现城市经济现象的基本研究范式。

一、聚集经济

越来越多的理论和经验表明，经济主体在地理上接近和集中，能够创造更多价值。城市经济学将这一现象称为集聚（聚集）。但是，仅仅研究这种集聚现象并不能完全解决城市经济效率问题。在哪里集聚、如何集聚以及集聚程度，不但需要特定的测度方法，更需要考虑不同的空间区位和空间异质性，尤其是需要考虑在不同地点的集聚，在何种空间范围内集聚，集聚的空间组织方式，以及哪些因素产生集聚，哪些因素不利于集聚，或者集聚对不同城市和不同经济要素产生的影响，才能为提高城市经济的集聚效应提供有效决策。

集聚在城市的不同区位，将改变城市的空间结构，就需要根据城市经济要素的分布特点，选择集聚中心，这时集聚中心的选择完全是基于城市空间异质性特征。集聚中心的大小以及范围，则与城市空间的不同功能相对应；辐射范围广的集聚中心规模更大，集聚程度也更高。集聚的组织方式，即垂直分工还是横向分工形成了产业专业化抑或多样化集聚，依赖于城市的产业特征和发展阶段，以及集聚功能。这些与集聚相关要素的空间分布，都具有空间异质性特征，因而离开具体的城市空间研究集聚，将导致集聚成为"空中楼阁"。

二、外部性

城市经济的外部性特征是保持其持续增长的源泉。集聚和规模所产生的收益都是因为外部性带来的。自马歇尔发现了城市经济的外部性以来，城市经济的很多现象得以进一步明确，并使很多模型都可以借用从而对城市经济的运行规律进行解释。这种外部性使城市空间的异质性变得更加复杂起来。最初的异质性导致空间不均衡，这种空间不均衡影响企业的区位和选址，也影响了企业之间的交易以及交易费用，并同时导致了空间的外部性。又由于这种外部性会产生新的力量和空间非均衡，导致了一种新的空间异质性，从而使得外部性与异质性总是处于动态性的相互作用。当忽略空间异质性解释外部性时，往往使其结论与城市的实际越走越远。因此，对外部性的任何模型和理论都离不开空间异质性，城市经济的研究方法就是要寻找有效的方法，体现这种异质性。

三、规模经济

规模报酬递增是规模经济的核心价值观。无论是将城市看作企业还是社区，城市的发展都是规模报酬递增的结果。与微观经济不同的是，这里的规模经济是外部规模经济。尽管在研究的时候往往可以通过外部规模经济内部化来实现，但是如果交易成本和交通成本超过一定阈值，就会导致潜在的利益相关者无法通过磋商达到最优状态，从而使科斯定理无法成立，就无法使集聚溢出内部化。这主要是因为城市是没有价格的，城市的外部规模收益也是没有价格的，城市之所以能够产生巨大的经济效益和可持续的经济增长，是由无成本的集聚产生的福利。从这个角度看，城市的规模经济依然来源于集聚，集聚经济和聚集不经济都离不开空间异质性，城市的规模经济也需要建立在城市空间的异质性基础上。空间的异质性会决定规模报酬递增还是递减，在哪里递增、哪里递减，以及哪些城市人口规模增加、哪些城市人口规模减小。

四、新经济地理的"中心—外围"模型

新经济地理为空间经济和城市经济提供了很多理论模型，其中，"中心—外围"模型引入了交通费用，解释了城市与腹地之间分工的形成以及城市作为中心与腹地的福利关系。但是，该模型在被具体运用到城市经济研究时，不但需要权衡集聚与分散力量在两类地区之间的博弈，还需要明确中心会在哪里产生，以及基于地区特点的集聚与分散力的形成与对比和演化，才能运用该模型解释不同城市在形成集聚时是否有帕累托改进。另外，该模型唯一假设的空间因素——运输成本会随着城市空间扩张而改变。按照该模型的假设，当交通运输成本进一步减少到最终可以忽略时，分散力促使城市消失，这显然与实际相差较大。可见，要将这种模型引入城市经济研究，必须要将各种空间要素考虑在内，尤其是空间并不是唯一的距离，而是由空间异质性所决定的区位差异。正是这种区位差异，使得集聚必然只能发生在特定地点而不是随机事件；同时，中心与外围呈现出相对

性（任何一个地点都可以是其他地点的外围，也可以是其他地点的中心，主要取决于所选择的要素对象）和连贯性，而绝不是绝对的零和博弈关系。正是这种相对性和连贯性，构成了异质性的连续城市空间而不是断裂空间。

五、企业区位论

建立在非凸性技术上的城市企业活动，使企业为了占据最优区位，必须在城市空间进行选址。选址主要根据两方面的比较，即成本和收益。一方面，企业试图选择在最接近市场的区位以获得最大收益；另一方面，又试图降低成本，选择在土地价格最低的地段，从而最大限度地降低成本。两者比较的最优结果构成了企业的最优区位。当凸性技术难以解决城市空间区位的异质性时，以区位论为核心的研究范式出现了，这些范式能够在很大程度上解释生产要素和消费者分布的空间不均衡性，并且构成了城市经济研究的经典理论。例如，以韦伯区位论为范式的研究，讨论单个工厂的区位和技术选择，解释了生产者的区位选择；杜能圈层区位的研究，解释了基于完全出口竞争生产的土地利用模式；霍特林与廖什的研究范式，则主要讨论了专业化厂商在产出市场中的寡头垄断。尽管韦伯区位论还不能解释市场参与者的选择，杜能区位论限制了对生产投入要素流动性的分析与相互作用，霍特林和廖什忽略了如何从不同的空间获取收入等问题，但是，基于空间异质性的思路和逻辑，使它们各自都构成了特定的研究范式，成为解释和发现城市经济运行规律的基石。

六、城市住宅区位理论

与企业选址是为了获取最大收益不同，住宅选址是为了追求效用最大化。由于不同地段能够带给居民的收益不等，对理想地块的竞争导致了土地价格的空间差异，其均衡条件是通过土地价格与通勤成本实现。由于人口密度决定竞争程度，因此这类模型有土地市场模型、住房模型、最优城市模型、拥挤模型、离散选择模型等。尽管由于目的不同，这些模型都有着各自的结构和表达方式，但是它们的共同特点都是基于城市空间的异质性，从而在这些模型基础上，解释了城市单中心和多中心的形成机制，使得不同城市构成了与自身相适应的空间结构。由于城市空间结构的多样性，在采用这些模型时，需要根据不同城市空间的特点和研究对象与目的，对模型进行修正和改进，不断丰富和完善城市经济的研究范式。例如，在单中心模型中，如果引入家庭竞租函数，就需要考虑在多类竞租情况下，找到均衡解。虽然在理论上可以设定若干个参数来描述不同的竞租者，但由于竞租者的差异是连续变化的，需要在模型中加入更多微分方程才能得到最优解，这在实践中难以实现。这个问题为今后的研究提出了方向，即如何解决模型中的差异连续性问题，这是城市经济研究需要突破的核心难题。随着信息技术的突飞猛进，出现了对城市区位的计算机模拟模型，如土地利用预测模型、根据折中经验形成的计量模型、重力类型模型、UI 模型和 NBER – HUDS 模型等，正在成为解决空间异质性连续分布的重要工具。

第四节　从问题到方法

城市经济学属于应用经济学科，其目的是运用经济规律解决城市问题。因此，学界对城市经济学的普遍界定是，把任何系统地运用经济学原理来解决城市问题的研究都当作城市经济学。因此，城市经济学以解决城市问题为目的，从经济学角度寻求公共政策方案；运用经济学手段研究城市地区的特有问题与活动；以城市为研究对象，运用经济手段研究空间选择行为，从内生性上解释城市经济规律。从实际应用的角度来看，城市经济学与理论经济学最大的不同是问题导向型的学科。由于城市问题随着城市发展层出不穷，这就是城市经济研究不断面临新的目标和内容，需要城市经济不断采用新方法应对挑战。

在发现城市问题、认识城市问题的时候，经济学往往忽视城市决策的空间因素。城市经济研究需要探讨经济行为发生的地点，即运用经济学分析方法来解释城市为什么存在、在哪里发展、怎样扩大以及不同的人类活动如何在城市空间进行安排。由此可见，离开对空间选择问题的追求，就会动摇城市经济学的根基和对关键问题的关注。同样，城市问题随着城市活动的空间异质性，也具有空间的特定性。如果说，城市经济学的核心问题是空间选择问题，那么解决城市问题就需要从空间选择出发，不但从空间角度认识问题，还要从空间角度提出解决方案。随着城市病日益突出，城市问题愈益成为城市经济学关注的话题。

由于城市问题大多与生产无关，甚至与生产相冲突，如果过于集聚就会导致交通和污染使生活成本上升、社会福利和生活质量下降；住房占用土地与产业用地从来都是城市空间的一对矛盾。对于以生产和消费为核心的经济学而言，其城市经济研究领域向外进行了大量延伸，成为与社会学、管理学、环境学、基础设施建设、财政学等交叉和融合的综合学科。因此，从解决城市问题的角度来看，城市经济学是多学科交叉的空间决策和解决方案，其研究范式就成为多学科交叉和融合的空间选择和空间决策思维和逻辑。

一、城市交通

工业革命创造了现代化大都市和便捷的交通工具，但由于机动车和私家车增加而导致交通拥堵和效率降低。其原因大致可归纳为，城市道路容量不足、机动车数量过多、公共交通系统效率不高、交通规划不合理、路网衔接不畅，以及交通需求增加、空间需求不均衡，导致居民出行难度加大、通勤用时过长、机动车污染加剧。这是一个涉及建设、规划、调度、管理，甚至经济和社会发展，以及城市空间资源配置的全局问题。仅仅关注交通建设与运营的成本与收益，显然不能找到根本解决方案。因此，解决交通问题的城市经济学，需要从城市总体规划就开始关注空间资源与要素配置，不但要关注交通规划与建设，还要关注城市发展以及空间变动带来的交通需求极其空间格局；不但关注交通建设和运营成本，还要重视交通的社会成本、私人成本和城市成本；不但关注交通运输产业，更要关注城市交通对城市整体效率的影响，以及城市交通对居民生活质量的影响；不但通过公共政策解决公共交通运行效率的问题，还要通过各种税收调节手段，引导交通供给的空间配置，并调节交通供给时间。从这个角度来看，城市经济学研究交通问题，关键在于对引起交通问题的空间识别、空间选择与空间政策。因此，具有全局视角的空间逻辑就成为解决城市交通问题的核心，城市交通的研究方法必须是综合多学科的空间分析与决策。

二、城市环境

城市环境问题比一般地区更为严重。环境经济学将经济发展引起的环境退化当作一种特殊福利经济问题，并责令生产者偿付费用；或者将环境改善作为一种商品，由消费者付费。但是，由于环境污染的外部性，除了倾倒废弃物能够找到明确的环境污染制造者，其他像大气污染，则难以找到直接的损害者，或者损害者并不在城市本地。这时的环境问题就变成区域问题，甚至是全球问题，作为城市经济研究，似乎就跨界了。

城市环境具有公共物品属性，是排他性和非竞争性的；环境问题又是外部性的。前者的经济运行是要保持供求合理化；后者纳入城市经济范畴需要使经济行为的外在影响内在化。两者都无法通过市场进行等价交换，或者全部纳入城市内部解决。可见，城市环境问题需要跨区域的共同治理，是更大空间区域的协同，已超越了一般城市经济学的范畴。

对于城市生态环境，从生态系统角度研究更为贴切。与区域生态系统相比，除了人与自然和谐以外，更强调城市内部的宜居环境，以及城市内部的环境组成、人文气息、社会组织与经济发展的关系，是一个更综合、更复杂的生产、生活、消费、居住、文化、体育、娱乐和健康等高度融合的自组织系统。解决环境问题，需要经济学向各领域延伸，需要思路开放、方法融合。因此，包容性研究将成为城市经济的范式。

三、城市住房

住房具有以下特征：基本生活必需品、重要的消费品、耐久性、空间固定性、不可分割性、复杂和多重异质性、市场的分散性、生产的非凸性、信息非对称性、交易成本的重要性和缺乏相关的保险与期货市场。住房既是一种城市福利又是城市经济的重要组成部分，这导致住房市场与其他商品市场不同，当用完全市场竞争理论解释时，存在信息不对称、交易费用模糊和外部性等市场不完善。尽管从住房市场的供给、需求，以及交换与运行方面，形成了住房福利经济学和很多住房市场模型，如居住区位理论、非静态耐久性住房模型、斯威尼模型等新城市经济学，以及非完全竞争与非竞争住房市场模型，但都只是对某一个方面的解释，对综合性的住房问题都显得力不从心。

住房经济作为城市经济的重要组成部分，需要从很多角度进行研究，不断出现的新兴经济学领域都有城市住房问题的影子，如福利经济学、资本与金融创新、迁移经济学等，随着住房问题的多元化，城市所有的问题几乎都与住房有关。因此，从住房问题角度看，城市经济学研究需要综合逻辑和全局思维。

四、城市基础设施

城市基础设施具有建设的超前性、系统的整体性、城市发展的先导性，其完善程度决定城市发展程度，其成本构成了城市后续发展的所有成本；而且还具有公共物品性、巨额资本沉淀性、成本劣加性、服务对象的地方性等特征。因此，基础设施本身的建设和运营难以遵循完全的市场竞争。同时，随着城市政府在基础设施建设和运营方面投入的财力有限，以及城市对基础设施需求越来越高，基础设施领域对社会资本开放，通过基础设施市场化解决供给不足的问题已经成了城市运营的趋势。将资本运作融入基础设施领域，是城市经济正在研究的主要内容。而在理论研究阶段，主要是通过用户目标和选址模型，尽量覆盖更多的用户和人群，使基础设施社会福利最大化。其结果是，将企业区位和居民区位理论相结合，将基础设施成为以追逐人群为导向的区位选址问题。从这个角度来看，城市基础设施的经济学回归到空间选址，以异质性为基础的空间区位论成为核心研究方法。

五、城市公共服务

城市公共服务不均等是困扰城市居民的问题之一。由于城市社区之间的差距较大，公共服务的质量和数量都难以满足居民的实际需求，尤其是优质公共服务资源有限，居民为了能够享受到较好的公共服务，往往要付出较大代价。比如优质教育资源、医疗资源和社区文化资源，都仅能覆盖城市少数地区，导致"医院经济""学区房"等，更是加剧了空间的异质性。如何实现公共服务均等化，不仅是城乡之间的问题，也是城市内部不同地区之间的问题；如何通过市场化实现付费与使用合理化，也是城市经济需要解决的问题。合理付费与公平本是一对矛盾，城市政府往往需要公共财政手段与市场手段相结合，比如对于基本公共服务进行财政转移支付，对于额外的优质服务由市场合理付费等解决办法。困难在于，基本服务与优质服务往往难以界定，政府参与的定价体系也往往受到挑战。其中，在空间上合理配置公共服务资源、区分不同服务的不同使用人群，是解决这个问题的关键。因此，城市公共服务的研究实质上是公共资源的空间配置和人群的划分，如果将前者当作垂直分异的话，后者可以视为扁平分异。从这个角度来看，城市经济研究需要对城市空间和要素进行两个维度的分异性研究，使之构成多维度的研究范式。

六、城市竞争力

城市竞争力是指城市为了自身发展，以求获得在区域内配置资源和使用外来资源的能力。资源是指能够为城市经济发展使用的所有资源，包括自然资源、社会资源、政治资源、经济资源、文化资源、居民素质和世界观；能力包括技术能力、管理能力、创新能力、投资能力、吸引力、发展潜力、品牌影响力、知名度、魅力，以及硬件建设和软实力。提高城市竞争力是所有城市追求的目标，既可以通过管理手段实现，也可以通过经济手段增强实力。解决城市问题的过程就是提升城市竞争力的过程，提高城市竞争力又能促进城市增强解决问题的能力，两者相辅相成。

研究城市竞争力，不仅是对不同城市进行排名，更重要的是，从城市之间的相互比较，发现不同城市的优势与劣势，通过改进不足，提升优势促进城市可持续发展。从这个角度，城市竞争力研究的理论基础是区域比较优势，通常采用的方法除了国际贸易理论、指标计算与比较外，比较常用的是区位商，以及衡量集中（或集聚）程度的指标与方法。克鲁格曼、赫尔普曼和格罗斯曼对规模经济分析比较优势的引入而形成的垄断竞争模型，将生产过程进行分解，从技术差异、专业化和制度方面，为竞争力研究提供了思路。利用这些模型研究发现，任何一个国家（或城市）的竞争力都来自保持高技术产业（创新能力）的长期比较优势。因此，创新城市和创新空间正在成为城市经济研究的主要领域。

基于这个角度，知识城市、智慧城市、创新城市更是以前所未有的速度不断为城市经济研究提供新的认知，使城市经济的研究方法更具有了多元化，尤其是随着信息技术工具的广泛使用，城市经济研究由原来注重模型和数学描述，转变为技术描述和技术解决方案。因此，以信息技术为工具的城市经济研究，正在成为城市经济学科的发展方向。

第二章　城市化测度及其分析方法

　　城市化（包含城镇的时候，又称为城镇化）可以从很多侧面、不同角度来理解城市发展过程。但无论哪一种表达形式，都围绕着一个基本前提：农村和城市是两个类型的区域，城市化就是农村变为城市类型的过程。故而在这个变化中，涉及事物的诸多方面，也产生了很多问题。这导致很难用一种指标或一个概念来准确表达城市化过程。因此，针对不同问题，研究时采用城市化在某一方面的指标会更有针对性。

第一节　城市化的概念与研究内容

　　从地区发展的总体演化特征来看，城市是建立在高密度人口聚集以及从事非农职业、现代生活习惯、多元化文化联系和多样化社会组织形态的集合。城市化是一个地区从农村变为城市的过程，包括人口、经济、社会、空间结构、自然景观、资源利用程度、意识形态、文化、生活方式和休闲等全方位特征的改变；且随着这个进程的不断深化，从低端走向高端、从外部形态变化到内在特征的全方位改变过程。其中，外在表现特征是指城市规模扩大和数量增加，内在改变则表现为各城市等级的晋升和城市质量的不断提高，并使城市在区域中的作用逐步增强，创新能力得到提升。因此，研究城市化主要是通过测度城市化水平来考察城市化和城市发展特征，为城市其他方面的研究提供参照指标和背景条件。

一、城市化的几种概念

最初的城市化主要以人口、产业、建筑等因素来衡量由农村向城市的变化过程，随着城市化实践的进程，其外延扩大的同时内容也随之丰富起来。

经济学强调的是由农村经济向城市经济的转化过程和机制。主要表现在：①产业结构角度，是指地区产业由第一产业向第二、第三产业不断演化；②劳动力构成，在第一产业就业人数减少的同时，非农产业就业总人数和比例增加；③消费方式，由乡村自给自足和适用于农耕的消费方式不断向适用于人口聚集和现代产业与生活方式的城市消费进化。如经济学家西蒙·库兹涅茨（1985）指出："一个大规模的工厂劳动力的增加，包含着一个稠密的人口社会，并使得从属人口也向城市转移，这种转移带来城市经济增长。"

社会学所定义的城市化，强调了居民行为方式和生活方式由农村社区向城市社区转化的过程，以及由此引起的各种社会组织及其社会结构和后果，包括养老、医疗、就业、教育等城市福利的覆盖程度，以及城市文明享受程度。

人口学城市化强调的是乡村人口转化为城市人口或人口流动到城市的过程。这个过程往往呈现出人口从乡村到城镇、从小城市到大城市的流动过程；伴随着人口流动，城市人口比重增加、乡村人口比重减少。又由于人口是各种因素的综合反映，因此用城市人口比重代表人口城市化水平。

地理学则更加强调人口、产业等由乡村地域特征变为城市地域的转化过程。包括城市景观的形成、市域范围的扩大、城市关系和城镇体系的形成，以及大都市区和城市群的形成和演化。

城市化的实质就是在发展工业、交通、信息、文化与生活服务以及向社会各阶层居民普及城市生活方式基础上的综合经济社会发展过程。随着城市化实践中出现的很多新问题和各学科对城市化理论研究的深入，不少学者欲摆脱本学科束缚，通过与其他学科的交叉和融合，探讨具有更普遍意义的城市化概念。美国学者弗里德曼（Fridemann，1973）将城市化过程区分为城市化Ⅰ和城市化Ⅱ。前者包括人口和非农业活动，在不同规模城市的集中过程和农村型景观转化为城市型景观的地域推进过程；后者包括城市文化、城市生活和价值观在农村地域扩散的过程。城市化Ⅰ是可见的、物质化了的城市化过程，而城市化Ⅱ则是抽象的、精神上的过程。因此，城市化是一个全面反映人类进步的过程。

二、城市化的相关内容

综上所述，城市化过程伴随人类发展的方方面面，城市化程度及其衡量指标只有与相关内容联系在一起才有实践意义，才能解决城市化过程中出现的问题。

1. 城市化与工业化和经济发展的关系

城市化、工业化与经济发展三者都是人类进步的标志，仅是从不同侧面反映而已。在实践应用中，往往希望通过城市化促进工业化和地区经济发展，这就需要知道三者之间的因果联系。

从经济发展的阶段论来看，快速城市化时期也是工业化快速发展阶段（工业化中期）和经济快速增长（一般是地区经济起飞阶段）时期，说明三者之间具有密切相关性。从数据分析结果来看，三者之间往往具有相互因果联系；但从逻辑上看，城市化是工业化和经济发展的结果。因此，为了保持三者协调发展的目标，人们往往通过一些指标及其之间的耦合关系，说明城市化的超前或滞后。

2. 城市与乡村的关系

城市是从乡村脱胎换骨而来，尽管两者是两种不同类型的地区，但实则存在着唇齿相依的关系。一方面，城市是地区发展的创新地和高端地带，引领地区发展方向；另一方面，乡村作为城市腹地，在为城市提供资源、农副产品的同时，其发展程度、规模和经济特点决定着城市的规模和等级。

城市化是一个地区从乡村变为城市的过程，研究城市化的时候，不可避免要涉及城市与乡村的区别，从这个角度有可能发现研究问题的指标及其相互关系。一般来说，两者的区别主要表现在以下几方面（见表 2-1）。

表 2-1　城市与乡村的区别

	城市	农村
人口属性	城镇居民	农村居民
职业	非农就业	农业劳动
景观	高楼等现代建设	田野
产业	第二产业和第三产业	农业
基础设施	现代生产和生活设施	分散、落后的设施
社会关系	公共关系	亲缘、血缘、家族纽带

	城市	农村
管理制度	公共秩序、社区服务、非经济管理职能	社会和经济管理职能
生活方式	快节奏的现代生活	按农时的慢节奏自主生活
创新性	创新发源地	接受地

按照佩鲁（F. Perroux）的增长极观点，区域经济是一种非均衡空间状态，增长首先表现在区域内若干个增长较快的"极点"地区，通过这些"极"的发展可以带动整个地区进步，这些"极"就是城市。由于城市同时存在集聚和扩散作用，一方面吸引着该地区资金、技术和劳动力向"极"流动，另一方面城市又能将自身的商品、技术、资金向周边地区释放。这种极化和扩散作用是空间的两种基本运行规律，也是城市运行的基本空间规律。因此，随着城市化，城市人口比重上升，产业结构转变和进一步提升，城乡居民收入水平不断提升，城市文明不断向农村渗透和传播，人的整体素质不断提高。因此，城市化不仅是从乡村变为城市的过程，更是社会全面进步的标志。

由于上述城市化相关内容之间的关系，测度城市化的目的在于发现这个过程中的各种现象与问题，尤其是解决从乡村到城市变化过程中各种要素之间的协调程度、各地区之间的空间关系，并提出解决对策。

第二节　城市化水平测度方法

研究城市化水平的目的不同，测度方法有别。一般来说，目标明确，则选择简单的单一指标；目标复杂或综合度较高，则采用综合指标。另外，为了避免单一指标的狭隘，还可以采用复合指标等多种方法。

一、单一指标法

由于研究问题的不同，城市化水平往往需要选择能够反映该问题核心内容的一个指标来表示。最常用的单一指标法是用城市人口占总人口比重，对一个地区的城市化水平进行衡量。也可以根据问题和研究对象的不同，用其他的单一指标，如使用非农业人口指标、城市用地指标、就业结构指标等。用单一指标法测度城市化水平的主要优点是，其表述意义突出，并便于进行国际比较；缺点是，不能全面反映城市化的本质内容，并容易受人口统计口径和行政界线变动的影响。

1. 人口城市化

人口是经济社会等各种因素的综合反映，又是最容易衡量的一个指标，故一般用人口城市化程度代替城市化水平，即一个地区的城市人口（或非农业人口）占总人口之比。该指标仅反映了人口在城乡之间的分布关系，不是严格意义上城市化水平，但简单明了，为各方普遍接受，且有很高的实用性。具体计算时又可以分为城市人口比重、非农人口比重和城市户籍人口比重三种方式。

（1）城市人口比重，是指特定地区内，生活在城市地区的人口与全区总人口之比。计算公式为：

$$Y = U/(U + R) = U/N$$

式中，Y 指城市化水平，R 代表农村人口，U 代表城市人口，N 代表地区总人口。此种表示方法简单易行，但有以下缺陷：①由于各国设市标准不一，地区内城市人口数量相差悬殊而缺乏可比性。②如果以行政区划单元作为城市，其人口规模随该行政单元的大小而有较大差别，并随界线的划定而发生变化，由于行政界线人为划定，以人口聚集区为核心，如果此界线划定范围大，则城市人口比例大；反之则城市人口比例小。尤其在我国，城市是一个行政单元，且具有不同的级别，城市内部还有城市（城中城），这种指标就无法采用。如果城市仅特指人口稠密地区，虽然从理论上来讲这种方法有一定合理性，但实践中存在统计区界定不确定性问题。随着城市范围扩大，这种界线每年都可能发生变化，难以有连续性数据。③城市人口所指模糊，不明确是居住人口还是就业人口，抑或是长期居住还是短期居住，由于人口具有极大的流动性，如果不加以界定，在具体操作时往往发生偏差。2004 年后，我国普遍采用城市常住人口（户籍人口和暂住人口），大多数情况下也用常住人口。

（2）非农人口比重，即根据户籍属性，某一地区的非农业人口占总人口比重为城市化水平指标。这个指标体现了人口在经济活动中的就业结构关系，较准确地把握了城市化的经济内涵，反映了城市化过程中生产方式的变化。其计算公式为：

$$Y = V/(V + W) = V/N$$

其中，Y 是城市化水平，V 指非农业人口，N 指区域总人口，W 指农业人口。由于我国的非农业人口不完全以居民的就业和生活特征来划分，而是以农业或非农业户籍属性划分，非农业人口在户籍属性管理中是指出生时的身份或者允许改变户籍属性后的身份，与所从事的职业和生活的地区往往不匹配，如城市农民工的出现；农村地区由于父母的户籍属性，出生时也有非农业人口。因此，这个指标仅能反映户籍属性的城市化，不能准确体现作为消费和生产特征的城市人口。

在此基础上还派生出了另一种方法，即产业劳动力法，具体计算公式如下：

$$Y = (P_2 + A_1)/P_0$$

其中，Y 为城市化水平，P_2 为非农业人口，A_1 为从事第二产业、第三产业的农业劳动力数量，P_0 是总人口。这个公式的实质就是把农业人口中实际从事非农业生产的劳动力划为了城市人口。沈迟（1997）通过珠江三角洲的实践最先提出该方法，意在我国现行体制下，既不增设统计项目及统计区，又能反映各地及全国的城市化实际水平。但由于人口统计口径和户籍属性的变化，被采用的较少。

（3）城市户籍人口比重，是指具有城市户籍属性的人口与总人口之比。计算公式为：

$$Y = H/(H + L) = H/N$$

其中，Y 是城市化水平，H 为城市户籍人口，N 为区域总人口，L 指非户籍人口。该指标主要用于特定城市地区。由于我国人口的户籍管理特征，一个城市地区内的人口既有当地户籍人口也有非户籍人口，既有非农户籍人口也有农业户籍人口。在快速城市化阶段，人口流动性很强，实际居住人口远远超过户籍人口；尤其是大城市地区，有的非户籍人口甚至超过了户籍人口。因此，该指标往往小于上述两种人口城市化数值。2004 年之前我国主要采用这种指标。

上述所有指标都存在空间尺度的问题。如在一个既有城市又有大范围农村地区的大尺度区域，这些指标可以说明某种意义上的城市化程度；但在一个小的空间尺度范围内，如某个纯粹的城市地区，衡量其城市化水平没有意义，因为它只是普通地区的一部分。另外，大城市地区的人口主要来自城市地区外部，用来自外部的城市人口与本地区人口之比，得出的城市化水平，不能反映本地乡村与城市的关系，是一个伪命题。

鉴于我国城市的行政属性特征，随着城市化的快速推进，我国很多大城市为了促进城乡一体化，将该城市内的农业和非农业人口一律改为居民（人口取消了农业和非农业户籍属性）；但是，其生产属性和福利待遇维持原状。这样就更难以区分人口生产和生活的城乡属性。新的人口户籍改革为这一指标的计算提出了挑战，也提出了新的研究问题，需要重新设计指标。

2. 空间城市化

空间城市化是指城市活动占用土地面积与地区全部土地面积之比，即以某一区域内的城市建成区用地面积占地区总面积的比重来反映当地的空间城市化水平。它体现的是城乡之间在地理景观和土地使用方面的差异。尤其对于城市连绵带和城市群，这种指标具有直观性和说服力。但由于在缺乏统计技术手段的条件下，土地数据获取存在一定难度，忽略了土地上的人口密度和土地利用强度；随着空间数据获取技术的不断改进，地理普查手段的完善，这一指标与土地上的人口密度和开发强度相结合，将很快得到普及。

鉴于我国城市的行政功能，城市界线以行政单元为界，在采用这个指标时有两种选择。第一种方法是城区面积与全市面积之比。随着城市空间的快速扩张，郊区县逐渐改为市辖区，故该指标也表示空间管理的城市化水平。计算公式为：

$Y = C/T$

其中，Y 是空间城市化水平，C 为市辖区面积，T 为全市面积。

第二种方法是建成区面积与全市面积之比，表示城市实际建设占用土地与全域范围的对比关系，比例越大，速度越快，则城市化进程越快。计算公式如下：

$Y = B/T$

指标意义同上，Y 表示城市化水平，B 为建成区面积，T 为全市面积。一方面，在城市快速扩张阶段，建成区面积总是处在变动中，变化速度也反映了城市空间的开发强度和扩张速度，比值越大强度越大；另一方面，由于城市行政界线的相对稳定，空间扩张占用较多郊区土地的同时就会减少未开发空间，故该指标也反映了城市空间扩张的潜力，值越大潜力越小。

3. 产业结构城市化

城市化也是由农业向工业或者非农产业变化的过程。根据配第·卡拉克产业结构演进原理，比农业更先进的产业依次是第二产业和第三产业。因此，在城市化初期阶段，一般用非农业产业的某个属性占全行业比重来表示城市化进程中去农业化的程度，用工业化率指数表示城市化过程中的工业化进程。两者分别从不同侧面反映了产业结构的城市化：前者直接用产值（或增加值）占比，后者用工业产值（或增加值）占总产值（或 GDP）比重来表示。

4. 行政管理城市化

由于我国的城乡二元管理体制，当农村地区变为城市化地区后，其行政建制和管理体制也将发生变化，一个地区由农村建制和管理体制变为城市建制和管理体制，反映了城市化管理水平的进程。从这个角度来看，用城市建制单元比例在一定程度上反映了这种变化，即以城市的最小行政单元街道①数量与全部建制的同级别单元数量的比例，或与乡镇数量的比例来表示（张可云，2015）。具体计算公式为：

$RUM = NJD/NXJ$

式中，RUM 为区域的行政管理城市化率，取值范围为［0，1］。纯粹的农村地区 RUM 为 0，真正的城市地区 RUM 为 1；NJD 与 NXJ 分别为区域的街道个数与乡镇单位个数。街道和乡镇个数虽然只是一个简单的指标，但反映了在城市化过程中，一个区域内部由乡村管理变为城市管理的变化过程，是政府响应这种变化做出的区域管理的结果。从这个角度来看，RUM 主要度量一个地区适应城市化管理要求的行政变化程度。RUM 值越大，表明区域适应城市化管理要求的程度越强。

行政管理城市化率仅仅度量了政府部门的城市管理程度，如果单纯从这个角度来衡量城市化管理水平难免有片面性，因此还需要一个反映这种制度变迁与实际城市化进程匹配程度的方法，这就是城市化管理指数，即用 NC 与 NP 分别代表区域的城镇常住人口和总人口数量，RU 代表区域的城镇化率，则区域的城市化管理指数 IUM 可表述为：

$IUM = RUM/RU = (NJD/NXJ)/(NC/NP)$

IUM 是度量区域的行政管理城市化率与城镇化率匹配程度的指数，其值越大，表明区域的行政管理城市化率与城镇化率越匹配。城市地区的街道设置是随着城镇人口密度增加的需要而设立的，因而往往滞后于城镇化率。因此，除了辖区已经完全城市化的行政区外，一般情况是地区的行政管理城市化率小于城镇化率，即该指数小于 1，这个指数的值域为［0，1］。这个指数将城市化的行政管理水平与城镇化率结合起来，考察一个地区的城市管理水平，说明了政府在城市化过程中的意愿与能力。

城市化是一个地区综合变化的过程，仅用任何一个指标都会存在以偏概全的

---

① 虽然街道不是一级政府但作为城区的派出机构行使城市管理职能，且与乡村最低一级对应。

嫌疑。当综合考察城市化进程的时候，往往采用多指标法。当采用多个指标时，一般会有两种处理方式：一种是将指标相加或根据权重计算指数，被称为综合指标法；另一种是采用特定的分析方法，将指标进行融合得出一个复合值，称为复合指标法（有学者将两种方法统称为综合指标或复合指标）。

二、综合指标

主要选用与城市化有关的多种指标予以综合分析，以考察城市化的水平。这种方法从不同侧面对城市化进行评价，主要从人口、经济、社会、生态等方面进行简单的赋值计算。例如，英克尔斯（Inkeles，1990）提出了一整套涵盖经济水平、人口居住质量、非文盲人口比重、产业结构情况等因素的、一系列指标构成的评价体系；联合国经济和社会事务部构建的生活质量综合指标，包括人均收入、人口出生率、非农产值百分比、文盲率、居民医生比和蛋白质消费量等 19 个指标，用来评价城镇化过程中居民生活质量变化。另外，联合国开发计划署的人类发展指数、联合国社会发展研究所建立的生活水平指数等，如果将其中的指标换成反映城市内部所属性质的指标，则同样可以综合反映城市化水平。这种综合指标法看似简单，但是选择依据难以确定，涉及工作目标、指标的代表性和内涵，尤其是需要足够的证据表明，所选择的指标是完整的、不可替代的。因此，需要长期工作积累和大量研究，实际操作较为复杂。

一般来说，综合指标的运用有两种情况：一种情况是对这种指标进行分年度计算，以观察其变化趋势，从而判断城市化随时间的进程；另一种情况是将发达国家在某一经济发展阶段上的相应数据作为目标值，计算出本地区的城市化水平后，再与目标值进行比较，以判断该地区的城市化水平。

城市化综合指标一般分为三类：人口指标、经济指标和社会指标；随着宜居城市和生态环境受到较高关注，生态指标也成为综合指标的重要组成部分。为了便于进行国家和地区间的横向和纵向比较，指标均采用人均量。

（1）经济指标：人口迁移变动的动因往往是经济效益，它直接影响人均收入。因此，在经济指标中一般选择人均收入作为城市化综合水平测度的指标之一。

（2）社会指标：是人们社会生活随人口聚集和设施以及就业特征而改变的指征。在众多社会表征中，医疗、教育和基础设施决定了城乡生活的本质差异，其完善程度也往往成为城市福利的象征。

（3）人口指标：该指标同上述单一人口指标类似，与经济和社会指标结合，可以更全面反映城市化的综合特征。

（4）生态指标：主要从能源消耗、自然环境建设、基础设施水平、资源利用率等方面，反映绿色发展和可持续城市的发展能力。

例如，日本城市学家稻永幸男等提出"城市度"评价方法，包括城市规模、城市区位、经济活动、就业和人口增长五个方面的内容。美国社会学家阿历克斯·英克尔斯提出的衡量城市化发展质量的 10 项指标为人均 GNP、农业产值占 GDP 的比重、第三产业占 GDP 的比重、非农就业者占总就业人口的比重、成人识字率、同龄青年中受高等教育的比重、城市人口占总人口的比重、平均每个医生服务人口、平均期望寿命、人口自然增长率。还有从经济、人口、空间和生活四个方面测算区域城市化发展水平：经济角度的城市化水平包括非农业产值密度、工业总产值、非农产业产值比重；人口方面包括城镇人口比重、非农业人口比重；空间角度的城市化水平包括城镇的分布密度、城市建成区总面积；居民生活方式的城市化水平包括人均社会小废品零售总额，人均邮电业务总量，交通运输网密度，每万人拥有电话机数和每万人拥有医院床位数。张黎鸥提出了政府投入、人口、经济、生活水平、文化教育、城市载体、科技信息七项一类指标，每项内部都分别包括了若干个具体指标。国家统计局城市社会经济调查总队与中国统计学会城市统计委员会构建了"城市发展指数"，包括：经济与结构，含城市人均 GDP、第二产业和第三产业增加值占 GDP 的比重；城市基础设施建设，含自来水普及率、家庭卫生设施普及率（污水排放设施普及率）、家庭电话普及率、人均铺装道路面积；环境保护，含污水处理率、生活垃圾无害化处理率、人均公共绿地面积；社会发展，含平均预期寿命、5 岁以下儿童死亡率、组合入学率（即中、小学入学率的加权平均数、成人识字率、大专以上学历人口占人口比重）、每 10 万人刑事和交通事故案件数；城市居民生活质量，含恩格尔系数、人均住房使用面积、居民人均储蓄、人均生活用电量、人均邮电业务收入。

三、复合指标法

复合指标法是将各种指标按照类型和级别划分，并采用一定的计算和归纳，复合而形成一个能全面反映城市化进程的表征值。城市化既包括农村变为城市的过程，也包括城市由低端向高端不断发展的过程，即城市化质量的提高。由于这类指标通常包括的内容全面、层级较多，且体现了城市本身的演化过程，更多地用于城市化质量的测度，因此，复合指标更适于衡量城市化质量。鉴于城市复合指标的目的不同，所采用的指标体系各有千秋，几乎每一种研究都可以构造各自的指标体系，因而难以形成统一标准，仅能提供借鉴，难以模仿和复制使用。

另外，综合测度方法存在一定的缺陷。该方法混淆了城市化水平与城市发展水平两个概念。城市化与城市发展是与经济社会发展和地区现代化建设息息相关的两个方面，两者在指标上有很多交叉之处，仅从指标的计算结果来看，难免混淆，在反映城市化阶段性方面明显不足。与经济发展和工业化阶段性类似，城市化具有阶段性特征，随着城市化的阶段性，城乡差距和居民收入都表现为倒 U 形曲线，即城乡收入差距在城市化快速阶段扩大，稳定阶段逐渐缩小。目前的指标都没能反映出这个阶段特征，而且存在主观因素和不可比性；指标的选取和权重的确定基本都系人为，失去了客观性；同时，每个指标都仅针对不同问题，具有问题导向和定制性，不具有普适性和可比性。

1. 复合指标案例

最初提出该指标的是日本城市地理学家稻永幸男、服部圭三郎、加贺谷一良在 1960 年研究东京郊区地域结构时，提出的城市度复合指标，由 5 类 16 个指标复合而成，用来研究东京郊区城市化的推进情况。1971 年，日本学者在《地域经济总览》中提出了地区总人口、地方财政年度支出额、制造业从业人数、商业从业人数、工业生产总值、批发业总额、零售业总额、住宅建筑总面积、储蓄额、电话普及率等，反映城市生产和生活状态的 10 项复合指标，来测算"城市成长力系数"。计算方法是，将两个不同时期上述 10 项指标的增减额除以各项指标的全国平均水平，然后再将所得标准值进行算术平均，所得结果即为该城市的成长力系数。

我国学者在采用复合指标时，把城市化作为一个区域经济的概念进行评价，直接使用人均 GDP 等多项指标，作为测度城市化水平的指标体系，然后采用一些分析方法计算出最后的指标值，以判断该地区的城市化水平。张耕田（1998）设计了九个指标反映人口规模和构成、经济规模及构成、交通便利程度等七个要素，构建了测度城市化水平的复合指标体系。都沁军等（2006）选取了经济城市化水平、人口城市化水平、地域景观城市化水平、生活方式城市化水平以及环境状态城市化水平五大类 29 个指标，构建了复合指标体系。王新娜（2010）根据城市化的内涵，以及数据的可获得性和全面性、动态性、可评价性等原则，用三项人口指标、三项景观指标、五项经济指标、六项社会指标、两项文化指标，构建了一套复合指标。梁普明（2005）提出了一个主要指标和四类辅助指标，共同建立的复合指标体系，其中主要指标是城镇化率，辅助指标是通过城镇化适宜度指数、城镇化初始动力指数、城镇化后续动力指数和城镇化质量指数四类指标组，进而计算出综合城镇化指数。该指数通过对全国各省区计算的结论认为，全国除上海以外，各地区都存在着一些制约城镇化进程的因素。李振福（2003）从城市发展潜力、城市发展经济力和常识发展装备力三方面，运用牛顿力学原理，提出城市化综合力的概念，来测度城市化水平。吴艳霞和张道宏（2005）采用复合指标时，首先用主成分分析，计算各子系统的得分，然后再用线性加和法计算总得分，最后按照不同分值对各地区进行分类，以考察不同地区的城市发展水平（或城市化质量）。另外，还有不少学者通过对不同子系统之间的耦合分析，从协调度方面，评价城市化的进程与发展水平。

在城镇化质量的综合评价方面，国家城调总队和福建省城调队课题组（2005）设计了一套综合指标体系，即在城市化核心载体和区域载体两个方面，分别构建了若干个子系统，并分四个层次形成群体指标，构建了一个复杂的指标体系。这个体系先设定目标值，决定各指标权重；然后计算城市化质量。结论认为，经济发展质量和城市化质量有明显的相关性。

2. 复合指标的计算方法

在设计了复合指标后，一是需要对指标进行分级，然后对个级别指标进行计算和分析，最后得出一个评价值。一般来说，主要采用主成分分析法、层次分析法、灰色方法以及熵值法等。它们之间存在共性，即应用时将变量分为一级变量和二级变量，甚至三级变量，然后进行计算。在分析时，数据应进行标准化处理，以消除数据在量纲上的差异；如果进行历史阶段的城市化水平纵向比较，人均 GDP 等经济指标一般用指数值或平减指数，以消除价格变动影响；如果进行国际比较，则按购买力平价进行换算。

（1）主成分分析。也称主分量分析，旨在利用降维的思想，把多指标转化为少数几个综合指标。在实际问题研究中，为了全面、系统地分析问题，将多个变量通过数学变换，把给定的一组相关变量通过线性变换转成另一组不相关的变量，在保持变量总方差不变的情况下使第一变量具有最大方差，称为第一主成分；第二变量的方差次大，并且和第一变量不相关，称为第二主成分。依次类推，I 个变量就有 I 个主成分。在衡量城市化水平时可以将经济类、社会类、土地、自然景观类等内部多个变量进行降维，然后计算最终数值。王文博和袁海

（2003）采用综合指标，运用因子分析方法，依据 1990～2000 年的数据，对陕西省的城市化进程进行了实证分析。林泉（2001）也用同样方法，采用 1952～1998 年的统计数据，对全国的城市化进程状况进行了研究。吴艳霞和张道宏（2005）运用主成分分析法，对陕西省主要城市进行了综合评价，并运用聚类分析对陕西省各城市的城市化水平进行了分类。

（2）层次分析法（Analytic Hierarchy Process，AHP）。是将与决策总目标有关的元素分解成目标、准则、方案等层次，在此基础之上进行定性和定量分析的决策方法。其特点是在对复杂决策问题的本质、影响因素及其内在关系等进行深入分析的基础上，利用较少的定量信息使决策的思维过程数学化，从而为多目标、多准则或无结构特性的复杂决策问题，提供简便的决策方法。华中和牛慧恩（2003）设计了 4 大类 11 个小类指标，采用层次分析法以及各态历经假说，分别对上海、北京、广州、天津、深圳的市域内外进行了评价和比较，结果显示："复合指标法测度结果最高，各态历经假说和指标比较法测度结果较低，主要由于各态历经假说所选样本数量有限；而指标比较法中特区外地区由于特殊的经济发展模式；工业用地和居住用地比重明显偏高。"

（3）熵值法。在信息论中，熵是对不确定性状态的一种度量。信息量越大，不确定性就越小，熵也就越小；信息量越小，不确定性越大，熵也越大。根据熵的特性，我们可以通过计算各地区的熵值，判断其随机性及无序程度；并用一级指标的离散程度来衡量城市化水平，指标的离散程度越大，该指标对综合评价的影响越大。在熵值计算时，第一步要设计指标个数和选取城市的样本个数，然后通过计算每个指标下各地区占该指标的权重；第二步是根据权重计算出熵值；第三步计算每个指标的差异系数，差异值越大，总目标的作用越大，熵值就越小；第四步计算各指标的权数；最后，用权数计算各年份的城市化水平。安琳等（2007）采用改进的熵值法，选取人口、经济、社会和城市建设 4 个一级指标和 18 个二级指标组成的指标体系，对西部 12 个省区的城市化水平给予了综合评价，指出："可以克服一些主观赋值法所带来的结果不稳定的现象，在一定程度上改善和提高了综合评价的质量，而且还可以判断城市化水平发展的时间变化趋势，为城市相关政府部门决策提供信息支持。"

（4）正态云模型。城市化的指标中往往包含有定量指标和定性指标。一般的定量方法是将定性指标定量化处理，但会产生较大误差。云模型是李德毅院士提出的定性定量转换的不确定性模型，可以有效地解决新型城镇化质量评价过程中的定性与定量不确定性转换问题，并同时能兼顾评价指标的模糊性影响。正态云的数字特征用期望、熵、超熵三个数值来表征。其中，期望代表定性概念论域的中心值，熵度量了定性概念在论域中可被接受的数值范围，超熵则是关于熵的不确定性度量。将该方法引入城市化质量评价，促进了城市化研究的进一步规范化。黄木易等（2017）采用时间序列统计数据，建立皖江城市带新型城镇化质量测评指标体系，通过其上、下边界来确定各指标云的三个数字特征，并通过 Matlab 利用正态云发生器算法，为各指标模拟生成了一个正态云模型。最后，各个评价指标所对应的等级用正态云的隶属度来判断。将三个年份的各城市 23 个指标的不同等级模糊隶属度矩阵 D 与指标权重集 W 进行计算，得到新型城镇化质量云模型评价隶属度矩阵。根据最大隶属度原则，将云模型评价隶属度矩阵中最大隶属度对应的等级，作为新型城镇化质量的评价结果。

（5）信息技术作为评价工具。采用信息技术对不同指标提供更准确的权重计算。其中，BP 人工神经网络就是较为成熟，而且可以应用的一种方法。它是通过对指标的非线性可微分函数进行权值训练而实现对指标的赋值。该方法是由鲁梅哈特（D. E. Rumelhart）、麦克莱兰德（J. L. Mcclelland）及其研究小组于1986 年研究并设计出来。由信息的正向传递与误差反向传播两部分组成，在正向传递过程中，输入信息从隐含层逐层计算传向输出层，每一层神经元的状态只影响下一层神经元的状态。如果在输出层没有得到期望的输出，则计算输出层的误差变化值，然后转向反向传播，通过网络将误差信号沿原来的连接通路，反传回来修改各层神经元的权值，直至达到期望目标。

井晓鹏和周杜辉（2011）采用 BP 神经网络，首先对陕西省的 83 个县及县级市的 5 类 17 个指标进行分类，将 83×17 个样本数据归一化后，输入训练好的 BP 神经网络，然后评价县域城镇化水平。曹飞（2014）将 BP 神经网络由两层扩展成三层，即输入层、输出层和隐含层，并使各层之间实现全连接，从而对中国城镇化质量进行训练与仿真。首先输入层的神经元个数选择为当年的城镇化质量各专项指标，以当年城镇化质量综合得分为目标值输出。总样本量 $n = 9$，以2004～2012 年居民生活、生态环境、社会发展、基础设施、城乡统筹、经济发展、空间集约的数字分比数据作为网络输入，2004～2012 年的中国城镇化综合得分作为理想输出。其中，2004～2010 年阶段作为学习样本，2011～2012 年阶段作为测试样本。隐含层中节点个数的确定，根据经验公式确定，即 $m = n + L + a$。用凑试法，m 为隐层节点数，n 为输入节点，L 为输出节点，a 为调节常数，

a 的值为 1 ~ 10。根据经验公式，经反复比较隐含层神经元从 3 ~ 15，最终发现隐含层神经元为 4 时仿真精度最高，由于确定隐节点个数为 4，所以该研究的网络结构为 7 - 4 - 1。通过用测试样本 2011 年、2012 年的城镇化质量各专项指标进行仿真，得到 2011 年、2012 年仿真的平均误差为 0.46%，训练样本及仿真样本整体平均误差仅为 0.73%。

陈莉和李姣姣（2012）采用遗传算法（GA）、蚁群算法（ACO）、微粒群（PSO）等人工智能方法，优化支持向量机参数的选择，通过得到的最优参数值，对城市化质量进行了评估。他们尝试将 GA、PSO 和 ACO 综合考虑，构成 GA - PSO - ACO 综合指数优化支持向量机，能将遗传算法、粒子群算法、蚁群算法优化的特点相互补充，弥补了遗传算法、粒子群算法、蚁群算法单独优化支持向量机的不足，更利于求得全局最优解。具体过程是，选取中国 33 个城市化试点城市、四个一级指标、54 个二级指标。首先对筛选后的指标数据集进行无量纲化处理，其次代入 GA - PSO - ACO 综合指数算法程序进行实验，将 GA、PSO、ACO 三种算法分别优化后的三组最优参数运用综合指数法综合为一组参数，重新代入支持向量机中进行实验，进而完成基于 GA - PSO - ACO 综合指数算法优化支持向量机的新型城镇化质量评价与仿真。

上述方法在具体衡量城市化水平时，一般都是先将决定城市化的各因素划分为不同的级别，然后根据各级别的权重进行计算，最后得出评估值。所得出的数据是否足够真实，主要依赖于因素的选择、级别的划分和权重的赋值。这些环节主要依赖于对实际情况的掌握和专家的经验。尤其在具体赋值时，很多因素无法定量描述，就需要采取一些技巧对半定性或半定量问题进行定量转化。

第三节　城市化进程、发展阶段与趋势预测

城市化不是一个孤立的过程，而是经济发展和技术进步甚至社会进步的一种标志。一方面，城市化也普遍遵循"S"形曲线；另一方面，与经济发展的其他方面类似，存在耦合关系。因此，除了用"S"形曲线描述其阶段性特征、预测未来趋势外，还通过考察城市化进程与其他因素进程之间的耦合关系，发现经济发展存在的结构性问题。在城市化与产业结构协调性方面，往往用工业化率指数

（即指工业增加值占全部生产总值的比重）与人口城市化的一致性，判断城市化速度是否合理。

一、城市化发展的 S 形曲线

1979 年，美国地理学家诺瑟姆（Ray M. Northam）发现，根据各国城市化发展过程所经历的轨迹，可以将城市化概括为一条稍被拉平的"S"形曲线。其数学表达式为：

$$Y = 1/(1 + Ce^{-rt})$$

Y 为城市化水平，C 为积分常数，表明城市化起步的早晚，t 为时间，r 为积分常数，表明城市化发展速度的快慢。随着系数 r 和 C 取值不同，可以给出各种发展经历的"S"形曲线。其中，C 值越小，表明城市化起步越早；反之则越晚。r 值越大，说明城市化发展速度越快；反之则越慢。这个曲线方程看似直观，但却有其较为深刻的意义。当然，这个表达式的前提是，城乡人口之间的增长率差距是恒定的；当不恒定的时候，需要加入一个波动值（周立彩和陈鸿宇，2001；屈晓杰和王理平，2005）。

首先利用微分方程推导城市化曲线走势，然后利用基期任意数据确定参照坐标。令 U_t 表示 t 时点城市人口，R_t 表示 t 时点农村人口，$u_t = \dfrac{\partial U_t/\partial t}{U_t}$ 表示 t 时点城市人口的时间变化率，$r_t = \dfrac{\partial R_t/\partial t}{R_t}$ 表示 t 时点农村人口的时间变化率，$d_t = u_t - r_t$ 表示 t 时点城乡人口变化率差，Y_t 表示 t 时点城市化水平，$\partial Y_t/\partial t$ 表示 t 时点城市化水平变化速度，则可以构建城市化水平速度和城市化水平的动态方程：

$$V_t = \frac{\partial Y_t}{\partial t} = \frac{\partial Y_t}{\partial U_t}\frac{\partial U_t}{\partial t} + \frac{\partial Y_t}{\partial R_t}\frac{\partial R_t}{\partial t} = Y_t(1 - Y_t)(u_t - r_t) = Y_t(1 - Y_t)d_t$$

保持不变的 $d = dt$，可以得到：

$$Y_t = \frac{1}{1 + Ce^{-d_t}} \quad （C 为任意积分常数）$$

在上述公式中，确定一个任意已知的研究时点为基期 t_0，基期 t_0 时点的城市人口为 U_0、农村人口为 R_0、城市化水平为 Y_0。考虑研究时点不变，从基期到基期的时段 $t = 0$，代入上述公式，可以很容易确定 $C = R_0/U_0$，因此上述公式可以更明确地表达为：

$$Y_t = \frac{1}{1 + \frac{R_0}{U_0}e^{-d_t}}$$

根据上述城市化各曲线特征，可以很容易看到：城市化水平时间路径曲线为一条在 0 和 1 之间右上倾斜的"S"形曲线；城市化水平速度曲线为一条以 Y = 0.5 为对称轴的倒"U"形正态分布曲线；城市化水平加速度曲线为一条以横轴为斜对称的"Z"形曲线。

很多学者根据这个表达式，对中外城市化进程进行了模拟。其中，对全球 1800 ~ 1982 年 180 多年来城市化发展水平的历史数据，进行时间序列回归后，得出的回归方程为：

$Y = 1/(1 + 5.7e^{-0.017t})$

其中，样本数 N = 15，相关系数 $r = 0.9989$，标准差 S = 0.008，检验数 F = 3588。

1. 对国外城市化进程的模拟曲线方程

分别对不同国家进行模拟后，各国的表达式分别为：

英国：$Y = 1/(1 + 0.57 e^{0.0143t})$，美国：$Y = 1/(1 + 1.61 e^{0.0233t})$

日本：$Y = 1/(1 + 8.56 e^{0.0327t})$，法国：$Y = 1/(1 + 1.24 e^{0.0142t})$

苏联：$Y = 1/(1 + 5.80 e^{0.0285t})$，印度：$Y = 1(1 + 10.46 e^{0.0144t})$

从上述各国城市化进程公式的参数可以看出，英国、美国、法国等工业化起步较早的国家，城市化也起步早，已进入城市化的高级阶段；苏联和日本的工业化起步稍晚，但城市化速度较快，已进入城市化的中期阶段；印度等发展中国家由于工业化起步晚，尚处于城市化的初期阶段。

2. 对中国城市化进程曲线的模拟

自改革开放以来，我国城市化与经济高速增长基本同步。由于我国城市化水平在不同省份差异较大，故分别对不同省份 1978 ~ 2017 年的城市化进行模拟，采用 STATA 软件对各省级行政单元的城市化进程"S"形曲线方程进行了模拟，结果见表 2 - 2。

表 2 - 2 显示，城市化起步最早的省级行政单元是上海，最晚的是云南；速度最快的是浙江省，最慢的是新疆。在上述方程的基础上，笔者还描绘出了各省级行政单元的城市化进程"S"形完整曲线，并指出具有真实数据的一段曲线（1978 ~ 2017 年）在整个曲线中的位置。这样，就可以直观地看出各省级行政单

元城市化的进程。由于图形较多，这里仅给出城市化起步最早和最晚、速度最快和最慢，以及 C 和 r 值接近中位数的三对典型的省级单元（见图 2 - 1）。

表 2 - 2　中国大陆各省级行政单元城市化"S"形曲线模拟方程找那个的参数 C 和 r 值

省份	C	r	省份	C	r	省份	C	r	省份	C	r
北京	0.86	0.051	上海	0.82	0.026	湖北	5.25	0.05	云南	14.95	0.065
天津	1.12	0.031	江苏	8.04	0.075	湖南	8.64	0.059	陕西	8.75	0.061
河北	14.04	0.074	浙江	14.51	0.098	广东	7.63	0.083	甘肃	6.33	0.039
山西	4.51	0.044	安徽	9.25	0.060	广西	9.36	0.063	青海	3.82	0.033
内蒙古	2.43	0.032	福建	12.04	0.084	海南	13.92	0.08	宁夏	6.02	0.052
辽宁	2.13	0.036	江西	6.43	0.049	贵州	13.47	0.059	新疆	2.60	0.019
吉林	2.18	0.028	山东	11.63	0.072	重庆	8.16	0.07			
黑龙江	1.5	0.022	河南	10.05	0.056	四川	12.18	0.066			

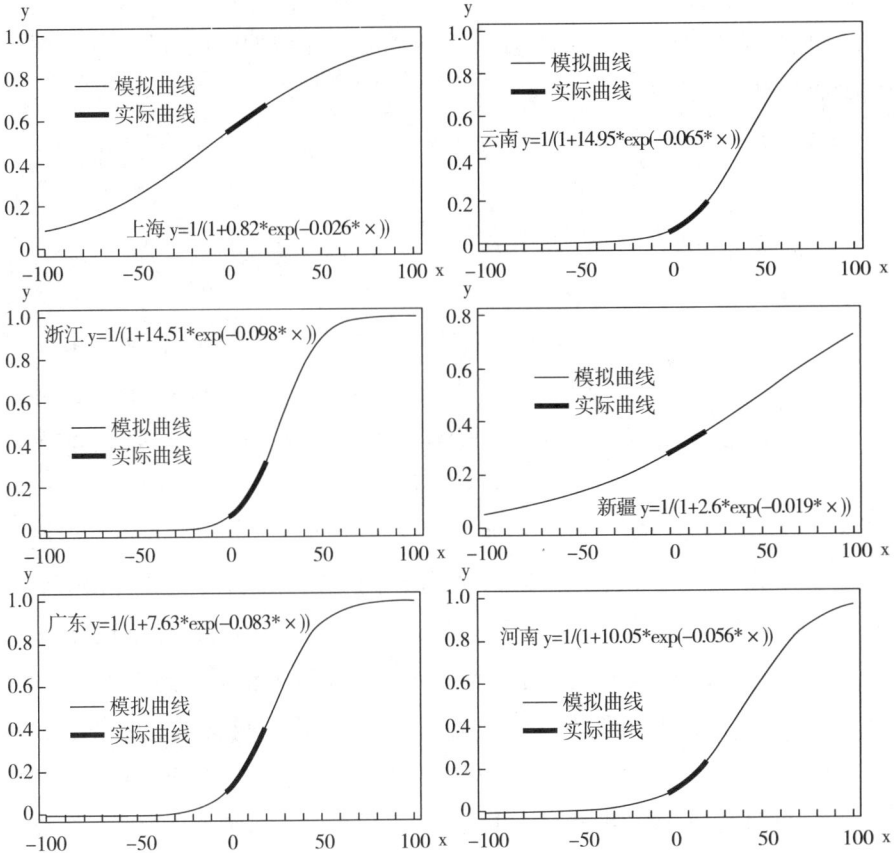

图 2 - 1　几个典型省份城市化进程的"S"形曲线

注：图中的 x 代表时间 t。

图 2 - 1 显示，城市化起步早则曲线较平缓，起步晚则曲线陡峭；发展速度快则曲线陡峭，速度慢则曲线平缓；起步处于中位数的广东省曲线陡峭，而且即使数据发生在快速增长的下半段；速度处于中位数的河南省尽管曲线较广东稍微偏平一些，但也处于快速发展的下半段。说明中国城市化整体上起步晚、速度快，而且还有较长时间的快速发展期。

二、城市化进程预测

根据城市化指标和发展规律，对城市化进行评估和预测是建立指标的主要目的。如何准确预测未来发展趋势，将对指导城市化和判断问题提供有效工具。预测的方法，除上述的"S"形曲线外，还有一些常用的方法。

1. 趋势外推法

按照前一阶段的城市化发展速度，测算今后一个时期的城市化水平。可选择的模型通常有：

$$y = a + bt$$

$$y = a(1 + b)$$

$$y = ae^{kt} 或 y = k + ae^{kt}$$

$$y = a_0 + a_1 t^1 + a_2 t^2 + \cdots + a_n t^n$$

式中，a、b、k 均为常熟，可以通过回归求得；t 为时间，y 为城镇人口数。例如，1984 ~ 1994 年，中国平均城市化增速为 0.97%，按照这个速度推算，到 2000 年的城市化水平为：33.0% + 0.97% × 6 = 38.8%，2020 年的城市化水平 = 33.0% + 0.97% × 26 = 58.2%。实际上，我国 2000 年的城市化水平为 36.0%，2017 年已经达到 58.52%；2015 年为 56.1%，就已经远远超过当年世界城市化水平的 54.0%。可以看出，前一时期预测值高于实际值，后一时期预测值低于实际值。其原因在于，这种方法是一种简单的线性统计，将不同时期的增长率看作固定不变值，当被采用的速度低于实际速度时，预测值偏低；高于实际速度时，预测值偏高。从上述的预测值与实际值比较可以看出，我国城市化率在 1994 ~ 2000 年的实际增长速度低于 1984 ~ 1994 年的阶段，进入 2000 年以来增长速度加快，导致城市化提前达到预测值，并提前超过世界平均水平。这说明，城市化进程是非线性的，在不同阶段，城市化速度都相差比较大的情况下，这种方法预测的城市化水平有较大误差。

2. 相关分析法

城市化是经济和社会发展的一个侧面，与很多因素都密切关联，因此用另一种因素的变化来预测城市化的变化，也是一种有效的方法。最主要的因素是经济和工业化程度。

用经济增长因素预测城市化的方法，主要按国民生产总值发展预测。一般来说，两者之间存在对数关系，即：

$$y = b\lg x - a$$

式中，x 为国民生产总值，y 为城镇人口比重，a 和 b 是两个常数，可以用较长的年份和较多地区样本的实际值，通过回归求得。根据世界银行的统计资料，当人均国民生产总值（GNP）为 820 美元时，城市化水平为 30% ~ 39%；当人均 GNP 为 1087 美元时，城市化水平为 40% ~ 49%；当人均 GNP 为 3621 美元时，城市化水平为 50% ~ 59%；当人均 GNP 为 6424 美元时，城市化水平为 60% ~ 69%。根据这种相关性，2000 年时，我国的人均 GNP 是 940 美元接近 1000 美元，城市化水平应该是接近 40%，实际值是 36.23%，有点滞后；其后若按人均 GNP 年均递增 7% 的中速增长，则到 2020 年，人均 GNP 可达 3870 美元，城市化水平应达 60% 左右；这之后若按人均 GNP 年均递增 4% 的匀速增长，则到 2050 年，人均 GNP 可达 8480 美元，城市化水平应达 70% 左右。张佰瑞（2007）总结了几位学者对城市化率与经济发展关系的模拟结果（见表 2 – 3），用这种方法得到的预测值与我国的城市化发展目标相一致。这说明，用经济发展水平预测相对比单纯的趋势外推法更准确一些。

表 2 – 3 几个学者的城市化与经济发展关系的表达方式

学者	方程	R^2	观察值
周一星	$Y = 40.62\lg x - 75.6$	0.9079	1977 年世界 157 个国家和地区人均 GNP 和人口
李迅等	$Y = 0.0721n\,(x) - 0.3064$	0.972	1980 ~ 1997 年的人均 GDP 和城镇非农业人口
李文溥 陈永杰	$Y = -65.4 + 16.31n\,(x)$	0.79	人均 GNP 城市人口
饶会林	$Y = a + bx$		人均 GDP 和工业劳动人口比重

用城市化与工业化之间的耦合关系进行预测，即用工业化率与城市化率之比来判断即 IU 比率：

$$IU = I/U$$

式中，I 为工业化率，U 为城市化率。其中，工业化率是指第二产业或工业增加值占 GDP 比重；城市化用用城市人口占全国人口比重。与上述的经济关联方法类似，也是按照国际通常的比例关系和两者的耦合程度来判断。但是，在实际应用中，主要用来考察两者的协调关系，从而分析两者不协调的原因，为城市化进程中的问题提供对策。根据城市化与我国工业化速度的分析显示，我国城市化滞后于工业化或"工业化隐性超城市化"（"工业化与城市化协调发展研究"课题组，2002）。改革开放到 2007 年以前的情况确实如此，但随着 IU 比例逐步下降，2008 年后工业化率已经落后于城市化率了（1997～2016 年 IU 比率见表 2-4）。

表 2-4 我国 1997～2016 年工业化率、城市化率与 IU   单位:%

年份	工业化率	城市化率	IU	第三产业比重
1997	47.1	31.9	147.6	35.0
1998	45.8	33.4	137.3	37.0
1999	45.4	34.8	130.4	38.6
2000	45.5	36.2	125.7	39.8
2001	44.8	37.7	119.0	41.2
2002	44.5	39.1	113.7	42.2
2003	45.6	40.5	112.6	42.0
2004	45.9	41.8	109.9	41.2
2005	47.0	43.0	109.4	41.3
2006	47.6	44.3	107.3	41.8
2007	46.9	45.9	102.1	42.9
2008	46.9	47.0	99.9	42.8
2009	45.9	48.3	94.9	44.3
2010	46.4	50.0	92.9	44.1
2011	46.4	51.3	90.5	44.2
2012	45.3	52.6	86.1	45.3
2013	44.0	53.7	81.9	46.7
2014	43.1	54.8	78.7	47.8
2015	40.9	56.1	73.0	50.2
2016	39.9	57.4	69.5	51.6

表 2-4 显示，1997～2016 年，IU 一直呈下降趋势，尽管 IU 比率比较高，但随着产业结构变化，自 2008 年以来工业化率小于城市化率。其原因在于，随着产业结构调整，第三产业比重迅速提升所致。三者的变化关系见图 2-2。

图 2-2 显示，工业化率比较平衡，仅在 2010 年后表现出一些下降趋势，但是 IU 比率一直呈现比较快的下降趋势；相反，城市化率和第三产业比重则总体处于上升状态，反而是第三产业和城市化率的关联性更强。因此，根据 IU 比率判断城市化是超前还是滞后，仅适用于特定时段和特定情况。

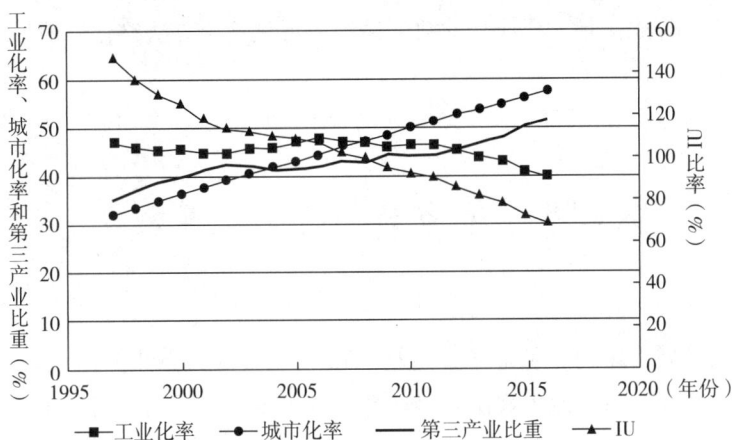

图2-2　工业化率、城市化率、大三产业比重和 IU 比率变化趋势

3. 联合国法

联合国的一个机构按城乡人口增长率差推算世界各国、各地区城镇人口比重，被称为联合国预测方法，简称联合国法。主要是根据已知的城镇人口和乡村人口，计算出两者的增长率差，然后假设城乡人口增长率差在预测期保持不变，则利用趋势外推法，可得预测期末的城镇人口比重。

首先，计算城乡人口增长率差，计算公式为：

$$K = \frac{1}{U(i)} \times \frac{dU(i)}{dt} - \frac{1}{R(i)} \times \frac{dR(i)}{dt}$$

式中，K 为城乡人口增长率差，$U(i)$ 为 i 时期的城市人口，$R(i)$ 为 i 时期乡村人口，t 为时间。对这个公式进行不定积分后，最终可以得到：

$$Kt + c = \ln U(i) - \ln R(i)$$

设 $PU(i) = \frac{U(i)}{T(i)}$，$T(i) = U(i) + R(i)$，则公式可以变为：

$$Kt + e = \ln \frac{U(i)}{T(i)}$$

$$e^{Kt+c} = \frac{U(i)}{R(i)}$$

$$1 + e^{Kt+c} = \frac{R(i)}{U(i)} + 1 = \frac{R(i)}{U(i)} + \frac{U(i)}{U(i)} = \frac{T(i)}{U(i)}$$

$$PU(i) = \frac{U(i)}{T(i)} = \frac{1}{1 + e^{-Kt-c}} = \frac{1}{1 + \alpha e^{-Kt}}$$

最后一个公式正是 S 形曲线的数学模型，可见这个方法符合一般城市化进程原理。

第四节　城市的郊区化及其测度

郊区化是城市化的一种形态，是指城市（尤其是大城市）经过聚集后由于聚集不经济和大城市病而出现的扩散现象，人口和产业从城市中心向郊区迁移，导致城市不断向外扩张。由于这种过程有很多表现形式，有很多不同观点来描述郊区化：①郊区化是指人口、就业岗位和服务业从大城市中心向郊区迁移的一种离心分散化过程。②郊区化是城市在经历了中心区绝对集中、相对集中和相对分散之后的一个绝对分散阶段，代表了人口、就业岗位和服务业从大城市中心向郊区迁移的一种分散化过程。③郊区化是指集中城市化发展到相当程度，出现城市发展"门槛"，城市出现了"聚集不经济"现象。此时，"扩散"效应逐渐开始居于矛盾的主要方面，出现中心城市人口、就业岗位、服务业向郊区迁移的一种离心分散现象。④郊区化是指由于中心区地租昂贵、人口稠密、交通拥挤、环境恶化，形成巨大的推动力，促使市中心人口、就业岗位和服务业形成相对中心区而言的城市离心化现象。虽然对郊区化的表述各不相同，但核心内容都是围绕着向外迁移而表现出的城市发展"扩散"状态。因此，衡量郊区化的关键是如何衡量这种"扩散"，即通过比较中心与外围地区的密度变化衡量郊区化的形态。

郊区化的原因不尽相同，如交通改善、郊区新事物吸引、低成本等。西方发达国家郊区化经历的时间较长，根据引起郊区化的不同主导因素，以美国为主，划分了五个阶段：郊区化前的外迁，主要研究外迁的内容、方式与机制；20 世纪 20~50 年代私人汽车为主导因素的郊区化时代，主要研究私家车对郊区化的作用，以及分布格局；50~80 年代普遍郊区化时期，主要研究郊区的发展与多样化问题；80 年代的郊区化主要研究郊区作为城市功能的补充和提升，以及完善郊区功能的途径；90 年代后的郊区化，主要研究边缘地带的形成与可持续发展，以及与中心城市之间的关系。针对郊区化过程的研究方法无外乎都集中在描述这种外迁的过程。

一、指数密度函数估计法或人口密度梯度法

克拉克（C. Clark，1951）在探讨大都市的人口密度函数灵敏度的时候，估算了各种大都市区的指数密度函数，并观察到密度函数随时间变化而呈下倾趋势，这种趋势正是郊区化的一种主要特征。这种指数密度函数就成为郊区化的衡量指标：

$$D_{(x)} = D_0 e^{-bx}$$

式中，$D_{(x)}$ 是离大都市中心 x 英里处的人口密度函数，D_0 为市中心的人口密度。参数 b 是离市中心的距离每增加 1 英里人口密度减少的百分比，亦即人口密度梯度。由于这个指标通过密度变化反映了城市郊区化过程中的空间突变过程，因此成为衡量郊区化的指标。如果 $b > 0$ 且很大，则说明城市向外围地区的密度降低很快，即外围地区呈现的是明显的郊区；如果 b 值随着时间推移变小且小得较快，则说明，郊区密度增长较快，即要素从城市向郊区迁移的速度很快，说明郊区化程度较高。因此，随着 b 值的减少，大都市区变得更加郊区化了。

克拉克认为，"大都市郊区化随时间的变化呈近乎普适分布"。指数密度函数是大都市空间组织的古老的单中心模型的一种递减式方程。该方法的优点是，不管大都市区管辖范围的边界区位如何，均可借助适当的资料进行估计。该方法的不足之处是：①由于中心城市和其他管辖范围的边界偶尔是变动的，特别是在当存在城市"飞地"现象时，管辖范围可能会影响密度分布。②仅将与中心城市的距离作为模型的外生变量，视"郊区化"为人口密度梯度，忽视了产业的郊区化现象。③在多中心都市区内，密度函数有多个峰值，而非单一递减形式。

二、布兰德福德－凯里建（Bradford–Kelejian）的度量方法

1973 年，D. Bradford 和 H. Kelejian 把生活在中心城市总人口的一部分与中心城市的土地面积的一部分联系起来，提出了一种度量郊区化的新方法：

$$\frac{P_e}{P_e + P_s} = \left\{\frac{L_e}{L_e + L_s}\right\}^{\theta} \qquad (0 < \theta \leq 1)$$

式中，P_e 和 P_s 分别为中心城市和郊区的居住人口，L_e 和 L_s 分别为中心城市和郊区的土地面积，θ 是郊区化的度量。$\theta = 1$ 表示中心城市的人口份额等于其土地份额；$\theta < 1$，则表示中心城市密度超过郊区密度。随 θ 值增大，相对于固定不变的土地面积而言，郊区分布着越来越多的人口，则说明大都市区变得更加郊区

化了。该模型是一个参数的函数系，任何管辖范围的影响必然被 θ 所包容。只是这种函数形式并不符合任何一般城市模型的递减形式，而是比较两个因素的变化程度，相对地解释另一种因素的变化，使用起来较为简单，且结论显而易见。

采用该模型，对北京、上海和天津进行了测试，结果见图 2 - 3。三个城市的曲线都在缓慢上升，其中，北京和上海上升较快，天津相对较慢。这说明，前两者的郊区化快于后者。

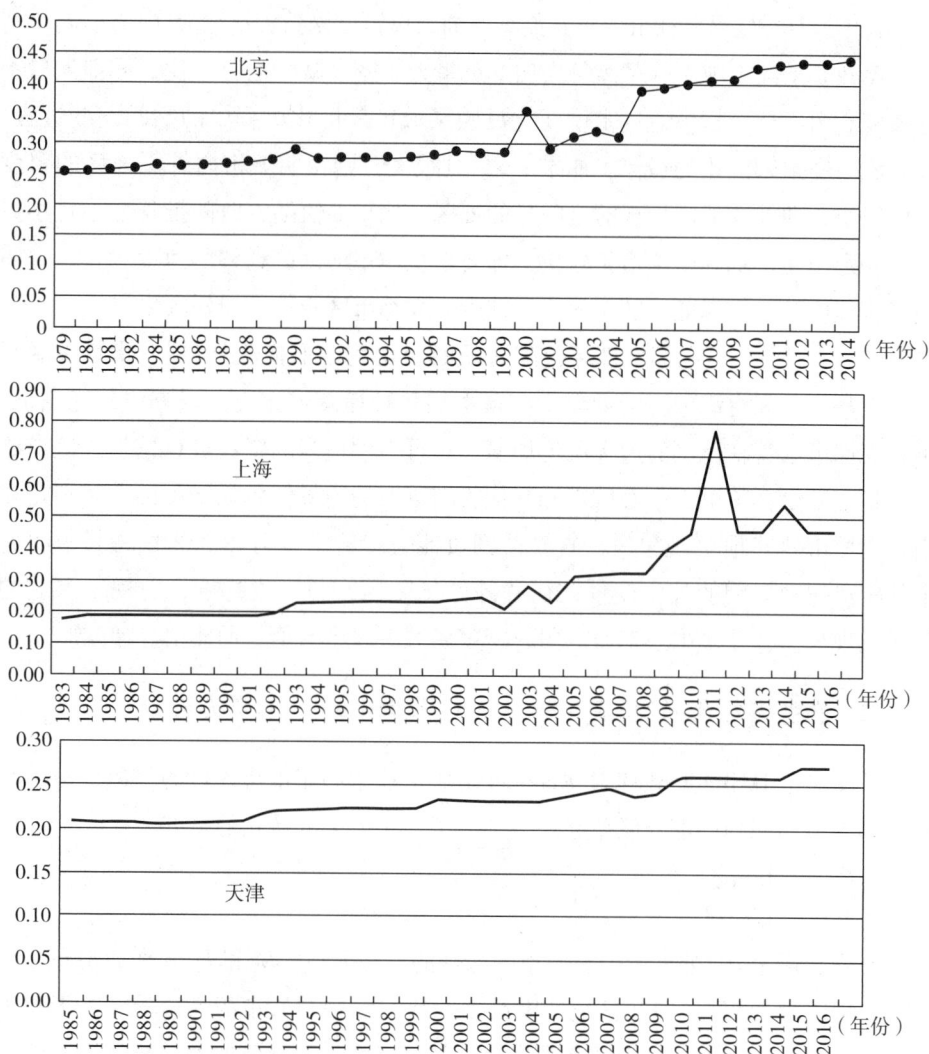

图 2 - 3　北京、上海、天津三个直辖市郊区化程度比较

三、离散选择增长模型估计法

惠斯顿（W. C. Wheston）运用一个离散选择增长模型，通过比较郊区与大都市整体特征之间的增长率，来表示郊区化程度：

$$g_i = g \frac{F(x_i)}{\sum_i F(x_i)}$$

式中，g_i 是大都市区的第 i 个郊区县的摸一个因素的增长率，g 是整个大都市区某个因素的增长率，x_i 是第 i 个县的特征指标。这个模型与上述的布兰德福德 – 凯里建度量方法类似，也是一种相对比较法的思路。不同的是，将变量由人口和土地的比较扩展到所有因素之间，以及用城市整体代替中心区，使郊区变动与整体变动相关。该模型的优点是，每个郊区单元的增长依赖于大都市内所有单元的特征，避免了将大都市区两分为中心城市和郊区的割裂单元。但该模型不能估计大都市区之间的变动对区位的影响，而通常只能估计一个特定郊区单元的观察值，并将人口与经济总量进行比较。

该模型的缺点是，由于大城市存在着明显的职居分离，这种指标在实际应用时会有较大误差。经过对重庆采用该方法的估算值和实际值进行比较，可以看出预测值与实际值之间还是存在一定误差的（见图 2－4）。

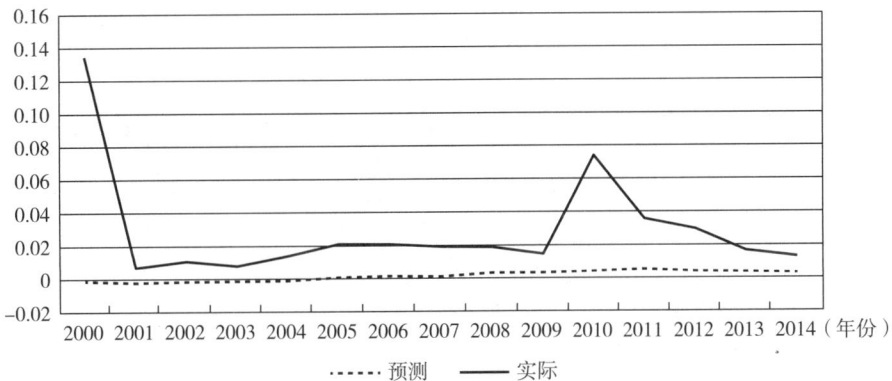

图 2－4　重庆市郊区化进程中的人口预测与实际值比较

四、米尔斯（E. S. Mills）的郊区化度量方法

1992 年，米尔斯提出了一种三参数方法，即用通过总人口、居住人口和土

地面积之间比值的变化来描述郊区化:

$$P_c = AP^\alpha L_c^\beta$$

式中,P_c 为中心城市的居住人口,L_c 为中心城市的土地面积,P 为大都市区总人口,α、β 为纯数,A 为依赖于度量单位的一个比例参数。当 α、β 和 A 值的变小时,中心城区的居住人口相对于土地面积和总人口减少了,可以说明一个大都市区变得更加郊区化了。

该方法的优点是:①该模型包括三个参数的函数系,可反映多种密度分布形式,以及多种因素之间的相互比较,克服了两个因素之间的诸多偶然性。②它允许 A 和 α、β 随中心城市和郊区条件的变化而变化,可以针对不同城市计算出有针对性的模型参数,从而使模型更有针对性。③比较容易地概括和表示一个大都市区内人口和就业区位的相互作用效应,将居住和就业区分开,也可以从不同角度发现职居分离程度。

但该模型参数值的集合不易对不同类型的郊区化进行评判,比如,对不同阶段的郊区还缺乏特定的标准。此外,笔者还考察了中心城市中黑人的百分比、中心城市严重犯罪指数和中心城市的人均收入等指标与中心城市人口和就业之间的统计关系,得出了"中心城市问题对人口和就业郊区化的影响极小"的结论,这显得有些片面。

第三章 城镇体系描述及其研究方法

城镇体系是指在特定区域范围内，多个城市（镇）之间由于规模不同而形成的城市数量结构，它们之间构成相互依存的系统。由于这种体系存在单个或者多个中心地区、由具有规模差别、地域分工和一定空间关联的城镇群体构成，表现为一个有机整体，具有系统、层级、关联、开放或动态等特点。具体而言：首先，各城市在地域上邻近，一些城市是另一些城市的腹地，或互为腹地（现实是城市中间有农村地区分割）；其次，一定地域范围内，各城市具有自己的功能和形态，彼此之间有稳定的分工和联系，呈半开放系统；最后，各城市从大到小、从主到次、从中心城市到一般城镇，共同构成整个系统内的等级序列（或层级），不同城市都在其中占有自己的地位（杨吾扬，1987）。

城镇体系最突出的特点是不同城市之间组成的结构。通常有三种形式，即规模结构、空间结构和职能结构。随着城市化进程的高级化和发展质量的深化，城市（镇）之间联系越来越紧密，这些结构越来越呈现出固有的联系方式。因此，城镇体系是区域城市化的结果。一般来说，这些城市按照人口规模不等，即小规模城市数量多而大规模城市数量少，形成金字塔结构。其中，空间结构将在第四章中一起介绍，故本章主要介绍城镇体系规模结构和职能结构的相关研究方法。

第一节 城镇体系等级结构

城镇体系作为一个系统，其结构是按照规模等级形成的，因而等级结构就成为城镇体系的核心内容。其中，克里斯塔勒的中心地理论是规模等级结构的核心支持者。

一、城市等级结构模型

柏克曼（Beckmann，1958）从中心地理论的基本假设出发，建立了城镇规模等级体系的数学模型，被称为城市等级排序理论（城市和市场区等级序列模式）。

1. 柏克曼理论的数学意义

假设：任何一个城市的人口数量，同它服务的人口数（包括城市和乡镇人口）成正比（城市人口与其服务人口正相关），故城市等级组成了以下关系：

$$C = K(r + C)(0 < K \leqslant 1)$$

式中，C 代表最底层市镇人口数，r 代表其服务人口的乡村居民数，K 代表比例因子。于是常数 K 有以下关系：

$$C = K(1 - K)r，K/(1 - K) 为乘数$$

这个公式说明，每一个高于 C 层次的城市，均有一定数目且层次较低的卫星城。这其实验证了城市与腹地的关系，这时候的城市腹地，是指比其城市规模小的所有城市及其农村地区，即城市按照规模等级，每个城市依次都成为上一级城市的腹地。

2. 柏克曼的城市人口组成模式

假设：高阶位城市必有较低阶位的卫星城市。按照上述的规模等级，一般来说，规模大，则城市的阶位高；规模小的城市是高阶位城市的卫星城，规模越大，卫星城数量越多。因此，城市人口规模与卫星城数量的关系如下：

$$P_m = K \times P'_m$$

式中，P_m 代表 m 层次城市的人口数，P'_m 代表该城市所服务的人口数。根据第二项假设，有：

$$P'_m = P_m + S \times P'_{m-1}$$

式中，S 是每个城市的卫星城镇数，经过推导，考虑到初始假设，则有：

$$P_1 = rK/(1 - K)$$

$$P'_1 = P_1 + r = r/(1 - K)$$

最终有：

$$P'_m = \left[\frac{S}{1 - K}\right]^{m-1}\left[\frac{r}{1 - K}\right] = \frac{s^{m-1}}{(1 - K)^m} \times r$$

$$P_m = \frac{Ks^{m-1}}{(1 - K)^m} \times r$$

这个表达式说明，在一个城市体系内，城市人口数及其所服务的人口数，随其层次的提高而呈指数增加。另外，乡村人口数越多，比重越大，形成一定级别的城市人口越多；乡村人数占比越多，形成一定级别的城市等级越多。在乡村人口数为 r、支配卫星城镇数为 S 和比例因子 K 三个参数中，P_m 和 P'_m 受 K 影响最大，而且更为敏感。

3. 柏克曼模型的对称性

由于上述公式中的城市等级是相对于不同层级而言的，因此陈彦光（2001）认为，柏克曼模型隐含着明显的等级序列对称性，其上下和等级可以互换，并且推导出了正序与逆序之间的关系。

首先，上述的公式可以变为：

$$r = P_1 (1 - K) / K$$

代入上式可得：

$$P_m = P_1 \left[\frac{S}{1 - K} \right]^{m-1} = P_1 a^{m-1}$$

从而有：

$$a = \frac{S}{1 - K} = \frac{P_{m-1}}{P_m}$$

$$a^n = \frac{P_{m+n}}{P_m}$$

对于高低不同的城市阶位而言，若按照层级关系将大小序列互换，进行重新排序，其结构不变，仅有指数发生了变化：

$$a^{-n} = \frac{P_{m+n}}{P_m}$$

这样，柏克曼的逆序方程（梁进社，1999）变为下面的形式，逆序与正序不同的是仅改变了指数幂的符号。

$$P_m = P_1 a^{1-m} = P_1 / a^{m-1}$$

其次，若假设最大的城市 P_N（相当于 P_1）数量只有一个，根据前提条件，即等级序列 m（从小到大）为 $1，2，\cdots，m，\cdots，N$；城市数目 f_m（从多到少）为 $S^{N-1}，S^{N-2}，\cdots，S^{N-m}，\cdots，S^{N-N}$。于是，第 m 级的城镇数目为：

$$f_m = f_N S^{N-m}$$

式中，f_m 表示 m 级城镇数据，$f_N = 1$ 为最大城市数目，由于

$$f_1 = f_N S^{N-1}$$

故：

$$f_m = f_1 S^{1-m}, \quad f_{m-1}/f_m = S^{-n}, \quad f_{m+n}/f_m = S^{-n}$$

其中，f_1 为最低城镇数目，反向后为：

$$f_{m+n}/f_m = S^n$$

这时，城市等级序列和城市数目呈如下关系：

$$f_m = f_1 S^{m-1}$$

其中，等级序列 m（大到小）为 1，2，$\cdots$，m，$\cdots$，N；城市数目 f_m（从少到多）为 S^{N-1}，S^{N-2}，$\cdots$，S^{N-m}，$\cdots$，S^{N-N}。

柏克曼以及陈彦光和梁进社推导出的城市等级结构模型，其前提是，地区发展均衡，而且城市中心在空间上呈不连续的等级降级。由于现实中，地区发展的不均衡性，以及城市规模的连续分布，大量的实际情况与之不甚符合，因此该表达方式受到了很多质疑。但是，否定柏克曼模型，也那就意味着否定中心地的等级结构理论。这对经济地理学理论乃至空间经济学都是无法接受的，当然也使城市经济学失去了一种研究思路。另外，一些不足之处是，没有考虑到乡村和城市居民的生活水平差异。同时，卫星城镇数量对城市人口和服务人口的影响，可能被高估。

笔者认为，城市的阶梯规律确实存在，需要的是如何理解中心地理论，如何为中心地理论找到合适的验证空间。因此，笔者认为，基于中心地理论中的中心所覆盖边界的模糊性，如果能找到界定边界的方法，较清晰地界定腹地边界；与此同时，在空间上合理界定各级城市的等级，过滤或者控制一些影响城市规模的干扰因素，应该是可以对该公式进行验证或者修正的。比如，大家公认的城市金字塔结构，以及首位度的概念。

二、城市规模等级的二倍率法则

对于城市规模与层级的关系，戴维斯（K. Davis，1978）在 20 世纪 70 年代经过对世界 10 万人以上城市的规模分布，提出了城市规模分级的二倍率原则，认为第一规模级的上界等于下界的 2 倍；城市的数量和它们的规模级成反比，且当规模级的边界确定为 2 倍时，任何两级的边界关系有：

$$a_i = a_{i+n} \times 2^n$$

式中，a_i 为 i 级的低限，a_{i+n} 为比 i 级低 n 的那一规模级的低限。当然，如果要预测任何两级的城市数，可以用下列等式：

$$f_i = f_{i+n} \times 1/2^n$$

其中，f_i 是 i 级城市数，f_{i+n} 是比 i 级低 n 级的那一规模的城市数。利用这个原则，学者们推导出了城市位序——规模法则（见本章第二节）。相对于上述的人为分级，这种方法对边界值取对数时，分级的间隔是相等的，克服了主观性。

三、城市金字塔结构及其应用

鉴于城镇体系是按照其规模形成的有一定数量规律的结构。很多学者们总结出，通常有金字塔、双中心、网络、星型等各种不同形态。除第一种按照规模总结了形成的等级特点外，其余几种结构都仅是描述其规模的空间分布形态，数量与规模之间的规律性不太突出。就金字塔结构而言，其理论基础与上述的结构规模类似，从规模布局上形象比喻了不同城市规模形成的等级，因而可以看作一种形象化的等级结构描述方式。

金字塔结构主要是指，在一个城镇体系内，一个国家或地区按照城市规模的大小不同，划分成若干个等级，城市规模越大则数量越少；规模越小则数量越多。大规模城市数量少，小规模城市数量多，按照从大到小排列的话，可以呈现出类似金字塔形状的结构，这在一定程度上反映了城镇体系的规模等级组成。一般用是不是完整的金字塔来衡量地区城镇体系发育是否完善。

1. 金字塔结构的理论描述

克里斯塔勒根据德国的城镇体系认为，一个国家或地区的城镇体系等级结构应该是：A 级城市 1 个，B 级城市 2 个，C 级城市 6 ~ 12 个，D 级城市 42 ~ 54 个，E 级城市 118 个，其余则根据不同地区有一定差别，具体见表 3 - 1。

表 3 - 1　克里斯塔勒的城市体系描述

中心地类型	城市特征
A	世界城市或国家首都
B	介于首都和国土中心城市之间，国家的一部分首府
C	国土地区中心城市
D	省府、大都市、省府所在地、都市型设施齐备
E	中等城市、中级政府所在地、大学城、军事要塞、工业区中心等

中心地类型	城市特征
F	完全规模的城市、经济较为重要
G	县城、基层行政机关所在地、中心设施较为完善
H	公务镇、拥有城镇基本服务功能
I	集市、最低级中心
J	村庄、辅助中心地

由表 3-1 可以看出，尽管各国情况不甚相同，不一定与这个等级完全对应，但是不影响其所要表述的城镇等级内涵。即城镇体系是一个包括各级城市和农村的全域体系，每个级别的城镇规模不等，功能及其在地区中的地位按照其规模表现出等级差异。

由于城镇体系强调的是，按照规模所形成的地域功能，共同决定整个地区的经济运行和地域结构，因此根据各级别的城市数目，可以用来判断不同地区城镇体系发育是否完整。与此对应，根据克里斯塔勒的中心地演化，城镇体系的演化也可以表述为下面的过程（见表 3-2）。

表 3-2 克里斯塔勒的城市等级体系演化进程

演化阶段	总层级数	新增中心地层级	中心地特点
萌芽期	1		生产力水平较低、人口密度较低、一级中心生产所需要的服务范围广
成型期	3	第二级和第三级	一级中心城市服务范围内人口数量增加、生产力水平提高，二级和三级中心城市形成，中心城市等级体系已基本形成
完备期	5	第四级和第五级	新出现的四级和五级中心城市之间由于区位差异，人口规模不等
成熟期	7	第六级和第七级	低等级中心城市人口规模有可能超过高一级中心城市人口，中心城市功能结构与规模结构出现分化，人口向早出现的中心城市集中
提升期	7		各中心城市根据自身区位优势不断提升，七个中心城市功能结构已全部形成，中心城市规模特征愈加明显

由于不同地区（或国家），城市等级的金字塔形状各不相同。除了各等级之间的数量差别外，描述形状差异的主要参数是金字塔的长度与宽度之间的比值。

这个比值由两个参数来决定：一是城市等级的划分，等级间隔大、则等级层级少；反之，则层级多。层级少则城市数量多、层级多则城市数量少。二是每个层级之间城市数量的差别。这两个参数构成了城市规模等级金字塔的基本形状，如果用一个常数 K 来表示，则不同地区 K 值有别。K 反映了地区城市体系金字塔结构的基本参数，可以用下面的公式表示：

$$K_m = N_m / N_{m-1}$$

$$\overline{K} = \sum_{i=1}^{m} (N_1 + \cdots + N_m) / m$$

式中，K_m 为层级的金字塔结构系数，反映这个层级与下一层级的变化程度；$\overline{K}$ 为所有层级系数的平均值，反映了整个金字塔结构的上下级变化程度。K 值越大、金字塔越陡峭，上层城市人口占比高，城镇体系表现为向大城市聚集；K 值越小，金字塔越扁平，下层城市占比高，城镇体系表现为向下层扩散。

2. 金字塔结构的应用

尽管金字塔结构较为简单，但却比较实用。很多学者将这个结构作为判断城镇体系是否完善的根据。周霞等（2017）通过对京津冀地区各城市的聚类分析，得到下面的结构（见图3-1）。经过对比2009年和2014年的金字塔结构发现，2014年比2009年城镇体系的金字塔结构有明显的改进。

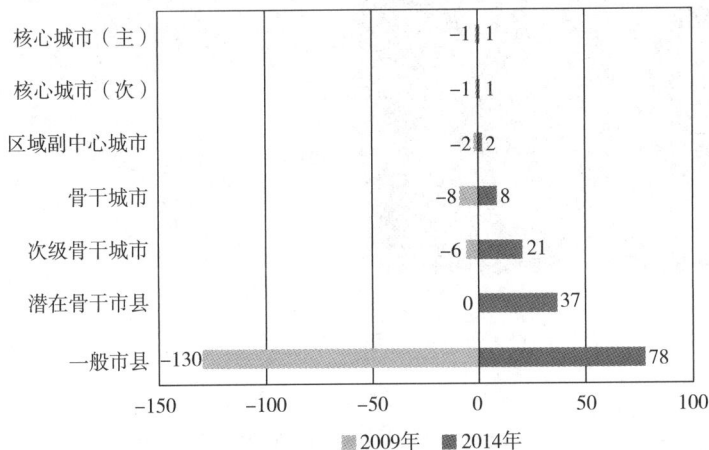

图 3-1 京津冀地区金字塔结构变化

四、等级钟

为了描述城镇体系内不同城市地位的变化，巴蒂（M. Batty，2006）采用了一种类似雷达图的方式，描述不同规模等级城市在城镇体系中的演化轨迹，被称为"等级钟"。在城镇体系中，随着时间的推移，有的城市从高等级变成较低等级，在城镇体系中表现为向下（或向外）的地位变动趋势；有的城市则表现为向上（或向内）的变动趋势。如果将所有城市的变动轨迹用同心圆的图形描述出来，则呈现出一个围绕同心圆的各种轨迹图，看起来像一口钟。

1. 等级钟的绘制

等级钟绘制的具体方法是，先绘制一个以城市规模为半径的同心圆，然后用各时间轴作为过圆点的半径将圆弧进行划分，等级同心圆和时间轴交叉成为辐射状的网格；在网格中找到城镇体系内各城市在不同时间段的等级地位，然后依次将不同城市在不同时段的地位描绘出来。当所有城市的变动轨迹都绘制完成后，将各城市的轨迹链接起来，每个城市一条轨迹，众多城市的轨迹组成了类似蜘蛛状的图形，城市数越多、"蛛网"越密（见图 3 - 2）。

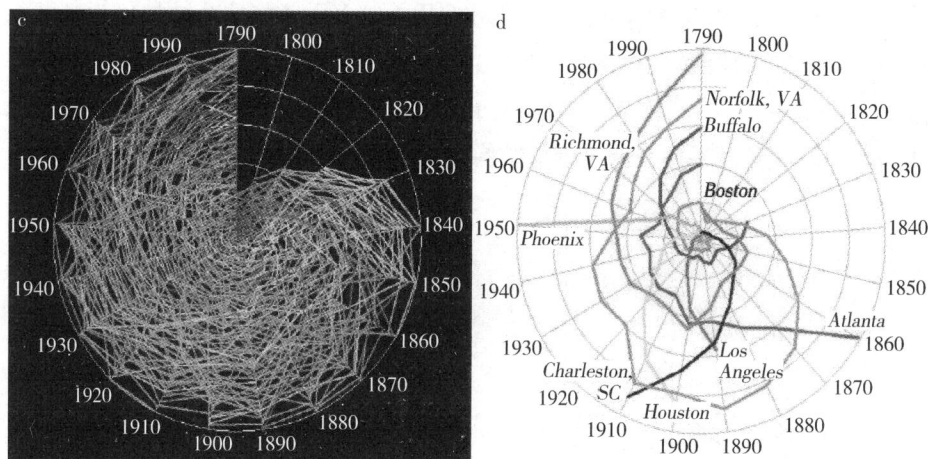

图 3 - 2　巴蒂的等级钟

在基本等级钟基础上，还可以根据等级距离随时间的变化趋势，考察城市在体系内的位序变化轨迹，称为"等级距离钟"，即在 $t-1$ 时刻第 j 位城市的位序为 r_{jt-1}，到 t 时刻时它的位序变为 r_{it}，则这段时间内它的等级距离为：

$$d_{it} = |r_{it} - r_{jt-1}| \quad (m_{it} = m_{jt-1} = l)$$

式中，d_{it} 为等级距离，m_{it} 表示 t 时刻等级列表中的前 50 位（或前 100 位）

与 $t-1$ 时刻相同的城市数目。以此类推，m_{jt-1} 表示 $t-1$ 时刻城市等级排序列表中前 50 位（或 100 位）与 t 时刻相同的成熟数目。据此可以计算出体系内所有城市的等级平均距离和一段时间内相同城市等级的平均距离：

$$d_t = \sum_{i,j \in Q_t} \frac{|r_{it} - r_{jt-1}|}{N_t}$$

$$d = \sum_{t=1}^{T} \frac{d_t}{T}$$

式中，N_t 为城市数目，Q_t 表示城市体系中所有城市的集合，d_t 为 $t-1$ 到 t 时刻 N_t 各城市等级的平均距离，d 代表一段时间 T 内所有相同城市等级平均距离。用这种距离绘出的等级钟就称为"等级距离钟"；用位序变化的偏离—份额代替城市位序，还可以做成偏离—份额增长钟。巴蒂对一些世界城市绘制的等级距离钟和偏离—份额增长钟（见图 3-3）。

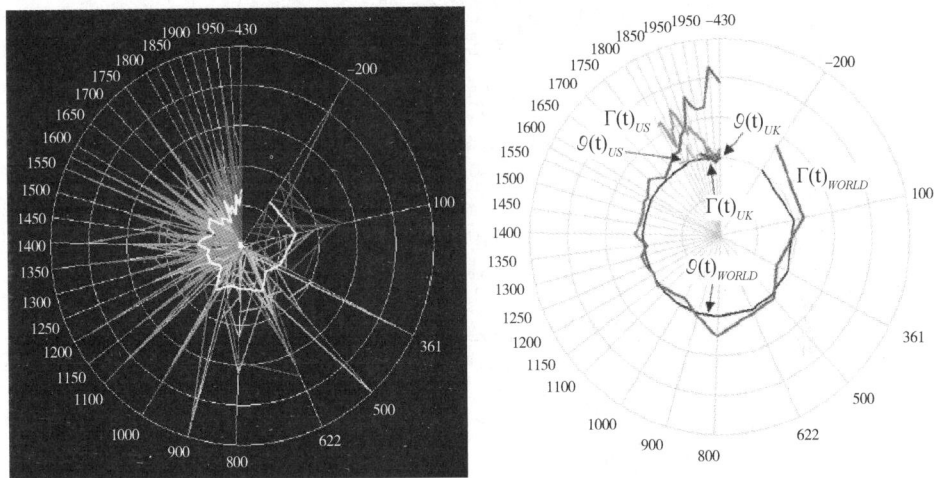

图 3-3 巴蒂根据对一些世界城市绘制的等级距离钟和偏离—份额增长钟

图 3-3 中，左图为等级距离钟，其中的白色为等级平均距离曲线；右图为偏离—份额增长钟，其中 $g(t)_{us}$、$g(t)_{uk}$ 和 $g(t)_{world}$ 分别代表 t 时刻美国、英国和世界一些城市的转移份额变化参数，$\Gamma(t)_{us}$、$\Gamma(t)_{uk}$ 和 $\Gamma(t)_{world}$ 分别代表美国、英国和世界一些城市的偏离分量变化参数。两种图分别表现了某个城市在体系中位序（或份额）的升降尺度；与此同时，通过考察整个体系平均的变化

状态，可以判断出在不同时段城市发展的快慢程度。

2. 等级钟在中国的应用

王振波等（2016）采用中国的城市数据绘制了京津冀地区的城市等级钟（见图 3-4）。

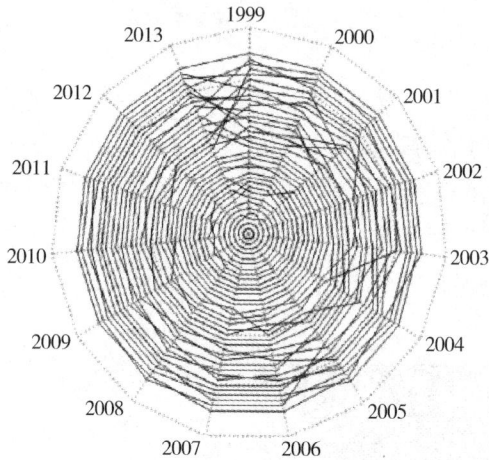

图 3-4　经济城市体系等级钟

另外，王振波等（2016）在全部城市等级钟基础上，还通过提取收敛城市和发散城市，分别绘制出了收敛城市和发散城市等级钟（见图 3-5），以考察收敛城市的集聚变动趋势和发散城市的下降趋势。

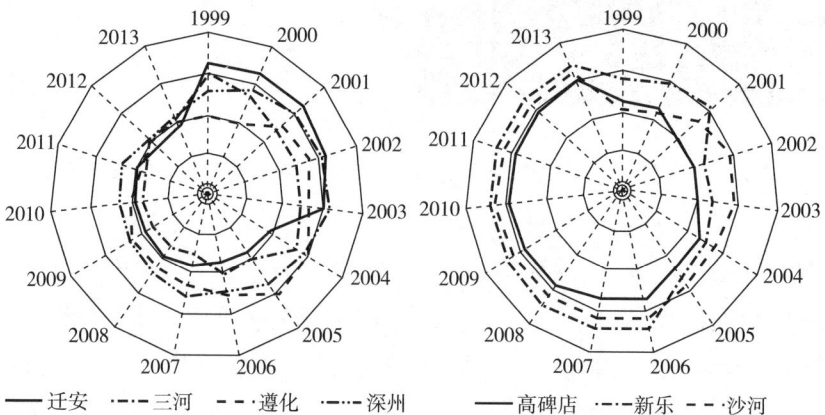

图 3-5　京津冀地区收敛城市（左）和发散城市（右）

刘妙龙等（2008）对我国一些地区 1950～2005 年的城市位序绘制了等级钟（见图 3-6）和等级距离钟（见图 3-7）。

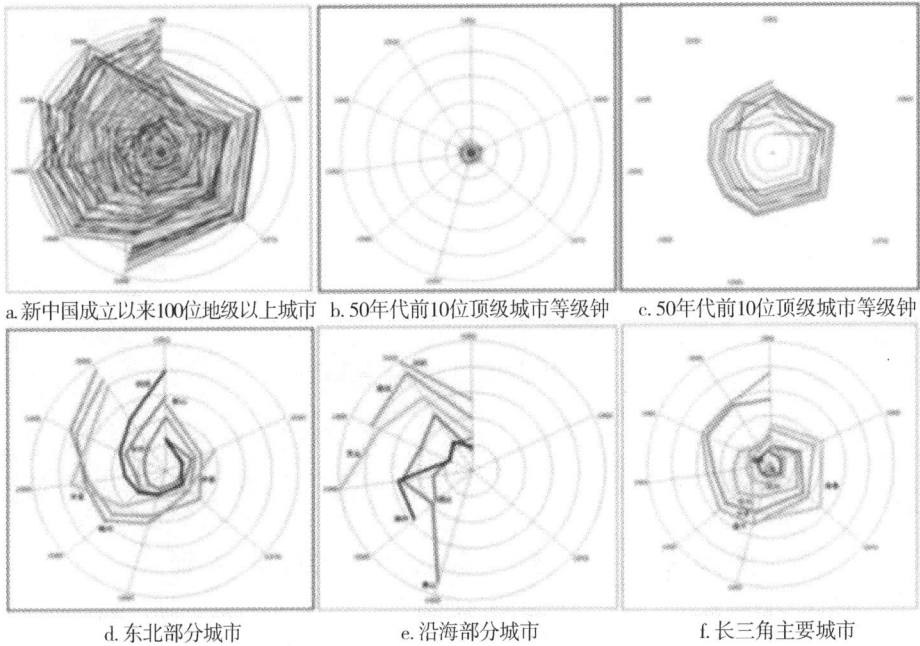

a. 新中国成立以来100位地级以上城市　b. 50年代前10位顶级城市等级钟　c. 50年代前10位顶级城市等级钟

d. 东北部分城市　　　　e. 沿海部分城市　　　　f. 长三角主要城市

图 3-6　中国城市体系等级钟

图 3-6 显示，中国 50 年间高位城市的位序比较稳定，低位城市位序变化明显，新城市不断出现。同时，东北地区的城市位序表现为明显下降，东部沿海城市的位序在上升。

图 3-7 显示，新中国成立以来，我国地级及以上城市中位序变化距离约为 50，大部分城市的位序变化距离在 20 以内；高位城市的变化距离小，低位和新设城市的位序变化较大。从整个系统来看，变化的平均距离较小，最大的平均距离为 13.66，出现在 1980～1985 年和 2000～2005 年；最小的平均距离为 4.25，出现在 1950～1960 年。

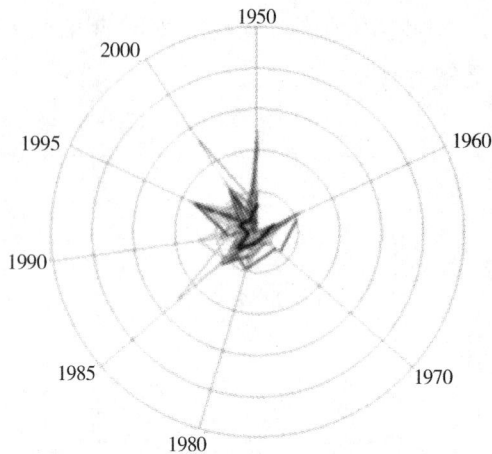

图 3 – 7　中国地级以上城市等级距离钟

第二节　首位度与位序—规模法则

根据城市规模的等级结构，处于最高位的城市被称为首位城市。首位城市与其他城市之间的差距除了能够反映其在城镇体系中的地位外，还能反映城市高位与地位之间的关系，从而判断城镇体系的聚集（或扩散）程度。因此，需要对首位城市的地位进行测度。

一、城市首位度

首位度是指区域范围内最大城市与其他城市之间的比例，在一定程度上代表了城镇体系中的城市发展要素，在最大城市的集中程度。在城市首位度测度方面，最先提出测度指标的是杰斐逊（M. Jefferson）在 1939 年提出的首位度。他认为，一个国家或地区的领导城市总要比第二位的城市大得多，而且其影响和地位异常突出。事实上，尽管城镇体系是一个相互作用的系统，但在这个体系内，首位城市的各个方面都体现着这个城镇体系的最高端和最前沿的内容。所以，首位度所反映的信息超越了城镇体系的层级关系。普遍来看，有三种指标可以表示城市首位度。

1. 城市首位度指数

杰斐逊提出的首位度，是规模第一的城市与规模第二的城市人口数量之间的比值，即两城市指数：

$$S = P_1 / P_2$$

其中，S 为首位度，P_1 为首位城市人口，P_2 位第二规模的城市人口。这个指标比较简单实用，但对于特殊结构的城镇体系可能导致以偏概全，比如双核心的城镇体系。因此，有学者提出了四城市指数，即用第一规模城市人口与第二位、第三位和第四位城市人口规模总和的比值表示：

$$S = P_1 / (P_2 + P_3 + P_4)$$

式中，P_1 和 P_2 同上，P_3 和 P_4 分别代表第三位和第四位城市人口规模。另外，在一些情况下，还可以用十一城市指数：

$$S = P_1 / (P_2 + P_3 + \cdots + P_{11})$$

为了能够涵盖更多的城市，以及反映第一位城市在整个城镇体系的地位，笔者建议，可以采用首位城市集中度，即首位城市人口除以全部城市人口总和。这样完全体现了首位城市在整个城镇体系中的地位和作用，其中 n 为城镇体系中全部城镇个数，公式如下：

$$S = P_1 / \sum_{i=1}^{n} P_i$$

在通过首位度反映城市结构的时候，正常的、发育完整的城镇体系，二城市指数一般应该为 2，四城市指数和十一城市指数则应该分别为 1。由于不同城镇体系内部所包含的城市数目不同，在使用首位城市集中度时，往往不可比。所以，城市集中化度仅适用于同一个城镇体系历史演变的比较。

2. 首位度指数应用

首位度指数简单实用，以中国地级及以上城市为例，考察三种指数的差异。以 2015 年各市辖区人口为例，人口最多的重庆，其次是上海、北京和天津。三种城市首位度分别为 1.310、0.532 和 0.478，结果与上述的标准不慎吻合，说明处于第一位的重庆人口规模地位与首位城市不相符。

另外，除了人口，还可以用各城市的人均 GDP 表示城市在城镇体系中的经济地位。2015 年中国地级及以上城市的三种首位度指数分别为 1.108、0.437 和 0.348。经济与人口的首位度指数比，都偏小一些，说明人口向大城市的集中度比经济的集中度更明显。

二、城镇体系的位序—规模法则

上述证据说明，城镇体系中城市数量与规模之间不但存在着等级，而且还存在着特定的关系，其中最为普遍的规律就是城镇规模等级的位序—规模法则。这个法则主要用来描述一个城市的规模和该城市在城镇体系中所有城市按人口规模排序的位序关系。

1. 位序—规模法则的表达式

1913 年，奥尔巴赫（F. Auerbach）在研究五个欧洲国家和美国的城市资料时发现，城市数量与所在的等级总是围绕着一个特定的常数，即：

$$P_i R_i = K$$

其中，P_i 是所有城市按人口规模从大到小排序后第 i 级城市的人口数量，R_i 第 i 级城市的位序，K 为常数。

1952 年，罗特卡运用这个规律研究美国城市，结论是 $P_i R_i^{0.93} = 5000000$。利用所得出的参数较好地拟合了 1920 年美国 100 个最大城市的分布。根据这个值可以用来预测不同等级城市数目。如果将 0.93 变为常数，则：

$$R_i P_i^q = K$$

更进一步，K 值一般与城镇体系中的最大城市人口数接近。因此，位序—规模法则不仅解释了城市等级与规模的关系，而且给出了两者乘积的恒定值。因此，捷夫（G. K. Zipf，1949）发现，在发达国家，城镇体系中城市规模分布表现为城市位数与该级城市人口的乘积为一个常数，因此还可以用另一个公式来表示：

$$P_r = P_1 / r$$

式中，P_r 为第 r 级的城市人口数，P_1 为最大城市的人口数，r 为 P_r 城市的位序（层级数）。按照这个规律，在一个完善的城镇体系中，第二位城市的人口是最大城市人口数量的一半，第三位城市的人口是最大城市人口数量的 1/3，以此类推。因此，这个规律也称为 Zipf 法则，其实是罗特卡公式的一般形式。

如果将区域内的城市从大到小进行排列，位序—规模表达式还可以变换为：

$$P_r = P_1 r^{-q}$$

取自然对数后，则变为：

$$\ln P_r = \ln P_1 - q \ln r$$

式中，q 为斜率，代表城市规模分布的集中与分散程度，绝对值越大表明人口越集中在高位次的城市；反之则在低位次城市分布。

2. 位序—规模法则的应用

丁睿等（2006）采用2002年我国人口规模大于10万的设市城市人口数据，建立的位序—规模方程为：

$$P_r = 2764.28\, r^{-0.8561}$$

运用该公式，形成的位序—规模曲线（见图3-8）。

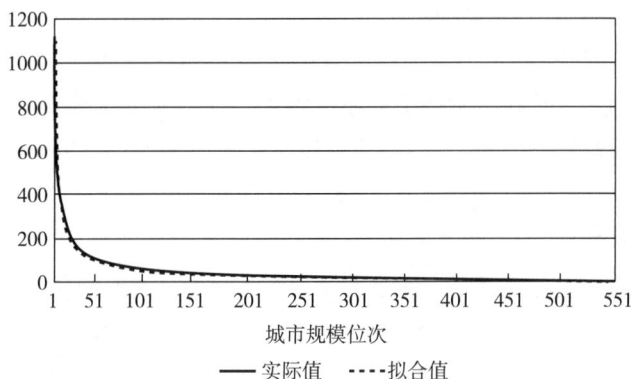

图3-8 2002年大于10万人口规模的城市户籍人口的位序—规模曲线

图3-8显示，中国2002年的城市体系的位序—规模曲线较为偏离首尾连接的直线，表现为大城市和小城市数量（即两头城市数量）都较多，而中间规模的城市数量较少的分布。

闫永涛和冯长春（2009）分别采用人口和建成区面积，建立自1994年、1996年、1998年、2000年、2002年和2004年的位序—规模方程（见表3-3）。

表3-3 中国城市人口和土地面积位序—规模方程

年份	非农业户籍人口		建成区面积	
	方程	测定系数	方程	测定系数
1994	$P_r = 1343.23 r^{-0.7790}$	0.981	$P_r = 815.05 r^{-0.6688}$	0.966
1996	$P_r = 1360.59 r^{-0.7670}$	0.984	$P_r = 892.63 r^{-0.6685}$	0.968
1998	$P_r = 1365.82 r^{-0.7551}$	0.989	$P_r = 969.88 r^{-0.6654}$	0.971

年份	非农业户籍人口		建成区面积	
	方程	测定系数	方程	测定系数
2000	$P_r = 1391.03 r^{-0.7448}$	0.993	$P_r = 949.43 r^{-0.6440}$	0.980
2002	$P_r = 1581.45 r^{-0.7501}$	0.990	$P_r = 1294.48 r^{-0.6813}$	0.988
2004	$P_r = 1873.81 r^{-0.7607}$	0.985	$P_r = 1664.02 r^{-0.7082}$	0.992

另外，随着数据获取技术的普及，除了使用城市人口、土地面积建立位序—规模方程外，还经常用到就业人口，甚至夜间灯光数据作为城市规模的指标，建立位序—规模方程和曲线。王慧娟等（2017）采用夜间灯光数据的亮度作为城市规模的衡量指标，对长江中游城市群城镇体系进行了位序—规模分析，城市数量和规模位序系数都同时增长，且具有明显的同步性（见图3—9）。

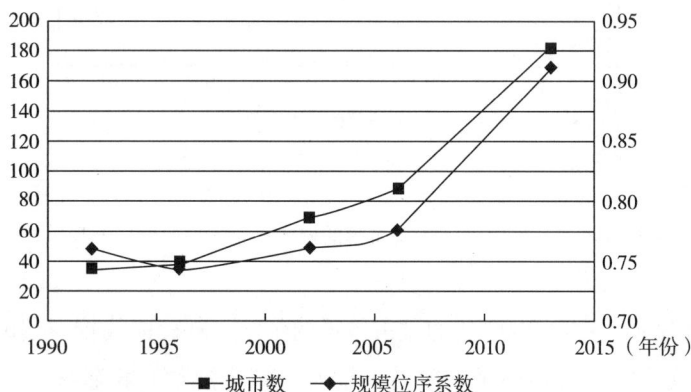

图3—9 利用夜间灯光数据作为城市赛规模指标的长江中游
城镇体系的城市数量与规模位序系数

贝里（Berry，1961）通过收集38个国家关于城市人口的横截面数据，通过实证检验，把国家城市规模的分布类型分为三类：完全符合位序—规模分布，即城市规模分布的Zipf法则，包括有13个国家；符合国家城市的首位度分布，具有首位城市控制的城市等级结构特征（也就是整个等级结构受最大城市的控制），有15个国家；城市规模分布的特征介于上述两种特征之间的，有10个国家。

三、异速与分形

1. 异速与分形的初始概念

异速即异速生长，是指一个系统的局部相对生长速率与系统整体或者系统的另一个局部的相对生长速率的常数比例关系，可以表示为：

$$\frac{d_y}{y\,d_t} = \alpha\,\frac{d_y}{x\,d_t}$$

式中，x 为系统的某个局部或者整体的某种测度值，y 为系统的另一个局部的某种测度值，α 即为异速（生长）系数，反映的是 y 的增长速度与 x 的相对增长速度的比率。根据 α 值的大小，异速生长被划分为三类（Lee，1989）：

当 $\alpha > 1$ 时，为正异速生长结果，此时 y 的增长速率较 x 为快；

当 $\alpha < 1$ 时，为负异速生长结果，此时 y 的增长速率较 x 为慢；

如果 $\alpha = 1$ 则意味着 x 对 y 没有任何影响，或者为同速生长结果，此时 x 和 y 的两个变量的变化为线性比。

分形原本是指自然界存在的具有自相似性、维度为分数的、结构破碎的形体。将异速与分形结合，可以看出两者分别从过程和结果描述了城镇体系发育过程中与自然界的自相似特征。

2. 城镇体系的异速与分形

针对城市规模的分布而言，其等级结构具有异速和分形特征。如果采用帕累托表达位序—规模方程，则可以明显看出这个过程：

$$N\ (P)\ = A\,P^{-D}$$

取对数后，成为：

$$\ln N\ (P)\ = \ln A - D\ln P$$

式中，$N\ (P)$ 表示大于门槛人口规模的城市数量，P 为城市人口规模，A 为截距，对应第一位城市的规模，D 与上述的 q 互为倒数，同时，D 也可以表示城镇体系发育的分形维数。当 $D = q = 1$ 时，说明这个区域的第二位城市人口是最大城市人口的 1/2，第三位城市人口是最大城市人口的 1/3，依次类推；当 $D < 1$，即 $q > 1$ 时，说明城市规模分布比较集中，大城市很突出，中间城市位序的城镇很少，首位度较高，城镇体系不完善；当 $D > 1$，即 $q < 1$ 时，说明城市人口分布比较均匀，高位次的城市规模不是很突出，是很突出，中小城市发育比较好。

当 $D \to \infty$，即 $q \to 0$ 时，区域内所有城市规模一样大。当 $D \to 0$，即 $q \to \infty$ 时，

区域内只有一个城市。因为城镇体系的演化受到许多因素的制约，所以后两种极端情况在现实中一般不存在。可见，城镇体系的发育是存在分维异速的，研究城镇体系的异速与分形是进一步发现规模—位序结构的主要途径。

3. 城镇体系的空间分形维度

为了解释 Zipf 模型的数理本质，Steindl 模型较好地解释了 Zipf 维数 q 趋近于 1（即有 $q \approx 1$）的现象。

假设：所有的城市具有相同的初始规模，而且初始规模可被标准化为单位值；并且所有城市具有相同的增长率可以推导出：

$$D = -\lim_{m \to \infty} \frac{\ln\left(\dfrac{N_{m+1}}{N_m}\right)}{\dfrac{P_{m+1}}{P_m}} = \frac{\ln\delta}{\ln\lambda} = \frac{1}{d_z}$$

这正是 Hausdorff 维数的斜率形式。在此基础上，可以判断城镇体系的空间分布状态。

（1）空间关联维度。参考上述公式的参数 D 值，可以分析城镇体系的空间关联特征。采用分形理论建立关联维数的公式为：

$$C(r) = \frac{1}{N}\sum_{i,j=1}^{N} H(r - d_{ij}) \quad i \neq j$$

$$H(r - d_{ij}) = \begin{cases} 1 & d_{ij} \leqslant r \\ 0 & d_{ij} > r \end{cases}$$

式中，r 为给定的距离度，d_{ij} 为城镇体系内第 i 个城市（镇）与第 j 个城市（镇）之间的直线距离，H 为 Heaviside 越阶函数。根据城镇体系空间分布的分形特征，则有：

$$C(r) \propto r^D$$

D 即为关联维数，表示以任意一个城镇为中心，其周围城镇分布密度变化的一种平均情况。D 值一般在 0 和 2 之间。若 D 值趋于 0 时，表示城市分布较为集中、空间向心关联性较强；D 值趋于 1 时，表明各要素集中分布在一条地理线（如河流、铁路等），呈线性关联；D 值趋于 2 时，表明城镇分布非常均匀，以至于以任意城镇为中心，城镇的分布密度都是均匀的，关联松散。

在具体应用时，可以借助于地理信息系统软件测算到城市两两之间的直线距离矩阵，然后以一定的步长来取距离标度 r，距离在 nr 内的城镇之间的距离个数 $C(r)$ 随着 Δr 的变化而变化，这样就可以得到一系列点对 $(r, C(r))$。笔者以浙江省 2018 年的部分城市数据为例，计算出的 r 及其关联函数见表 3-4。

表 3-4　浙江省城镇体系的标度 r 及其关联函数 $C(r)$

序号	1	2	3	4	5	6	7	8	9	10
r	45	55	65	75	85	95	105	115	125	135
$C(r)$	2	4	4	6	8	9	10	11	11	11
序号	11	12	13	14	15	16	17	18	19	20
r	145	155	165	175	185	195	205	215	225	235
$C(r)$	11	11	11	11	11	11	11	11	11	11
序号	21	22	23	24	25	26	27	28	29	30
r	245	255	265	275	285	295	305	315	325	335
$C(r)$	11	11	11	11	11	11	11	11	11	11

根据表 3-4 中的参数，计算出浙江省城镇体系空间关联维数 D 为 0.560，$D <$ 1（R 平方为 0.6200），说明浙江省的城市空间分布较为集中，关联性较强。

（2）聚集维度。参考参数 D 值可以分析聚集特征，因而 D 值也被称为聚集维度。城镇体系的分布在一定时空范围内表现为随机聚集的分形，可以用回旋半径法计算分形维数，得到的分形维数又称为聚集维数：

$N(r) \propto r^D$

公式中，D 为分形维数，r 为回旋半径，$N(r)$ 是以中心城镇为圆心，r 为半径的圆内城镇数目，由 $\ln N(r) \sim \ln(r)$ 的对数线性回归即可求得 D。实际测算中考虑到 r 的单位影响，定义平均半径 R_s 代替 r。

$$R_s = \left(\sum_{i=1}^{s} \frac{r_i^2}{S} \right)^{1/2}$$

式中，r_i 为第 i 个城镇到中心城市距离，S 为城镇个数。可以通过求 $\ln R_s$ 和 $\ln S$ 的一元线性回归系数的倒数得到分形维数 D。分形维数 D 反映了城镇分布从中心城市向周围腹地的密度衰减特征。对于二维城镇体系，当 $D < 2$ 时，城镇体系要素空间分布密度由中心向四周逐渐衰减，围绕中心城市呈聚集态分布。当 $D = 2$ 时，城镇体系各要素围绕中心城市在半径方向上均匀分布，系统结构较为均衡。当 $D > 2$ 时，城镇体系要素的分布密度由中心城市向四周递增，表示为城镇体系空间分布的分散。一般来说，这种情况违背了城市体系的位序—规模法则，也不符合常理，因此处于非正常情况。

笔者以广东省的21个城市为例,简单测算了城市聚集维度。以广州市为中心城市,距离数据采用的是其他城市到广州市中心的直线距离。D 值为 1.040, $D < 2$,说明广东省城镇体系要素空间分布密度由中心向四周逐渐衰减,围绕中心城市呈聚集分布状态。

第三节　城市职能结构研究方法

在城镇体系中,每类城市都具有不同的职能,这些不同职能及其职能之间的联系组成了城镇体系的职能结构。鉴于城市职能较为复杂,且不容易衡量,目前对城市职能结构的研究主要在两个方面:一方面是对职能的分类,另一方面是通过基本和非基本方法,评估城市的外向服务能力,从而推断各城市在城镇体系中的地位。在城市职能方面,周一星(2003)有比较全面的总结。

一、城市职能的分类

产业分工随着城市发展和演化的全过程。因此,城市职能分类以产业划分为基础,逐步从定性描述到定量分析,正在变得越来越精准。

1. 定性描述方法

由于城市类型复杂多样,早期的研究者试图通过各自的理解,在特定城市体系下,以定性描述的方式,将城市划分为不同的类型。最先引起注意的是,阿伦索在1921年按照城市的功能,将城市职能划分为六类:行政类(一般指首都或税收城镇)、防务类(指要塞、驻军、海军基地等城镇)、文化类(大学城、大教堂城镇、艺术中心、朝圣中心、宗教中心等)、生产类(制造业城镇)、交通类(集散地、转运地、分配地等)、娱乐类(疗养胜地、旅游胜地、度假胜地)。尽管很多类型已经不符合现代城市的功能,但总体来看,仍有实用性。

2. 统计描述方法

在采用统计指标进行描述的职能分类方面,最著名的是哈里斯(C. D. Harris)在1943年对美国605个1万人以上城市进行的划分。该指标包括两类指标:第一类指标是主导职能的行业职工比重应该达到的最低临界值,第二类指标是主导职能行业职工比重和其他行业相比所具有的某种程度的优势。满足这两个条件者,即被归为某城市的主导职能。由于行业比重及其临界值并没有固定的标准，仍然是笔者自己凭借经验进行定义，难免存在主观性。

3. 统计分析方法

随着数据的逐步完善和可获得性越来越容易，统计方法逐步引入城市职能分类。其中最普通也是最常用的平均值、标准差和区位商在其中起到了重要作用。除此以外，还有纳尔逊(H. J. Nelson，1955)方法和职能指数方法。

纳尔逊认为，一种经济活动在某个城市集中，使它支配了整个城市的经济活动，这种经济活动就是该城市的职能，故城市职能是按照城市不同的主导职能来区分的。其中的关键是，究竟多大的劳动力比例从事该活动才能成为主导职能。因此，纳尔逊采用不同行业劳动力比重分别高于平均值与标准差的和，作为这个比重的判别标准。具体做法是：

(1)将美国24个行业归并为9类经济活动，成为9类职能类别。

(2)分别计算897个城镇这9种活动的劳动力百分比，并绘制9个部门劳动力百分比的城镇频率分布曲线，曲线的横坐标是劳动力百分比，坐标表是城市个数，基本每条曲线都有一个峰值。

(3)计算所有城镇9种活动的职工百分比的算术平均值和标准差，以高于平均值加上一个或几个标准差来表示该职能的强度。

这种划分方法的结果是，一个城市有可能不止一个类型。纳尔逊的结果是，48%的城市有一种职能类型，16%的城市有2种职能类型，7%的城市有3种职能类型，不到1%的城市有4种或5种类型，其余的246个城镇没有符合标准的职能部门，被归为多样性城市。该方法在使用时，有以下疑问：一是只用平均值和标准差一般需要正态分布，有很多行业可能不能满足这个条件；二是增加一个或几个标准差的意义是什么？三是劳动力比重大并不意味着该部门重要，尤其是现代城市中很多技术密集型行业日益增加，这种比例显然正在被淘汰。

1959年韦布(J. W. Webb)提出了城市职能指数，即：

$$Z = \frac{P}{M_p} \times P$$

式中，Z 为城市职能指数，P 为某个城镇某种经济部门的就业人口在该城镇总就业人口中的百分比，M_p 为某种部门就业人口占全地区就业人口的百分比。实际上，职能指数是区位商再乘以该部门在该城市中的地位。

4. 基于城市经济基础的研究方法

由于城市职能还可以分为基本部分和非基本部分（见后面的内容），阿列克山德逊（1956）认为，城市职能应该在扣除城市非基本部分后，在城市基本部分的结构基础上进行职能划分。核心观点是确定行业的一个占比 K，然后以此为临界值进行划分。在对美国 864 个 1 万人以上的城市进行职能分类时，具体步骤如下：

（1）计算 864 个城市 36 个行业的职工百分比，从小到大进行排列，并画出累计分配曲线。

（2）从每个行业累计分配曲线中找到第五个百分位的城市职工比重，作为这一行业的 K 值，大于 K 值得部门即是这个城市的基本形成部门（具有为外地服务的部门）。

（3）将超过 K 值标准 5～10 个百分点的城市称作 C 型城市，超过 10～20 个百分点的城市称作 B 型城市，超过 K 值 20 个以上百分点的城市作为 A 型城市。A 型城市的职能最强。例如，零售批发业的 K 值是 1.4%，如果某城市批发零售业的比重是 8.4%，则这个城市属于 C 型的批零售业城市。

（4）一个城市可以有一个或几个基本形成部门。

另一个是麦克斯韦尔（J. W. Maxwell，1965）在上述几种分类的基础上，提出的优势职能、突出职能和专业化指数。

（1）优势职能：将城市基本职工构成中比重最大的部门确定为优势职能部门。

（2）突出职能：在用优势职能分类时，掩盖了通以制造业为主但职能有很大差别的事实。麦克斯韦尔借用纳尔逊的平均职工比重加上标准差的方法界定突出职能，作为对优势职能的补充。

另外，由于城市职能意味着某城市在某一个行业具有一定的专业化程度，利用专业化指数，也可以表示城市职能，公式如下：

$$S = \sum \left[\frac{(P_i - M_i)^2}{M_i} \right] \Big/ \frac{\left(\sum P_i - \sum M_i \right)^2}{\sum M_i}$$

式中，i 为每一个部门职能组，P_i 为城市中每一个 i 部门职工在总职工中的百分比，M_i 为每一个部门的最小需要量（即非基本部分的百分比）。

在上述计算基础上，麦克斯韦尔选择城市的制造业基本职工百分比、批发业基本职工百分比、专业化指数和人口规模 4 个要素，将它们标注在一个坐标图上，通过归纳城市几种要素在标准图中的相似性，将城市分成了 5 个职能类型。其中，专业化的制造业城市共有 31 个，地区性集散中心有 17 个，某个职能突出的专业化城市为 8 个，综合性职能的城市有 4 个，过渡类型的城市有 20 个。

5. 多变量的分析方法

由于城市职能的多样性，需要采用多个变量来描述城市类型，需要将这些变量进行归纳和综合，计算出其类型指数。其中最常用的就是层次分析法、主因素分析法和聚类分析法。与评价指数类似，需要通过一些相关计算，得到一个综合值。随着评价指数的广泛应用，这类方法的应用也会越来越广泛。

二、城市基本与非基本职能的确定

由于职能结构主要是描述城镇体系中，不同规模的城市所承担的职能差异，目前仅停留在定性描述，主要的方法是基本和非基本职能的研究方法。城市的动力来自城市外部要素的流入，按城市成长的基础分为基本职能和非基本职能。其中，基本职能（也称基本活动），主要是指为本市以外地区提供货物和服务的活动，如全国性或地区性的工业企业、交通运输、行政机关、大专院校、文化和科研机构及重要名胜古迹等；非基本职能（又称非基本活动），主要是指为本市范围服务的活动，如为本市服务的工业、商业、饮食业、服务业、市级以下行政机关和中小学等。因此，城市基本与非基本职能的研究目的在于，建立城市与城市以外地区之间的经济活动联系，从而构建城市网络关系，以期在城市之外寻求对城市发展动力的理解。

除了上述阿列克山德逊和麦克斯韦尔的方法，可以用来确定城市基本与非基本部门外，常用的方法还有区位商方法，即超出地区平均比例的部分即为该城市具有优势和较为突出的部门，能够通过其优势和专业化程度为地区提供服务，当然属于基本部门。但是，由于现代城市与腹地、城市之间的联系越来越紧密，已经成为复杂的网络关系，即便是占比很小的部门，也可能因为其独特性为城市以外地区提供产品和服务。因此，在采用定量方法方面，基本和非基本部门的研究难度较大。

同时，随着新技术手段获取数据的便利，以及大数据的广泛应用，为城市之间联系的研究提供了巨大方便，使以空间联系为纽带的城市群研究取代了城镇体系的研究。但是，城市群与城镇体系有完全不同的含义，城镇体系应该更进一步从城镇之间的经济与社会链中寻求更多的突破，尤其是寻求建立城镇体系的系统、共生与网络联系的研究方法，将会为这一突破提供有效的工具。

第四章 城市空间结构模型
及其分析方法

城市经济中的空间问题本质是描述空间结构，解释空间现象。从经济学角度看待城市问题，空间结构无法回避。一直以来，主流经济学一般不涉及城市空间结构，自新经济地理引起关注后，丰富多彩的城市空间结构才引起经济学者们的广泛兴趣，随着C-P模型在理论上揭示了城市空间结构的"秘密"，以及现代信息技术的广泛应用，对空间结构的描述和规律的研究正如日中天。这里主要从研究方法上揭示一些常用的空间结构研究思路，以展示城市空间结构的基本构成和存在的本质。

第一节 单中心空间结构模型

城市空间与其他空间最大的不同在于，城市中心以其优越的区位条件不断聚集优势要素，形成与外围地区完全不同的区位，并使得聚集程度由中心向外围随着距离衰减，从而使城市空间表现为完全的非均质性特征。为了描述这种特征，学者们提出了很多方法。

一、米尔斯三人模型

米尔斯（Mills）于20世纪60年代创建的空间结构模型，继承和发展了杜能（John Heinrich von Thunnen）的地租与运输成本补偿原理，用中心—外围的空间结构概括了城市土地使用特征。

1. 米尔斯模型的假设

在米尔斯模型中，有两个假设：

假设Ⅰ：城市只有中心和外围地区，中心为商业集中的 CBD，坐落于一个均质平原的几何中心，集中了所有的就业机会；外围地区仅是居住区，所有居民都居住在外围地区，居民每天从居住地通勤到 CBD。如果交通均质分布，城市居民从居住地到 CBD 的总交通费用就只决定于距离（x）。

假设Ⅱ：所有城市居民具有相同的收入、消费倾向和效用函数。由于除住房消费外，其他消费均与空间位置关系不大，因此城市居民的效用函数可以通过住房和其他消费来反映，即住房消费（q）和其他所有消费（c）。效用函数用 v（c，q）来表示。城市居民通过选择最优的消费组合（q，c）达到满意度最大值（即效用函数最优化）。这样，城市居民的满意度就会随着住房消费和其他消费的增加而提高。

但是，有限的可支配收入限制了城市居民的住房和其他消费的无限提高。为保证最优解的存在，效用函数可进行二次求导且是凹函数，才能说明消费效用与空间区位的关系。同时，还存在一个预算约束，即城市居民总的住房消费和其他所有消费等于居民总的收入。这种假设突出了城市空间的同心圆结构特征，与阿隆索的思路一致，也被称为阿隆索-莫斯-米尔斯模型，简称米尔斯模型。

2. 米尔斯模型的空间结构含义

设居民可支配收入为 y，居民居住地域 CBD 的距离为 x，c 为非住房消费，t 为单位距离的交通通勤成本，p 代表住房价格，pq 为住房消费，假定其他消费为 1。预算约束为：

$$y = c + tx + pq$$

效用最优化为：

$$\max_{\{q\}} v(c, q) = u \quad \max_{\{q\}} v(y - tx - pq, q) = u$$

为了保持空间均衡，要求 u 空间不变，即城市居民无论住在哪里，对区位的满意度都相同。在这个条件下，效用最大化，即取得极值的必要条件为：

$$-\frac{\partial v(y - tx - pq, q)}{\partial pq} \cdot \frac{\partial pq}{\partial q} + \frac{\partial v(y - tx - pq, q)}{\partial q} = 0$$

$$\frac{v_2}{v_1} = p$$

由于消费者根据 p 选择最优的 q，则一阶条件为：

$$\frac{v_2(y - tx - pq,\ q)}{v_1(y - tx - pq,\ q)} = u$$

p 和 q 对 x、y、t 和 u 参数的依赖关系可以通过对上两式求全微分得出。对 x 求全微分，得：

$$-v_1\left(t + \frac{\partial p}{\partial x}q + p\frac{\partial q}{\partial x}\right) + v_2\frac{\partial q}{\partial x} = 0$$

从而：

$$\frac{\partial p}{\partial x} = \frac{-t}{q} < 0$$

因此，每平方英尺住宅价格是到 CBD 距离 x 的非线性减函数。这个函数构成了城市空间结构的非均质性特征，并显示了要素聚集度从中心向外围逐步递减的过程。这正是城市空间区别于其他空间的本质所在。同时，为了达到空间均衡，居住地与 CBD 远的消费者必须因为他们长而贵的通勤获得某种形式的补偿（否则没有人愿意住在远处）。补偿的形式一般是，与 CBD 距离较远的地区，房价较低，使居民的住房消费减少。即住宅价格随着 x 递增而递减的结果，导致消费者在区位偏好上找到替代，结果将使距离越远，居所面积也可能越大。

$$\frac{\partial q}{\partial x} = \eta\frac{\partial p}{\partial x} > 0$$

其中，$\eta < 0$ 是适当的收入补偿（常数效用）需求曲线的斜率。

由住宅价格与 CBD 距离的函数可知，y 的增加和 x 的减少对预算线截距 c 具有相同的效应，因此，为了重建一个切点，需要将预算线作顺时针方向旋转，通过上面的讨论，可以得出：

$$\frac{\partial p}{\partial y} > 0,\quad \frac{\partial q}{\partial y} < 0$$

相似地，由于 t 的增加和 x 的增加在预算线上的截距具有相同的效应，于是可以得出：

$$\frac{\partial p}{\partial t} < 0,\quad \frac{\partial q}{\partial x} > 0$$

最后固定 x、y 和 t，u 的增长是无差异曲线提升，而预算线的截距 c 不变。这样就需要在 p 减少的情况下，将预算线围绕固定的截距逆时针旋转，以获得新的切点。

3. 单中心模型的拓展

在米尔斯模型基础上，惠顿（Wheaton，1974）和布吕克纳（Bruckner，

1987）构建了更加正规的单中心城市模型，并对上述原理和机制及其在城市用地特征中的含义做出了严格表述。该模型分为封闭城市和开放城市两个版本。封闭城市模型，假定完全不存在农村—城市的人口迁移，因而城市人口是外生给定的；开放城市模型，则假设农村居民可以自由地向城市迁移，因而城市人口是内生决定的。惠顿（Wheaton，1974）对两种模型的比较静态分析，成为城市相关理论和经验研究的基础。

封闭城市模型可以利用改变城市人口、农地租金价格、城市收入水平和通勤成本，通过对模型进行修正，得出了不同城市的不同空间函数曲线。但无论曲线变化的快慢，其趋势和形状都是不变的（布吕克纳，2003）。

根据城市的单中心结构，弗里曼（Freeman）采用效用估价法（即 Hedonic 法）解释城市住房与距离的关系，即每个房屋特征的价值可以通过建立以房价为因变量，各种特征变量为解释变量的多元回归方程，回归方程的系数代表特征变量的边际隐含价值，即当其余特性变量不变时，居民愿意为增加一单位的某种变量去支付的价格。效用估价法模型形式如下：

$$P = f(X)$$

式中，P 是房价，X 作为自变量可以扩展成三种类型，方程如下：

$$X = a_0 + a_1 S + a_2 N + a_3 Q + \varepsilon$$

式中，X 表示解释变量的矩阵，S 是房屋的结构变量，N 是房屋的位置变量，Q 是房屋的环境变量，ε 是误差项，a_0、a_1、a_2 和 a_3 是系数。采用回归分析，可以得出不同自变量对房价的影响。但是，使用标准回归模型进行评估，会忽略两个空间问题：一是因变量房价可能会受周围其他房屋价格的影响而呈现空间自相关性，二是回归误差项可能会使回归结果存在空间异方差性。这时候，需要采用空间计量解决空间单元之间的相互作用。

二、单中心模型的应用

1. 米尔斯模型的应用

蒋涛和沈正平（2003）在布吕克纳模型的基础上，将城市总产出、工人工资与空间距离相结合，推导出城市最优规模与人均实际收入的关系。他们认为，最优城市规模随着运输成本下降而上升，随着城市规模收益递增程度的上升而上升。这是由于城市规模收益递增所带来的聚集经济，与由于拥挤增加运输成本导致的聚集不经济，两种相互对立力量达到均衡的结果。如果通过交通运输技术的改进和城市交通基础设施的改善，降低了运输成本，城市的最优规模就可以得到提高。有效率的城市规模是经济系统内各种力量相互作用的结果，仅通过外延式的城市人口规模的扩张，结果使城市人口超越有效率的人口规模，就会导致人均收入水平下降。

2. 效用估价模型的应用

效用估价模型的关键是获取不同空间的地价数据。张洪和金杰（2007）以云南省昆明市主城区的土地交易案例数据，通过建立数字地价模型，利用克氏插值法进行插值，建立昆明市地价等值线图。在效用估价模型基础上，构建了城市土地空间特征价格模型，取对数后的形式为：

$$\ln P = \beta_0 + \sum_{i=1}^{n} \beta_i(\ln X_i) + \sum_{j=1}^{n} \beta_i(X_j) + \xi$$

式中，P 为修正地价，即每宗土地交易案例的单位土地价格（元/平方米）；n 为地价的影响因素数，X_i 为实测变量，X_j 为虚拟变量，β 为待定系数，ξ 为随机变量。影响地价的主要因素有土地区位度（两个指标）和商业服务业繁华度（八个指标）。结论认为，各类用地的地价空间分布，都呈现与市中心距离的增加逐步衰减的趋势，但衰减幅度存在空间的变异性和方位的差异性，这些异质性也基本符合西方城市空间结构均衡理论的预期模式。

为了解决空间单元之间的相互作用，何娟等（2016）选取结构变量、邻里变量、环境变量等作为解释变量，在用 Moran's I 检验后，发现存在明显的自相关性，故使用了空间自回归模型排除干扰。结果显示，房价与其周围房屋的价格之间相互影响，导致空间自相关，这种空间干扰的存在会造成回归结果的不准确性。因此，使用合适的空间自回归模型进行评估结果更加可信；同时，也证实了效用估价法在评估非市场商品价值上的适用性，为之后更准确使用该方法进行区位要素经济价值的研究提供了借鉴。

三、人口密度模型

城市人口密度模型是城市空间研究中重要的组成部分，单中心人口分布模型源于克拉克（Clark，1951）的开创性工作。

1. 克拉克模型原始形态

为了研究城市人口密度，克拉克（Clark，1951）提出两个一般假设：

假设 I：在所有城市里，除了商业用地之外，其余均是人口居住区，人口密度随着距离市中心距离增加而减小。

假设 Ⅱ：在大部分城市里，随着时间变化，中心人口密度减小，郊区人口密度增加，城市地域随之扩大。

基于上述假设形成的大都市人口密度分布，可以用负指数函数，准确表达人口密度与离市中心距离的关系，负指数模型为：

$$D_{(r)} = D_0 e^{-br}$$

这个函数也被称为克拉克模型，其中 $D_{(r)}$ 为离市中心 r 英里处的人口密度；D_0 和 b 为参数；$D_0 > 0$，$b < 0$，D_0 表示理论上城市中心的人口密度，b 称为人口密度梯度，即离市中心的距离每增加 1 英里、人口密度减少的百分比，e 为自然对数的底数。

2. 克拉克模型的演化

随着城市进入郊区化，中心区常住人口密度降低，郊区人口增加，打破了人口密度随空间距离衰减的规律，因此需要对人口密度模型进行改进。其中有两种途径：一种是仍以距离为主要变量，通过修正函数改进；另一种是仍以负指数函数为基本模型，导入社会经济变量，改进模型。归纳起来，改进的模型有近 10 种之多（见表 4 - 1）。

表 4 - 1 人口密度模型的函数类型

函数名	函数类型	复合条件	作者
指数函数	$D(x) = D_0 \exp[-\gamma x]$	$\gamma > 0$	Clark(1951)
二次项函数	$D(x) = \alpha_0 [\beta + \gamma(\bar{x} + x)]^\delta$	$\alpha < 0$	Mills(1969)
指数和二次项的特殊形式	$D(x) = D_0 (\bar{x} - x)^\delta$	$\delta > 0$	多数学者
正态分布函数	$D(x) = D_0 \exp[\gamma x + \beta x^2]$	$\beta > 0, \gamma < 0$	Newling(1969)
标准正态分布	$D(x) = D_0 \exp[\beta x^2]$	$\beta < 0$	Tanner(1961)
伽玛函数	$D(x) = D_0 x^\alpha \exp[\gamma x]$	$\alpha > 0, \gamma < 0$	Aynvarg(1969)
标准正态分布和伽玛函数的特殊形式	$D(x) = D_0 x^\alpha$	$\alpha < 0$	多数学者
线性函数	$D(x) = D_0 + \gamma x$	$\gamma < 0$	多数学者
二次函数	$D(x) = D_0 + \beta x^2 + \gamma x$	$\gamma \neq 0, \beta < 0$	多数学者
二次函数的特殊形式	$D(x) = D_0 \exp\left[\alpha x + \beta \dfrac{1}{x}\right]$	$\alpha < 0, \beta > 0$	McMillen 和 McDonald(1998)

注：根据李健和中村良平(2006)整理。$\bar{x}$ 为中心至城市边界的距离。

与此同时，Kau 和 Lee(1976)也在克拉克负指数模型的基础上，通过 Box - Cox 的变换，形成对数形式描述城市空间结构。首先将负指数函数变换为：

$$D(x)^{(\lambda)} = \ln D_0 - \gamma x$$

经过变换后为：

$$D^{(\lambda)} = \begin{cases} \dfrac{(D^\lambda - 1)}{\lambda} & \lambda \neq 0 \\ \ln D & \lambda = 0 \end{cases}$$

采用该函数，Kau 和 Lee 对美国 49 个城市进行了计算，共有 23 个城市的 λ 值大于 0，表明约一半城市的人口与城区距离为非线性函数，说明这个函数是负指数函数和线性函数之间的一种最佳表现形式。

3. 模型应用：CBD 识别

通常情况下，城市中心地区（如 CBD）是固定不变的；但随着城市空间结构的更替，CBD 也会发生位置移动。因此，如何识别 CBD 也是城市空间结构研究的一项重要任务。阿尔佩罗维奇（Alperovich，1982）采用负指数函数，分别对比了几个城市准 CBD 地区后，判断了最可能的城市 CBD 位置。这种方法也可以对 CBD 进行评估，以发现城市中心区的发展程度，为防止空心化提供依据。其主要步骤是：

首先，假定 CBD 的平面坐标为 (x_1, y_1)，则传统负指数函数式 $D(x) = D_0 \exp[-\gamma x]$ 中的一维距离变量 α，可以变为二维变量组 (x_i, y_i)。

然后，代入负指数函数，则得：

$$D(x) = D_0 \exp\left\{ -\gamma\left[(x_i - x_1)^2 + (y_i - y_1)^2 \right]^{\frac{1}{2}} \right\}$$

式中，(x_i, y_i) 为国情调查地区 i 的平面坐标。对 CBD 进行评估时，传统的负指数函数有两个评估系数，可以采用 OLS 等线性方法；增加平面坐标后的上述公式由于增加了平面坐标，共有四个被评估系数，一般采用非线性方法。线性方法评估时采用下面的公式：

$$L(\sigma^2, \ln D_0, r, x_i, y_i) = -\frac{n}{2}\ln(2\pi\sigma^2)\frac{1}{2\sigma^2} \times \sum_{i=1}^{n}\left\{ \ln D(x) - \ln D_0 - r\left[(x_i - x_1)^2 + (y_i - y_1)^2 \right]^{\frac{1}{2}} \right\}$$

式中，σ^2 为误差项方差。

其次，当所识别的 CBD 位置与现实中完全一致时，模型系数会与 OLS 评估得出的系数相同。

4. 城市空心化的识别

为了描述城市空间结构随人口郊区化的变动特征，阿尔佩罗维奇（Alperovich，1980，1983）将人均收入（Y_t）、城市人口规模（N_t）、代表运输费用变化的时间函数（$f(t)$）代入 $D(0)$ 和斜率系数 γ，以分析城市空间人口密度分布变化。即将

$$D_t(0) = D(Y_t, N_t, f(t)) = \alpha_0 + \alpha_1 Y_t + \alpha_2 N_t + \alpha_3 f(t)$$

$$\gamma_t = \gamma(Y_t, N_t, f(t)) = \gamma_0 + \gamma_1 Y_t + \gamma_2 N_t + \gamma_3 f(t)$$

代入负指数函数，得：

$$\ln D_t(x) = \ln D_t(0) - \gamma_i x$$
$$= \ln(\alpha_0 + \alpha_1 Y_t + \alpha_2 N_t + \alpha_3 f(t)) - (\gamma_0 + \gamma_1 Y_t + \gamma_2 N_t + \gamma_3 f(t)) x$$

这个函数被称为可变系数模型（VCM）。这是一个高度的非线性结构，在评估空间结构时，假设城市空间是均衡状态，即：

$$\ln D_t(0) = \ln(\alpha_0 + \alpha_1 Y_t + \alpha_2 N_t + \alpha_3 f(t))$$

代入可变模型 VCM 后得到：

$$\frac{\ln D_t(x) - \ln D_t(0)}{x} = \gamma_0 + \gamma_1 Y_t + \gamma_2 N_t + \gamma_3 f(t)$$

阿尔佩罗维奇采用这个模型对以色列特拉维夫都市圈 1961～1976 年的人口密度评估后发现，收入和城市规模系数均为负值，说明随着收入上升和人口规模增加，人口密度斜率变缓。

伴随人口的郊区化，常常会出现城市中心区常住人口密度降低的城市人口空心化现象。为了观察城市人口在不同空间的分布特征，可采用表 4 - 1 中指数部分特化为二次函数的正态分布函数，或指数函数和幂函数组合而成的伽玛函数来评估人口分布。在具体评估过程中，对上述提到的两个函数进行距离微分后，二次正态分布函数和指数函数与模函数的组合函数分别变为下面的两个方程：

$$D'(x) = (\gamma + 2\beta x) D_0 \exp[\gamma x + \beta x^2]$$

$$D'(x) = (\alpha + \gamma x) D_0 x^{\alpha - 1} \exp[\gamma x]$$

当满足前一个公式系数符号的条件为 $\gamma > 0$ 和 $\beta < 0$ 时，人口密度会在距离城市中心处，即 $\hat{x} = -\dfrac{\gamma}{2\beta}$，形成峰值点，在这个点和城市中心之间，人口密度随着距离的增加而增加；在后一个公式中，当 $\gamma < 0$ 和 $\alpha > 0$ 时，在 $\hat{x} = -\dfrac{\alpha}{\gamma}$ 处会形成人口密度的顶峰。因此，这两公式可以通过人口最密集地区的分布，判断城市中

心人口减少的拐点。

5. 其他形式的模型

在城市空间聚集到一定程度后，随着人口从市中心迁往郊区，人口密度最高点向外移动，市中心区人口密度缺口出现。为了描述这种人口空间结构，纽林（Newling，1969，1971）对这个阶段的人口密度空间进行了模拟，即：

$$D_{(r)} = D_0 e^{br - cr^2}$$

式中，b、c 为参数，其中 $c > 0$，其他符号含义同克拉克模型。在该模型中，当 b 为负值且 c 为零时，二次指数函数模型即转变为负指数函数模型。因此，二次指数函数模型应该包括负指数函数模型，而负指数函数模型只是二次指数函数模型的一个特例。

斯米德（Smeed，1963）提出的模型形式为：

$$D_{(r)} = D_0 r^b$$

式中，参数 $D_0 > 0$，b < 0。因此，斯米德模型也是一种幂指数函数。

弗兰肯（Frankena，1978）提出了两种三次方函数模型，其形式为：

$$D_{(r)} = D_0 + br + cr^2 + dr^2 + dr^3$$

$$D_{(r)} = D_0 e^{br + cr^2 + dr^3}$$

其中，$D_0 > 0$，$b < 0$，$c > 0$，$d < 0$。无论哪种模型，均是在负幂指数函数基础上，对距离与人口密度进行变换，虽然表现形式不同，但意义相似。在实际运用时，需要根据不同城市，选择拟合度高的方程，对人口的空间分布进行预测。

四、人口密度模型的应用与比较

人口的空间分布规律表现为在初始阶段向中心地区集中，郊区化后向外扩散。但由于不同城市的自然属性有别，城市发展阶段各异，在同一个界面上描述人口分布的空间特征时，结论不尽相同；采用不同模型的结果也有所差异，因此城市空间模型与城市问题之间是一种个案定制型关系，难以具有普遍性。

1. 对北京和上海 2000 年前的数据模拟

吴文钰和马西亚（2007）在分析上海 1990 年的人口分布中，比较了在单中心城市空间结构模型基础建立的单核心人口分布的几个模型（包括 Clark 模型、Smeed 模型、Newling 模型和 Cubic 模型等），通过对以上几种模型的对比模拟分析发现：就中心区而言，1990 年的人口分布以 Clark 模型最为合理；2000 年四种模型虽都不理想，但中心区人口密度分布比较符合 Clark 模型。中心近郊区人口分布显示，两个年份四个模型模拟效果都较为理想；同时，虽然 Newling 模型的拟合度最高，但由于 Newling 模型比 Clark 模型和 Smeed 模型多一个参数，因此不是最优模型；同理，Cubic 模型也不是理想模型。因此，Clark 模型和 Smeed 模型比较合理。进一步，1990 年的人口分布 Smeed 模型更优，而 2000 年的人口分布更适于 Clark 模型。总体来看，Smeed 模型最优。

冯健和周一星（2003）分析了北京市 1982～2000 年的人口增长与分布规律，通过对单核心人口模型的回归发现，Clark 模型在拟合北京市人口分布方面更具有优势，而 Smeed 模型拟合都市区人口分布的效果更好。这说明，在不影响优度的情况下，参数越少、模型越简单，则适应性更广，也是较为优选的模型。

2. 北京市 2015 年的数据模拟

不同城市发展阶段，人口分布完全不同。由于上述几个模型都是处理人口密度与城市中心距离的衰减规律，主要的区别集中在 dr 和 r 之间，且通过 dr 和 r，$\ln(dr)$ 与 r，函数（dr）与 r，$\ln(dr)$ 与函数（r）的函数形式来体现。笔者采用北京市 2015 年数据，以乡镇单位作为空间布点，分别对三组对应关系，描述人口空间分布散点图（见图 4-1）。

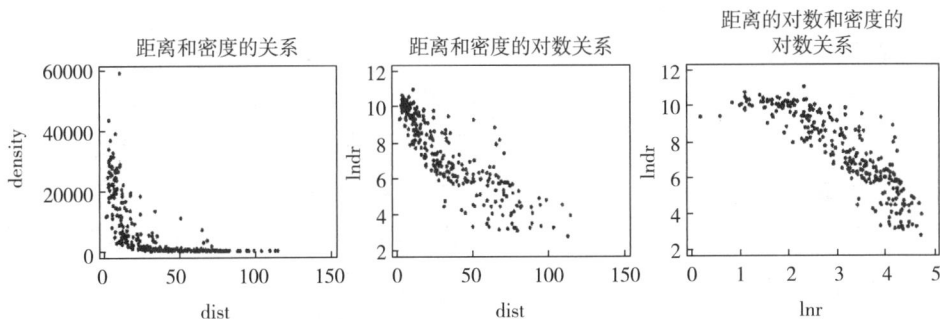

图 4-1　北京市 2015 年人口空间分布的三种函数关系

从图 4-1 中的三组对应关系可以得出以下结论：

第一，在距离和人口密度之间的关系符合指数函数的形式。

第二，距离与人口密度的对数之间呈现明显的一次函数关系。

第三，距离的对数与人口密度的对数呈现一种二次型关系，也可以是三次型。

针对上述的几种模型，分别进行了回归（结果见表4-2）。

表4-2　北京市人口空间分布模型回归结果

变量	模型（1）Clark	模型（2）Newling	模型（3）Smeed	模型（4）Cubic	模型（5）Cubic-log
r	-0.685*** (-27.23)	-0.122*** (-17.17)		-1503.8*** (-14.55)	-0.169*** (-11.32)
r^2		0.001*** (8.01)		24.600*** (11.54)	0.002*** (4.83)
lnr			-1.841*** (-25.25)		
r^3				-0.123*** (-9.49)	-0.00001*** (-3.23)
$Cons$	9.705*** (109.69)	10.38*** (107.17)	13.12*** (57.70)	27957.100*** (19.52)	10.740*** (88.48)
N	276	276	276	276	276
Adj. R-sq	0.745	0.789	0.754	0.649	0.795

表4-2显示，Clark模型：作为距离和人口密度之间的指数关系，符合散点图的基本趋势，而且在考虑人口密度对数与距离之间的关系呈现一次关系，Clark模型比较适合。Newling模型：理论上符合指数关系，但是根据人口密度对数形式与距离之间是一次关系，该模型可能不太适合。Smeed模型：作为幂指数模型，符合人口密度和距离之间的关系，但是并不符合变形之后人口密度的度对数形式与距离对数形式的二次方或三次方模型。三次方函数模型：散点图没有呈现出三次方的关系。

上述所有模型，均以单中心（Monocentric）城市为假设条件，所创建的模型都是基于城市是单中心，即城市中心有唯一的CBD这个前提条件。因此，当城市规模变大、产生城市副中心、边缘城市的时候，以上模型就不能很好地解释城市的人口分布了。

第二节　多中心结构模型

单中心结构一般是城市初期阶段，以聚集作用为主形成的空间特征；伴随着聚集不经济的出现，城市空间出现了多中心分布，为了描述这种空间结构，形成了多中心的空间结构模型。

一、多中心的界定与量化

多中心是指人口的最高密度和城市聚集特征出现在城市的不同地区，而不仅是城市中心。但是，城市空间是非常复杂的，如何界定城市出现了多中心，以及如何衡量不同的中心，是研究多中心的前提。

1. 多中心的界定

1991 年，朱利亚诺（Guiliano）和斯莫尔给出了"中心"这一概念的定义，即一个普通的城市地区内（可以事先确定范围），总的就业密度超过某一阈值 D，总的就业人数超过某一阈值 E，就可以认为是一个城市中心。他们经过对西方早期城市的观察后发现，如果每英亩最低就业总密度（D）为 10 人，最低总就业人数（E）为 10000 人，则一般的大都市地区都可以有若干个这样的中心，比如洛杉矶有 29 个这样的副中心。1998 年，麦克米伦（McMillen）和麦克唐纳（McDonald）用 1980 年和 1990 年的混合数据发现，芝加哥有 15 个子中心；1997 年，塞维罗（Cervero）和 Wu 发现旧金山湾区有 22 个子中心。

可以看出，这样界定城市中心的关注点是，某一个地区人口或就业密度的变化。与某个城市中心的界定不同，由于城市内部空间是连续的，将会导致两个方面的问题：一是中心点的界定需要用到地理热点等定位服务；二是空间范围较难界定。因此，若阈值稍加变动，次中心的数目就会发生很大变化，即中心数量对阈值十分敏感。例如，芝加哥奥黑尔机场附近，有一个就业总人数为 42 万人的大中心，若将阈值减半，这个大中心会分裂为五个小中心。中心的敏感性来自城市空间结构下的不规则特征，随着研究者的观察尺度不同，集聚经济所展现出的形态也各有特点。

2. 多中心的量化

为了使多中心界定有规律可循，1989 年海基拉（Heikkila）引入了新的人口密度函数，将单中心模型向多中心方向进行一般化处理。主要思路是，将这些人口密度函数进行假设，即各中心之间相互替代、相互补充，或者处于中间形态，并能够很好地解释洛杉矶、芝加哥等城市的多中心状态。1994 年，斯莫尔（Samll）和 Song 的研究解释了洛杉矶地区人口密度的变化，发现 1970 年的洛杉矶有 5 个中心，而到了 1980 年则有 8 个。

2001 年，安德森（Anderson）和博加特（Bogart）的研究发现，都市多中心化的结构变迁，是系统性的而非随意蔓延。不仅是次中心的分布，甚至是次中心的规模也符合等级大小法则；即使是在多中心的演化过程中，中央商务区仍具有压倒性的优势。城市的中心拥有更高的就业密度，更多的就业人口，更高的商业和土地价格。

另外，不同的城市中心功能有差异，多中心并不是城市中心的重复，而是不同的功能区所在的中心组成。除人口的多中心外，还可以按照就业中心以及各种不同的产业中心，通过对不同功能中心的识别，以描述多中心的空间结构。

以就业中心为例，有三种方式定义次中心：第一，就业密度比周边高，对整个空间结构产生足够的影响，导致人口密度、房地产价格和地租上升（Mc-Millen，2001a）。第二，对中心设置门槛，即"门槛"方法，是目前较为普遍的一种方法，由就业人员密度门槛和总就业人员门槛组成，高于门槛的可以考虑设置为一个就业次中心（Giuliano 和 Small，1991，1999；Anderson 和 Bogart，2001；Gaschet，2002）；另外，还有一些学者使用就业人员与人口比例的标准，作为就业门槛的补充（McDonald，1987；Forstall 和 Greene，1997）。第三，从研究就业密度的作用去寻找就业次中心的方法，如 Craig 和 Ng（2001）、McMillan（2001b）结合当地的文献和就业统计数据，利用就业密度与 CBD 的距离的自然对数的非参数回归，来定义地方最高点，即就业次中心。

二、多中心模拟

多中心体现了城市空间在演化过程中，总体表现为由聚集向分散的变化过程，但具体结构却为不确定性的空间"随意性"。因此，要对多中心模拟是一件较为困难的事情。一种途径是通过假设和虚拟数据，对假想的城市空间进行模拟；另一种途径是通过特定城市的空间演化路径，进行趋势判断。

1. 克鲁格曼模型

主要以克鲁格曼的多中心城市空间自组织模型为核心，通过一组变量之间的方程表示多中心的形成。克鲁格曼假设：在周长为 $2\pi D$ 的"跑道经济体系"某区位 r 上，随时间变化的商业密度（或者说商业份额）的变化率，可以用傅里叶级数来表示如下：

$$\lambda^{\delta} = \frac{d\lambda}{dt} = \left[\lambda(r+\theta) - \lambda\right] \int_{-\pi}^{\pi} k(\theta)\cos(v\theta)\,d\theta$$

这其实是一个制造业变化的动力学方程。其中，λ 为整个系统中制造业的商业密度平均值；$\lambda(r)$ 为区位 r 上制造业的商业密度。制造业的波动分解为一系列不同频率的波动，不同波动具有不同的增长率，由下式决定：

$$\int_{-\pi}^{\pi} k(\theta)\cos(v\theta)\,d\theta$$

从上述方程可以看出，这个模型的特点为：第一，与传统规模报酬递减观点截然不同，由于规模报酬递增的存在，导致了在存在不同消费者偏好的条件下，"集聚产生集聚"引发了持续性"选择"；而微观群组在选择区位时，在经济体系规模报酬递增的内在规则作用下，"自上而下"地从"不稳定"最终演化出宏观上、新的"有序"的多中心城市空间结构。第二，模型的严格假设，包括周长为 $2\pi D$ 的跑道经济体系等假设，为虚拟世界。第三，模型的内在逻辑是：收入方程→名义工资方程/价格方程→真实工资方程→区位 r 的市场潜能→区位合意度→演化规则→选择过程（正负溢出作用）→多中心城市结构。第四，该模型是一个完全理想空间状态下的模拟。通过计算机模拟，克鲁格曼在几乎"平坦"的区位分布上获得了双中心城市的自组织演化结果，即从计算机模拟初始近乎一条水平直线的区位分布，在演化规则下，自组织地演化出双峰区位分布。若将溢出衰减速度增加一倍，则可以获得四个等距离的商业区。因此，该模型是建立在封闭型经济基础之上的推理，还不具备实证条件。

2. 一般函数

在单中心模型基础上，有学者提出多中心的函数，通常的表达式为：

$$D(r) = \sum_{n=1}^{N} a_n e^{b_n r_{mn}}$$

式中，$m = 1, 2, \cdots, M$，N 为城市中心的数量，M 为街区数量，r_{mn} 为街区 m 到中心 n 的距离；a_i 及 b_i 为针对中心的参数，$D(r)$ 为人口密度，$a_n > 0$，$b_n < 0$。利用这个模型能够通过空间不均衡的人口分布，描述城市在多个中心状

态下的人口空间结构。吴文珏和马西亚（2007）采用该模型，对上海市1999年和2000年的数据进行了建立模型。基本步骤：

首先，选择人口分布的次中心。绘制1990年和2000年上海市中心和近郊区的人口密度等值线图，经过反复观察、判断，确定城市人口分布的次中心。次中心的选取依照以下几个原则：①首先确定峰值 >30000 的人口密度等值线；②确定满足上述条件的每个高峰等值线主要位居的街区，确定这些街区的几何中心，它们便可近似地视为基于人口分布的城市次中心；③要求城市中心与各次中心之间以及各次中心之间的距离 >5km。

其次，在选出次中心后，计算各个次中心到各街区的距离，然后运用统计软件编写多核心模型非线性回归程序，采用迭代技术进行回归。

结果表明，核心模型能够较好地描述上海的人口密度分布。随着 1990~2000 年上海市人口分布的巨大变化，上海人口空间结构的变化也逐渐复杂化。模拟1990年的数据表明，上海有两个人口分布次中心，都分布在城市的核心区边缘区，多核心结构刚刚开始发育，城市核心对上海人口分布起主要作用。模拟2000年的数据表明，上海有六个人口分布次中心，分别分布在中心区和近郊区，各个次中心对人口分布都有重要影响，多核心结构已经发育较为成熟。参数变化说明2000年上海人口扩散的距离较1990年明显偏远。

三、多中心识别

与单中心的函数形态完全不同，多中心表明城市人口与空间距离是一个明显的多重非线性关系。因此，必须要用非线性方法发现非均质空间状态下的不同中心分布。其中，非线性参数就是一种比较普遍的方法。

1. 非参数方法

McMillen 和 McDonald 在建立多中心城市模型时，率先采用了一种局部回归的非参数方法。优点在于，它不要求预先设定全局函数形式来拟合数据，这可以在很大程度上减少模型设定误差；并且与传统的建模方法相比，非参数方法允许更大的灵活性，因此能更好地拟合城市密度平面，更准确地反映城市空间结构特征和变化趋势。海基拉等（Heikkila 等，1989）提出了三种理论模型来确定城市不同的中心，基本步骤：

（1）确定城市密度平面上的显著高值区域作为可能的次中心。

（2）进一步检验这些次中心对城市空间结构影响的显著性，以最终确定城市次中心。

具体做法，确定城市密度平面上的显著高值区域，首先需要拟合人口或就业密度平面，这里仍然可以用局部回归的方法。人口或就业密度平面可以表示为：

$$D = f(x, y)$$

其中，x 为维度，y 是经度，f 是拟合函数。由于应用聚集的因素远超过模拟所包含的变量，城市次中心的实际密度值远大于拟合的密度平面上对应的平滑值的区域，因此需要选择备用次中心。具体做法是，以局部回归得到的拟合密度平面为基准，选择残差值在5%的显著水平下显著为正的空间单元，作为备选的城市次中心。这样，非参数方法的特点主要表现为，方法比较简单，不需要设定函数形式，更能反映实际，模拟得也更为准确；但需要实现设定密度函数形式，难免主观性。避免主观带来偏差的关键在于：

（1）通过局部回归方法确定人口（就业）密度平面。

（2）局部回归方法以每一个数据点为中心确定一个邻近区域，用区域内的数据点进行局部回归，寻找密度平面的显著高值区，作为可能的次中心。

（3）检查次中心对城市空间结构（人口或就业密度分布）影响的显著性，最终确定次中心。

（4）虽然无法得出数学表达式，但是可以通过画出可视化结果进行分析。

国外已经利用多中心模型对世界不同城市进行了实证检验，结果表明多中心模型能够很好地说明现代大城市的人口分布状况（Griffith，1981）。

2. 非参数方法在北京市的应用

笔者采用地理信息技术和非参数估计相结合的方法，对北京市 2010 年（第六次人口普查数据）的人口空间分布进行模拟。

首先，利用 GIS 空间定位技术，按照北京市的人口分布绘制成等值线示意图。原始数据中，空间单元越小、人口分布数据观测点数越多，则等值线越精确。

其次，根据每个点与城市中心（这里暂定为天安门）的距离，采用非线性计量进行局部回归，从而可以得出人口与空间距离的非线性关系。结果表明，北京市没有明显的次中心，仍然是单中心的空间结构。图 4-2 的散点图显示了这种明显的非线性单中心格局。

由于人口的异质性，导致不同人群在城市空间分布有一定的区位偏好。如果以老年人口为样本，则人口的空间分布有所不同。结果显示出了若干个不同的中

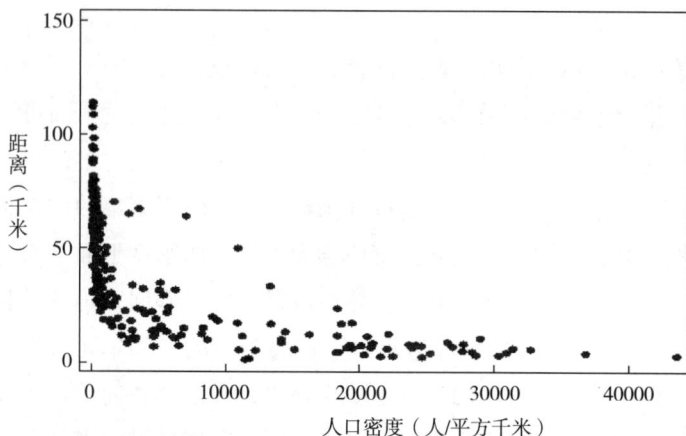

图 4-2　北京市 2010 年人口密度与城市中心距离散点图

心，除了主中心外，沿东北方向还有三个次中心；西南方向两个；西北方向一个。因此，如果能将统计对象进行更换，将人口结构进行分层，就可以分别识别出不同人群的分布中心，经过汇总后也可以描述出多中心的格局，且这种多中心反映了不同区位对不同人群的功能特征。

3. 非参数的实现

非参数方法没有固定的函数形式，实现的途径很灵活。一般有几种实现途径，其中以点模式方法的应用较为普遍，而 POI（Point of Interest）是反映点模式的基本工具。

（1）核密度方法计算邻域密度。通过计算空间点、线等要素在其周围邻域中的密度，并对密度分布进行连续化模拟，这需要大量空间数据。段亚明等（2018）采用 POI 大数据，利用核密度分析法，探索重庆市的多中心。具体方法是：根据每个栅格内 POI 核密度值估计其周围密度，并通过对不同搜索半径下的核密度分析结果进行比较，从而选取适合本书的最优搜索半径。核密度函数计算公式如下：

$$f(x) = \sum_{i=1}^{n} \frac{1}{\pi r^2} \Phi\left(\frac{d_{ix}}{r}\right)$$

式中，$f(x)$ 为 x 处的核密度估计值；r 为搜索半径；n 为样本总数；d_{ix} 为 POI 点 i 与 x 间的距离；Φ 为距离的权重。

（2）基于自然断点法的分类结果分析城市中心影响范围。基于数据中固有的自然分组，通过对分类间隔加以识别，在数值差异相对较大处设置边界，对相似值进行恰当分组，使各类之间差异最大化。段亚明等（2018）基于Arc-GIS10.2软件的重分类工具，利用自然断点法对核密度分析结果进行分类，并结合POI统计分析结果分析各城市中心的影响范围。

平均最近邻分析的过程：测算每个POI与其最邻近POI之间的观测距离，并计算所有最邻近距离的平均值。如果某类POI的平均观测距离小于假设随机分布的预期平均距离，则此类POI属于聚集分布；反之，属于分散分布。作者利用ArcGIS10.2软件的平均最近邻工具进行分析，结果包含五个值：平均观测距离（d_i）、预期平均距离（d_e）、最近邻指数（R）、z得分和p值。R值越小聚集程度越高。

（3）点模式方法的应用。郭洁等（2015）采用了基于密度、基于距离和基于联系三种点模式方法，对北京市的空间结构进行了分析。

1）基于密度的点模式。以点的密度与频率分布的各种特征研究点的空间模式，其具体方法以核函数方法为代表。核密度分析法（KDE）认为，点可以发生在空间的任何位置上，但点在周围邻域中密度各不相同，因此区域内任意一个点都有一个点密度。一般采用核密度估计法。

$$f(x) = \frac{1}{nh} \sum_{i=1}^{n} k\left(\frac{x - X_i}{h}\right)$$

式中，$k(x)$称为核函数；h为带宽，即圆域的半径；$x - X_i$表示估值点到输出格网X_i处的距离。落入圆形范围内的点根据其距X_i距离具有不同的权重，越靠近X_i的点权重越大；反之则权重降低。

2）基于距离的点模式分析方法，是通过测度最近邻点的距离，分析点的空间分布模式，主要方法有最近邻距离方法。首先，将点标注在地图中，计算任意两个点的欧式距离；其次，比较计算得来的数据与已知模式（如随机分布模式）之间的相似性。如果计算得来的最邻近距离大于随机分布的距离，则点的实际分布趋于均匀；反之，则是趋于聚集分布。

$$R = \frac{2 \sum_{i=1}^{n} d_{min}(S_i)}{n} \sqrt{n/A}$$

式中，d_{min}表示每一个点到其最邻近点的距离；S_i为研究区内的点；n表示点的数量；A为研究区域的面积。如果$R > 1$，说明点之间的最邻近距离大于随机模式的最邻近距离，点的空间分布是相互排斥，趋向均匀的；如果$R < 1$，表明大

量点的空间上相互接近，属于空间聚集模式；如果 $R=1$，则所有点的空间分布呈现随机分布模式。

3）基于联系的点模式，可以通过企业间联系建立点模式。但是，企业联系不容易测度，仅能通过空间邻近性来考察。通过计算邻近性指数确定产业间企业的邻近性，得到产业间的联系。

$$PI_{x,y} = \left[\frac{L_{x,y}}{E_x} \div \frac{E_y}{(\sum E) - E_x} \right] - 1$$

式中，$L_{x,y}$ 是 x 产业内企业的最近邻时 y 产业内企业的数量；E_x 是 x 产业内企业数量；E_y 是 y 产业内企业数量；E 为总就业。这个指数通过统计相邻企业所属产业的比重，反映了相邻企业之间的产业联系。$PI_{x,y}$ 等于 0，表示 y 产业内企业在 x 产业内企业最近邻中的比例与 y 产业内企业在除去 x 产业内企业中的比例相同，也表明 y 产业和 x 产业的相邻性，也与其他产业邻近性的平均水平相同。$PI_{x,y}$ 越大，表示 y 越邻近 x；相反，$PI_{x,y}$ 越小，表明 y 与 x 的邻近度越低。

郭洁等（2015）采用北京市的数据分析了产业邻近度，结果显示，北京在多中心的城市结构背景下，就业中心对于不同产业的集聚作用以及不同产业在空间分布上的邻近性影响较为显著。

第三节　霍特林模型

空间结构是空间经济运行规律的结果。为了了解空间结构的形成机制，很多学者探讨了不同空间结构产生的原因。除了克鲁格曼的 C - P 模型外，霍特林（Harold Hotelling，1929）从消费和生产角度，揭示了人口居住与产业的空间规律。随着城市空间扩张，学者们从空间蔓延和聚集等角度，探索城市扩张的空间形态与在内机制，在这一过程中也发现了一些与空间紧密相连的研究方法。因此，霍特林是将空间异质性纳入经济学模型的典型学者，对将经济学与空间结合的研究方法具有开创性的贡献。

一、霍特林模型的主要观点

霍特林从经济角度模拟和解释了城市空间的形成规律，模型研究的问题主要围绕经济生产竞争和居民消费角度进展开。

霍特林选择了一个主要的城市街道，这个街道完全基于地理的均质性，街道上的各个位置的唯一差异是该点到中心（原点）的距离不同。随着各个点距离的差异，假设：

（1）不同地点的产品是有差异的。

（2）两家企业在连续的生产条件下，产品的边际成本和单位成本固定不变，且保持相等。

（3）若市场外的厂家进入市场参与竞争，所需承担的额外固定成本是相同的。

（4）市场上同时存在两种品牌，均具有一定的市场占有率。

（5）消费者的数目在市场的各个区域内呈现均匀分布。

（6）市场的需求总是偏向于价格较低的产品。

（7）消费者偏好所代表的值与企业的市场位值的间距具有两层含义：其一是对企业的销售区域不满意；其二是对产品不满意。这些差异都会为买者带来额外的费用支出。他们为了获得满意的产品，不得不前往出售该产品的销售区域进行购买，或者被迫接受并不理想的产品。

基于上述假设，霍特林模型可以用图4-3表示。

图4-3　霍特林模型的简单空间

同时，如果将上述假设转换为函数关系，则表现为：

假设1：产品销售市场为线形空间，长度为L，市场空间长度是有限的，但其长度大于集聚效应作用的区域长度，用 [0，L] 表示。消费者沿着线形市场空间分布，分布的密度函数为$f(x)$，消费者总量为$N = \int_0^L f(x)dx$，令$N = l$。有两家企业在线形市场空间上进行竞争，他们向市场空间内的消费者提供同质的产品。假设两家企业在线形市场空间内分别位于不同的区位，企业1的地址为a，企业2的地址为L-b，其中，$0 < a < L$，$0 < b < L$，且$a < L - b$，见图4-5。两家企业销售产品的不同位置，形成了各自产品的空间异质性，x是消费者所在的地点。

假设2：企业1、企业2所提供产品的生产经营成本是其空间位置的函数，

分别为 $c_1(x)$、$c_2(x)$。企业 1 和企业 2 制定统一的产品出厂销售价格，分别为 p_1 和 p_2。

假设 3：每个消费者都有 1 个单位的需求，即消费者从企业只购买 l 单位的产品或者不购买。假设产品单位距离交通运输成本为 t，消费者支付交通成本，交通成本是消费者居住地和销售企业所在地间距离的二次函数，交通成本 $T(d)=td^2$，其中 d 是消费者和企业间的空间距离位于 x 的消费者，购买企业 1 的产品时支付的交通成本为 $t(x-a)^2$，购买企业 2 的产品支付的交通成本为 $t[x-(L-b)]^2$。因此，消费者购买企业 1 的产品支付的总成本为 $p_1+t(x-a)^2$，购买企业 2 的产品支付的总成本为 $p_2+t[x-(L-b)]^2$。

假设 4：消费者的效用函数为 u_x：

$$\begin{cases} u_x = -p_1 - t(x-a)^2，购买企业 1 的产品时 \\ u_x = -p_2 - t[x-(L-b)]^2，购买企业 2 的产品时 \end{cases}$$

假设 5：企业 1 和企业 2 在空间距离上充分邻近时就产生了集聚效应，假定企业间产生集聚效应的最大空间距离为 l，这个长度为 l 的区域即为集聚区域。设集聚区域的左端点为 e，决定了集聚区域在市场空间的相对位置。e 的确定可能由于偶然因素，也可能由于存在专业化劳动力市场、原料和设备供应商、最终市场或原材料集贸市场、特殊的智力资源或自然资源、基础设施和政策激励。两个企业均可以获得集聚效应带来的成本节约和需求规模上的优势，具体而言，集聚效应体现在行业外部性经济、市场需求规模扩大和运输成本节约三方面。行业的外部性经济主要体现在生产成本和销售成本上的节约，这里简化为生产成本上的节约，设为 c_0，集聚效应作用下企业 1 和企业 2 单位产品的生产成本为 $c_1(x)=c_2(x)=c_0$。

二、霍特林模型的争议

由于空间的具体性和自然可视性，与抽象的经济学不同，将空间区位引入经济学模型中，往往会存在假设过多而引起争议，霍特林模型也不例外。霍特林模型中引入价格竞争，由于价格与区位紧密相连，甚至是区位价格的反映，使厂商之间单纯的位置博弈演变成了两阶段的区位博弈。首先，霍特林模型外生设定消费者支付的完整价格，等于出厂价格加上运输成本，从而使完整价格成为运输成本的函数。其次，完整价格的轻微变化，都将会改变厂商市场区域分界的位置，并相应地改变每个厂商的市场需求，使厂商利润函数取决于厂商与消费者之间的空间距离。

有学者认为，线性成本对于解释厂商行为存在诸多不确定性。首先，价格虽然与运输距离有关，但是由于城市空间的分维形态和随距离递增的幂函数变化特征，在两个厂商距离很近时，通过降低价格进行竞争动机较为明显；而距离较远时，成本竞争占优势，更容易获得价格均衡，从而可以将线性运输成本替换为二次函数的运输成本。其次，从需求角度来看，不同区位条件下的消费者有别，仅按照区位定价，就会忽略消费者的异质性。因此，有学者提出了中间定价机制下的厂商定位模型。这个模型假设：商品从厂商到消费者的运输总成本由买卖双方共同分担，消费者支付外生既定的部分运输成本，厂商支付剩余部分的运输成本；另外，厂商在选择位置的同时，还要确保运输成本最小化。这就使得运输成本分担模型下的利润函数变得更为复杂，而导致难以使用。

霍特林模型的优点在于，从厂商空间地理区位出发，首次建立了一个线性市场上的双寡头厂商定位模型；从厂商到消费者之间的距离差异这一独特的视角，开启了空间异质性的理论探索。模型的缺点主要表现为，价格均衡分析有一定缺陷：一是忽略了技术进步的重要作用；二是对于聚集收益解释不够。尤其是厂商在近距离内的相互竞争，导致竞争力削弱的结果，在一定程度上与聚集作用程相反趋势。

三、霍特林模型的应用

利用霍特林模型可以对城市内部的企业选址进行较好的解释，并可以分为几种情况，即同质无聚集效应、同质有市场规模因子的聚集效应、异质有均质分布市场，并可以假设人口和产品都是异质时的情况。笔者以同质无聚集效应、人口与产品均为异质性和异质性市场三种情况为例，进行说明。

1. 同质无聚集效应的企业选址

（1）企业均衡需求。令上述消费者购买商品的两个方程相等，得 π 指利润，

$$\pi_1 = p_1 D_1 = \frac{p_1}{L}\left[a + \frac{L-a-b}{2} + \frac{p_2 - p_1}{2t(L-a-b)} \right]$$

则企业2：

$$e \leq a \leq L-b \leq e+l$$

如果在市场空间里消费者均匀分布，则 $f(x) = \frac{1}{L}$。那么，企业1和企业2

面对的市场需求分别为：

$$D_1 = \frac{1}{L}\left[a + \frac{L-a-b}{2} + \frac{p_2 - p_1}{2t(L-a-b)} \right]$$

$$D_2 = \frac{1}{L}\left[b + \frac{L-a-b}{2} + \frac{p_1 - p_2}{2t(L-a-b)} \right]$$

（2）定价策略。设两企业无生产成本，即 $c_1(x) = c_2(x) = 0$。这里采用倒推归纳法求解定价和选址的二阶段博弈的子博弈精炼纳什均衡解。

由上述方程可以看出：

$$\pi_1 = p_1 D_1 = \frac{p_1}{L}\left[a + \frac{L-a-b}{2} + \frac{p_2 - p_1}{2t(L-a-b)} \right]$$

$$\pi_2 = p_2 D_2 = \frac{p_2}{L}\left[b + \frac{L-a-b}{2} + \frac{p_1 - p_2}{2t(L-a-b)} \right]$$

由利润的价格一阶条件得到两个企业价格竞争的均衡解分别为：

$$p_1^* = t(L-a-b)\left(L + \frac{a-b}{3} \right)$$

$$p_2^* = t(L-a-b)\left(L + \frac{b-a}{3} \right)$$

（3）选址决策。由上述方程可知，价格达到均衡后两企业的利润函数分别为：

$$\pi_1^* = \frac{t(L-a-b)(3-b+a)^2}{18L}$$

$$\pi_2^* = \frac{t(L-a-b)(3+b-a)^2}{18L}$$

由利润函数关于 a 和 b 的一阶导数判断企业 1 和企业 2 的利润与地址关系分别为：

$$\frac{\partial \pi_1^*}{\partial a} = -\frac{t(L+3a+b)(3-b+a)}{18L} < 0$$

$$\frac{\partial \pi_2^*}{\partial b} = -\frac{t(L+a+3b)(3-b+a)}{18L} < 0$$

即随着 a 和 b 增加，企业 1 和企业 2 的利润在减少，所以最大化利润的选址就在 0 和 L 两点之间。

2. 人口、产品均为异质性的企业选址

考虑人口分布密度函数时，令人口分布密度函数为：$\rho = \alpha x^\beta$，其中 $\alpha > 0$，$\beta <$

0。再设点 l 为人口从非均质分布到均质分布的临界点,当 $x \leqslant l$,人口非均质分布;当 $x > l$,人口均质分布。则此时有两种情况:当均衡位置 x^* 在点 l 左边时,即有 $x \leqslant l$;当均衡位置 x^* 在点 l 右边时,即有 $x > l$。这里只讨论第一种情况,第二种情况类似。则居民对两个企业产品的需求为:

$$D_1^* = \frac{\alpha x^\beta}{L}\left[a + \frac{L-a-b}{2} + \frac{\theta\Delta + p_2 - p_1}{2t(L-a-b)} \right]$$

$$D_2^* = \frac{\alpha x^\beta}{L}\left[b + \frac{L-a-b}{2} + \frac{p_1 - p_2 - \theta\Delta}{2t(L-a-b)} \right] + 1 \times (L-l)$$

在这种情况下,两个企业的利润分别为:

$$\pi_1 = p_1 \frac{\alpha x^\beta}{L}\left[a + \frac{L-a-b}{2} + \frac{\theta\Delta + p_2 - p_1}{2t(L-a-b)} \right]$$

$$\pi_2 = p_2 \left\{ \frac{\alpha x^\beta}{L}\left[b + \frac{L-a-b}{2} + \frac{p_1 - p_2 - \theta\Delta}{2t(L-a-b)} \right] + 1 \times (L-l) \right\}$$

由一阶条件可以得到两种产品的均衡价格分别为:

$$p_1^* = \alpha x^\beta t(L-a-b)\left(L + \frac{a-b-\theta\Delta}{3} \right)$$

$$p_2^* = \alpha x^\beta t(L-a-b)\left(L + \frac{b-a+\theta\Delta}{3} \right) + (L-l)$$

由上述方程可知:

$$a = f(p_1^*, \ p_2^*, \ \alpha, \ \beta, \ x, \ L, \ l, \ \theta, \ \Delta)$$

同理可求出:

$$b = f(p_1^*, \ p_2^*, \ \alpha, \ \beta, \ x, \ L, \ l, \ \theta, \ \Delta)$$

这样,两个企业的选址可以表示为距离的函数,从而将企业、居民的空间区位选择进行了描述。

3. 异质性市场的企业选址

放松同质商品的假设,令 T_i、θ、c_i 分别代表商品 i 的质量,消费者的偏好(同质的)和 i 企业的生产成本,i 分别是 1 和 2。则消费者的效用为:

$$\begin{cases} u_x = \theta T_1 - p_1 - t(x-a)^2, & \text{当买企业 1 的商品时} \\ u_x = \theta T_2 - p_2 - t(L-b-x)^2, & \text{当买企业 2 的商品时} \end{cases}$$

令 $\Delta = T_1 - T_2$ 且 $\Delta > 0$,$c_1 > c_2$,则:

$$D_1 = \frac{1}{L}\left[a + \frac{L-a-b}{2} + \frac{\theta\Delta + p_2 - p_1}{2t(L-a-b)} \right]$$

$$D_2 = \frac{1}{L}\left[b + \frac{L-a-b}{2} + \frac{p_1 - p_2 - \theta\Delta}{2t(L-a-b)} \right]$$

则两家企业的利润为：

$$\pi_1 = (p_1 - c_1)D_1 = \frac{p_1 - c_1}{L}\left[a + \frac{L-a-b}{2} + \frac{\theta\Delta + p_2 - p_1}{2t(L-a-b)} \right]$$

$$\pi_2 = (p_2 - c_2)D_2 = \frac{p_2 - c_2}{L}\left[b + \frac{L-a-b}{2} + \frac{p_1 - p_2 - \theta\Delta}{2t(L-a-b)} \right]$$

求一阶导可得均衡价格：

$$p_1^* = c_1 + t(L-a-b)\left(L + \frac{a-b-\theta\Delta}{3} \right)$$

$$p_2^* = c_2 + t(L-a-b)\left(L + \frac{b-a+\theta\Delta}{3} \right)$$

均衡利润的公式为：

$$\pi_1^* = t(L-a-b)\left(L + \frac{a-b-\theta\Delta}{3} \right)\frac{1}{L}\left[a + \frac{L-a-b}{2} + \frac{\theta\Delta + p_2 - p_1}{2t(L-a-b)} \right]$$

$$\pi_2^* = t(L-a-b)\left(L + \frac{b-a+\theta\Delta}{3} \right)\frac{1}{L}\left[b + \frac{L-a-b}{2} + \frac{p_1 - p_2 - \theta\Delta}{2t(L-a-b)} \right]$$

则企业 1 和企业 2 对区位的选址为：

$$\frac{\partial \pi_1^*}{\partial a} = -\frac{t(3l+2a)}{3}\left\{ \frac{5\theta\Delta}{6tL(L-a-b)} + \frac{[2L(L-b)+a]}{6L} \right\} + \frac{30\theta\Delta tL}{[6tL(L-a-b)]^2} + \frac{1}{6L}$$

因为 $[a,b] \in [0,L]$，所以得 $\frac{\partial \pi_1^*}{\partial a} < 0$，同理可得 $\frac{\partial \pi_2^*}{\partial b} < 0$。

则企业 1、企业 2 的最佳选址策略分别为 0 与 L 点。至此，得到的结论是，生产异质产品的两个企业将分离。这说明，在霍特林模型基础上，可以根据生产者和消费者的异质性，进行延伸和扩展，以更接近真实的城市。

第四节　紧凑城市与城市空间测度

随着城市空间扩张带来的负面影响日益突出，自 20 世纪 60 年代开始，城市蔓延与测度方法逐步在西方发展起来，并逐步形成了"区域主义""城市成长管理""新城市主义"以及"精明增长"理论的思潮。与城市蔓延相对应的紧凑城市，主要针对解决城市蔓延问题而提出的解决思路。在测度上，两者可以采用相同的指标，从不同的方向进行解释。

一、城市蔓延与紧凑城市的测度

城市蔓延是指无计划的、分散的、低密度的、依赖汽车的郊区外围过度发展的模式。空间结构具体表现为，由于城市远郊土地的开发与利用，使城市空间扩展到外围的郊区，从而带来与传统城市空间完全不同的、新型城市空间形态特征。学者们认为，这种空间形态造成了土地浪费，并增加了交通需求，不利于可持续发展。他们试图研究导致这种空间形态的原因，并寻求积极的解决办法。但是，到目前为止，这种空间扩张仍在全球很多城市持续着。

紧凑城市是一个基于解决城市蔓延问题而提出的城市空间有效利用概念，强调"高密度、功能混合、社会和文化的多样性"的发展模式（Elkin & McLaren，1991；Thomas & Cousins，1996；Williams et al.，1996；Duany & Plater - Zyberk，2001；Dave，2010；Ferguson & Woods，2010；Lindsay et al.，2010）。由于目的不同，角度有多种，既有从可持续发展角度讨论生态城市系统的，也有从城市空间结构寻找土地利用方式、从交通费用寻找出行方式，以及从社会文化角度研究城市多样性问题的。尽管目前尚未有统一定义，也难以明确紧凑城市是城市形态问题还是解决方案。但是概括起来，其核心内涵是指城市高密度活动、紧密联系与高强度开发（韩笋生和秦波，2004；仇保兴，2006；吕斌和祁磊，2008；方创琳和祁魏锋，2007）。

1. 城市蔓延的测度

从国内外研究进展来看，目前普遍使用的测度方法是先设定指标，并对指标进行对比，来判断城市的蔓延程度。指标的设定有两种方法：一种是单指标方法，另一种是多指标方法。比较常用的指标有：密度（建成区人口密度、居住密度、就业密度）、增长率（城市化用地增长率、人口增长率）、空间形态（可达性、接近度、破碎化程度）、景观格局（分形维度和美学程度）等。

（1）单指标测度。比较常用的单指标有，城区人口密度、居住密度、就业密度和城市化用地增量。鉴于"密度"对于测度城市蔓延至关重要，故蔓延指数以城市人口密度为核心，计算方法为：

$$SI_i = ((S_i - D_i) + 1) \times 50$$

式中，SI_i 为 i 城市的蔓延指数；S_i 为 i 城市高密度地块的人口比例，D_i 为 i

城市低密度地块的人口比例（例如，高密度地块指每平方公里人口数超过10000人，低密度地块指每平方公里人口数在5000人以下）。值越大，蔓延程度越高。当然用该公式还可以计算就业人口的蔓延度程度。

（2）多指标测度。从20世纪60年代起，西方学者对城市蔓延的测度逐步由单指标发展到多指标。但是多指标中，很多指标与空间实体单元和城市土地利用的地块特征相关，需要用空间分析技术（如GIS等）提取空间信息。有学者设计了居住密度、城市建设用地的连续性、城市建设用地集中度、城市建设用地集群度、相对于中心商务区的集中性、城市的多中心程度、土地利用多样性，以及居民住所与就业地的距离八项指标来测度城市蔓延程度；也有的设计了人口密度、建设用地不连续蛙跳式发展程度、土地利用分割程度、区域规划不一致性、沿高速公路延展度、新道路基础设施的无效率程度、替代性运输工具的不可进入性、社区节点的不可进入性、重要土地资源损失、敏感性开放空间的进入度、单位面积不透水表层增加和城市增长轨迹12项指标来表示城市蔓延度。显然，后者过于强调城市对自然的利用程度，与经济发展的关系越来越远。

从上述城市蔓延测度方法中，我们还可以看到，用人口密度、居住密度、就业密度和城市建设用地增量等单指标，或用多指标来衡量城市蔓延程度，都是针对同一个城市或类似城市的相对值，只具有比较意义。

2. 紧凑城市的测度

城市紧凑度与蔓延指数是一对相反方向的指标。蔓延度数值高则意味着紧凑度低；反之，则城市紧凑度高。伯图和马尔佩齐（Bertaud和Malpezzi，1999）创立了"紧凑指数"，即从每个居住地到中心城区的平均距离，和具有同等面积、人口均匀分布的圆柱形理想化城市中的平均距离的比值，用公式表示为：

$$P = \frac{\sum_i d_i w_i}{WC}$$

式中，P为紧凑度，d是第i块土地到CBD的距离，w_i既是第i块土地上的人口也是d的权重，W是地区总人口，C是具有同等人口规模和建成区面积的圆柱形假想城市周围上的点到其圆心的平安军距离，约等于其半径的2/3。

城市蔓延在某些方面严重地阻碍了城市的可达性，如蔓延使得居民远离各种机会（工作、购物和休闲），甚至各种机会之间也相距更加遥远；相反，如果增强可达性则意味着增加了紧凑型。因此，用可达性改善表示城市紧凑度，也是一种可测度的方法。

可达性量化的传统方法主要集中在交通、经济和区域科学领域，基本上可以总结为三类：累积机会度量法、重心度量法和效用度量法。所谓累积机会度量法一般量度的是在给定的时间范围内，可以到达的机会数量总和。该指标反映了给定区域内主体可达的潜在目的地或活动的数量，而不是取得那些机会的距离。

二、城市空间演化测度

城市空间演化除了从单中心到多中心的格局变化外，聚集程度也发生着变化。采用空间测度指数可以描述这种变化，其中 ROXY 指数是比较常用的指标之一。

1. ROXY 指数

ROXY 指数最早由日本经济学教授川岛辰彦（1994）提出，用来描述人口、经济活动与社会的分布动态定量研究。主要是基于人口增长率的加权平均值与算术平均值之比构造的，反映区域范围内不同地区人口增长的集中或分散趋势。其值为正，说明集聚趋势明显；反之，则说明呈现分散趋势。而且绝对值越大则该趋势越明显，具体公式为：

$$ROXY = \left(\frac{WAGR_{t,t+1}}{SAGR_{t,t+1}} - 1 \right) \times 10^4 = \left\{ \frac{\sum_{i=1}^{n} x_i^t \times r_i^{t,t+1}}{\sum_{i=1}^{n} x_i^t} \times \frac{n}{\sum_{i=1}^{n} r_i^{t,t+1}} - 1 \right\} \times 10^4$$

式中，x_i^t 表示都市区 i 在 t 年的人口数；$r_i^{t,t+1}$ 表示都市区 i 在 t 年至 $t+1$ 年间的人口增长率；n 为都市区数量；$WAGR_{t,t+1}$ 表示 n 个都市区在 t 年至 $t+1$ 年间的人口年增长率加权平均值，以各都市区的人口数量占比为权重，$SAGR_{t,t+1}$ 表示 n 个都市区在 t 年至 $t+1$ 年间的人口年增长率算术平均值。当 $ROXY$ 的值为正数时，表示人口从城市腹地和外围向城市中心集聚，$\Delta ROXY$ 正向变化时人口加速聚集，$\Delta ROXY$ 负向变化时人口减速聚集；当 $ROXY$ 的值为负数时，表示人口从城市中心向城市腹地和外围扩散，$\Delta ROXY$ 负向变化时，人口加速扩散，$\Delta ROXY$ 正向变化时，人口减速扩散；当 $ROXY$ 的值为 0 时，城市人口处于平衡状态。

2. ROXY 指数的应用

$ROXY$ 指数是一个衡量空间聚集与分散的变化指数。在城市群结构和城市内部空间结构中都可以使用。

韩茜（2012）采用北京市 2005～2009 年的常住人口数据，利用 $ROXY$ 指数的计算公式分析北京市的人口空间结构。其中，指数中的加权平均值以各区县中心到北京市中心的距离 d 为权重。计算后发现，从全市范围来看，2006～2009 年北京市人口的变化趋势，*ROXY* 值在均为负值，表示人口呈分散状态，Δ*ROXY* 也为负值，说明人口呈加速分散状态；但是，从内部来看，首都功能核心区的 *ROXY* 值为正，人口仍呈集聚状态；而区内的 Δ*ROXY* 值为负，说明这种集聚状态已经开始减缓；城市功能拓展区的 *ROXY* 值为负，说明该功能区人口不再大量的向首都功能核心区集聚；同样，城市发展新区的人口向外扩散的趋势也在减缓；生态涵养发展区的 *ROXY* 值为正，该功能区的人口向城区集聚，并且其 Δ*ROXY* 值为正，说明这种集聚形式仍呈加速状态。

唐任伍和肖彦博（2017）采用 *ROXY* 指数对北京、天津和上海等城市进行了测算，结果显示，三个城市 2010～2014 年的 *ROXY* 值均为负数，说明人口增长率加权平均值小于算数平均值，被赋予较大权重的城市中心区人口增长率小于城市外围地区，人口表现出从城市中心向城市外围流动的趋势。结果显示，三个城市均出现了不同程度的郊区化现象。但北京和天津这五年间的 Δ*ROXY* 值都为正数，说明这两个城市人口扩散速度在减缓；而上海 Δ*ROXY* 值为负数，说明上海人口扩散速度仍呈增加趋势。

三、基于密度的空间基尼系数

城市空间结构的非均质性含义，包含了明确的空间密度差异。尽管上述指标大都以基尼系数为基础加入了地区定位概念，但真正用于反映人口收入分配不平等状况的基尼系数，按照分组计算时，要求划分的组距相等或接近；按照分户计算时，也包含了每户人口占全部人口的比例大致均衡，并对不同规模大小的户进行了区分。这就明确表示，收入是一个按照人口规模修正后的个体收入水平概念。而一般的集中度测度指数均指的是地区单元内总量的概念，没有区分出地区范围与规模的大小，这就不能体现空间密度特征，因而不能算是真正的空间聚集度指标。

1. 基于密度的空间基尼系数计算

由于城市不同地区的规模相差较大，不能与分组对应，而较类似于分户单元。因此，为了更明确空间分布的密度含义，姚永玲（2011）在基尼系数的基础上，将空间面积和空间密度分别与总人口和收入要素对应，将原来基尼系数中分户后，各户人口数占总人口数比重变换成每个地理单元面积占总面积的比例；将各户的人均收入占全部人均收入总额的比重变换成每个地理单元内要素密度占全市平均密度之和的比例。变换后的"密度空间基尼系数"（笔者称为 DG），计算如下列公式：

$$DG = \sum_i^n W_i Y_i + 2\sum_i^{n-1} W_i(1 - V_i) - 1$$

式中，W_i 为不同城区（县）空间单元面积占城市总面积的比重，Y_i 是不同城区（县）要素密度占城市该要素密度之和的比重，V_i 是从小到大排列的 Y_i 从 1 到 i 的累积数。空间结构系数是介于 0 和 1 之间的数值。系数为 0 时，表示绝对平均分布；系数越大，不均等程度越高；系数为 1 时，表示绝对不平均。可以看出，"密度空间基尼系数"是一个单位面积内要素的密集程度指征，更能反映城市内部要素分布的空间结构特征。

2. DG 的应用

根据上述反映密度特征的密度空间基尼系数 DG 计算公式，1991～2009 年北京市总人口和就业人口在 18 个行政单元中的聚集（分散）度变化如图 4-4 所示。

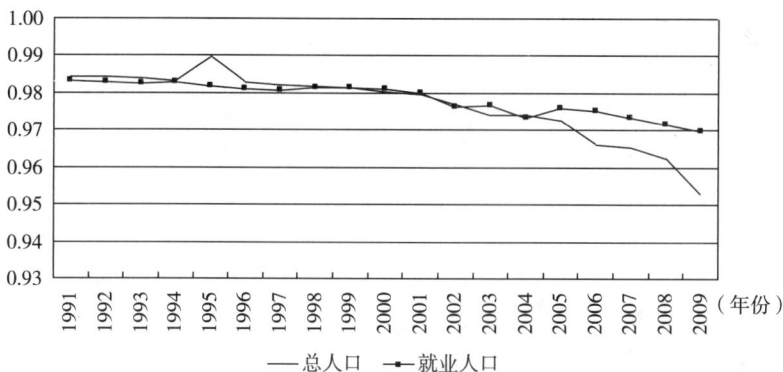

图 4-4　北京市总人口和就业人口 1991～2009 年的 DG 系数

图 4-4 显示，北京市总人口的空间分布总体上由集中向分散转变，前十年变化不大，21 世纪后才开始有明显的人口分散趋势，尤其是 2005～2009 年郊区化趋势明显增强。就业人口 2004 年以前的聚集程度与总人口基本一致，但 2005 年以后就业人口并没有像总人口那样出现明显的分散现象。

空间结构中一个非常重要的特征就是要素的空间分布，由于密度指标剔除了地区范围大小的影响，是能够真正反映城市内部人口空间集中程度的有利指标。用 ArcView 软件的自然分类法，可以得到 2009 年北京市 18 个行政单元的总人口和就业人口密度分布。

到 2009 年中心城区仍然是人口最密集地区，广大郊区人口密度仅是中心城区人口密度的 1/10 左右。这说明中心城区仍然是城市发展的主导力量，中心城区与郊区力量对比仍然悬殊。同时，就业人口在西城、东城和宣武（现合并为西城）等老城区更为集中，崇文（现合并为东城）和新城区的就业人口密度在同一个水平上，郊区就业人口密度仅是老城区的 1/50 ~ 1/20，且其聚集程度远远大于总人口。这说明中心城区的产业发展仍然是北京市经济的主体，郊区产业发展仍然不足。

第五章 城市空间关系分析模型与工具

城市从来就不是一个封闭系统，城市关联是城市成长的重要基础。与产业关联不同的是，城市关联既是一种抽象的空间外部性联系，也是一种很具体的要素空间关联。除了基于产业链的垂直关联、横向协作关联外，城市关联在本质上是基于"点"元素的空间相互作用，只是这种空间相互作用既与城市区位有关，也与城市本身属性有关。一般而言，空间相互作用既是指区域之间发生的商品、人口与劳动力、资金、技术、信息等相互传递，也指通过难以观察到的具体经济活动的空间外部性，将城市联系在一起。一方面，空间相互作用能够细化地域分工，使地区之间互通有无，拓展发展空间；另一方面，空间相互作用又会引起地区之间对资源、要素和市场的争夺，导致空间损害。因此，我们需要采用一定的方法分析要素在空间中的传递方式和途径，刻画空间关联结构，为提升空间正外部性提供技术支持。

第一节 引力模型

万有引力是牛顿发现的重要物理学定理，很多学者都将之引用来研究不同学科的问题。由于城市作为"点"元素，其相互作用与物体之间有很多相似之处；由于城市之间的相互作用确实存在但又往往难以直接观测到，故常用来作为城市之间相互作用的重要指标。

一、引力模型的表达方式

鉴于城市作为独立的"点"，其规模、质量和结构与一般的物体有很多相似之处，作为城市之间相互，万有引力模型不仅有物理学根据，也有数学依据。

1. 基本假设与推导

引力模型之所以得到广泛应用，主要在于基于物理学定律基础上的假设，即：

（1）城市之间的引力大小可由城市规模（人口和经济总量等）和空间距离定义。

（2）系统具有广义的分形性质。

根据假设（1），有：

$$I = A^0 f\ (x_1,\ x_2,\ \cdots,\ x_n)$$

求导后：

$$dI\ =\ A\sum_{i=1}^{n}\frac{\partial f}{\partial x_i}dx_i\ =\ \sum_{i=1}^{n}\frac{\partial I}{\partial x_i}dx_i, \frac{dI}{I}\ =\ \sum_{i=1}^{n}\sigma_i\frac{dx_i}{x_i}$$

根据假设（2），有常数：

$$\sigma_i = \frac{\partial V}{\partial x_i}\frac{x_i}{I}$$

则：

$$\int d\ln I\ =\ \sum_{i=1}^{n}\int \sigma_i d\ln x_i, I = \mu\prod_{i=1}^{n}x_i^{\sigma_i}$$

这便是空间相互作用模型的特定形式，其中 $\mu = \exp\sum C_i$ 为引力系数（即积分常数），也是负幂指数函数引力模型的推广形式。可以看出，它反映的正是城市系统的等级性，其理论基础正在于城市空间网络的广义分形性。对上述公式求导：

$$\frac{dI}{I}\ =\ \sum_{i=1}^{n}\sigma_i\frac{dx_i}{x_i}$$

令 $\partial\ln I = \sigma_i\partial\ln x_i$，则：

$$I = C_i x_i^{\sigma_i}$$

同理：

$$I = C_j x_j^{\sigma_j},\ \ I = C_k x_k^{\sigma_k}$$

将上述两个公式合并，可得：

$$I = K x_i^\alpha x_j^\beta \gamma_k^\gamma$$

其中，$K = (C_i C_i C_k)^{1/3}$，$\alpha = \sigma_i/3$，$\beta = \sigma_j/3$，$\gamma = \sigma_k/3$。

令 $x_i = M_i$ 表示第 i 个城市的规模，$x_j = M_j$ 表示第 j 个城市的规模，$x_k = r$ 表示 i 和 j 城市间的距离，则上式化为：

$$I = K \frac{M_i^\alpha M_j^\beta}{r^{-\gamma}}$$

这便是分形城市引力模型的一般形式。假设城市的广义维数理论上趋于相等，即有 $\alpha = \beta$，那么：

$$I_{ij} = G \frac{M_i M_j}{r^b}$$

可以看出，公式中 $I_{ij} = I^{1/\alpha}$，$G = K^{1/\alpha}$，$b = -\gamma/\alpha_1$ 而现实中，可以表示为：

$$F_{ij} = r_i (M_i,\ M_j)/D_{ij}^2 \text{ 或者 } F_{ij} = \frac{G M_i M_j}{d_{ij}^2}$$

式中，F_{ij} 为城市 i、j 组团之间的引力；r_i 为区域调节系数；M_i、M_j 分别为 i、j 组团的质量值；D_{ij} 为 i、j 组团之间距离。d_{ij} 是区域 i 和 j 之间的欧氏距离，没有考虑交通方式、交通线路和城市道路状况的影响，$G = 1$ 为常数。

在实际应用时，又往往根据研究对象，将 M 替换为任意的城市规模。尤其是系数 r 需要根据不同的对象进行拟合，得出适合研究对象的系数。由于该模型简单、指标容易获得，而不同研究对象又不能重复，因此得到了非常普遍的应用。但是，如何选择到合适的系数就成为引力模型的关键。

2. 引力模型的几种变形

（1）赖利模型。赖利（W. J. Reilly, 1993）根据牛顿力学的万有引力原理，提出了"零售引力法则"。与上述基本模型不同的是，该模型主要解决的是第三方城市在两个城市之间的选择。具体假设条件为：存在一个第三方城市，这个城市分别对 a 城市和 b 城市的商品零售消费有一定比例，由于这个第三方城市对两个城市的销售额分别与这两个城市的人口数成正比，与第三方城市与其中一个的距离成反比。这样，采用引力模型可以表示为：

$$\frac{T_a}{T_b} = \frac{P_a}{d_a^2} \Big/ \frac{P_b}{d_b^2}$$

式中，T_a 和 T_b 分别表示中间城市对 a 城市和 b 城市的销售额，P_a 和 P_b 分别

表示城市 a 和城市 b 的人口规模，d_a 和 d_b 分别表示中间城市到两城市的距离。与引力模型仅考虑两个城市不同的是，该模型考虑到第三方城市，城市 a 和城市 b 在分享中间城市市场时相互影响。即这个第三方城市的消费者可以在两个城市之间进行选择，不能同时消费两个城市的商品。因此，该模型还有另一种表达方式：

$$D_{ab} = \frac{d}{1 + \sqrt{\dfrac{P_b}{P_a}}}$$

式中，D_{ab} 表示的是 a 地对 b 地贸易的可达范围；d 表示的是 a 地和 b 地间的距离；P_a 和 P_b 为城市 a 地和 b 地的人口。这个公式的意义是，某城市的零售吸引力与城市的人口规模成正比，与两个城市距离成反比。下面的断裂点模型就是在此基础上建立的。

（2）断裂点模型。断裂点是指两地之间存在一点，使得两地对该点之间的吸引力正好相等，偏向该点的地方则被划入其中一个城市的吸引范围，这样该点的两边都分别属于不同城市的吸引范围，该点也就成为两个城市吸引范围的分界点，这一点称为两地之间的断裂点。康维斯采用引力模型，计算了多个城市之间关联后，将各断裂点连接，从而划定了各城市的引力范围。但是，由于康维斯仅用人口规模作为城市规模的主要指标，缺少了经济学含义和交通便利因素的影响。一些学者对人口和距离进行了修正，将经济规模与人口规模并用，并考虑到城市之间公路和铁路等交通方式对物理距离的影响。例如 W. 伊萨德（W. Isard，1965）提出的城市相互作用潜力模型：

$$I_{ij} = K \frac{W_i P_i \times W_j P_j}{d_{ij}}$$

式中，P_i 和 P_j 分别代表城市 i 和城市 j 的人口规模，W_i 和 W_j 分别为经济或其他指标（也有的用人口指数进行修正），d_{ij} 为两城市之间的距离（既可以采用实际距离，也可以采用交通距离或交通通达性）。

另外，根据赖利模型的第二种形式，断裂点模型还可以表示为：

$$\frac{D_a}{\sqrt{P_a}} = \frac{D_b}{\sqrt{P_b}}$$

其中，D_a 代表断裂点到区域 a 的距离，P_a 和 P_b 分别代表区域 a 与区域 b 的"质量"。哈夫在此基础上又进行了另一种表示：

$$P_{ij} = \frac{(s_j / T_{ij}^{\mu})}{\sum_{j=1}^{n} (s_j / T_{ij}^{\mu})}$$

式中，P_{ij} 表示处于 i 区的居民选择去 j 区的概率；S_j 为 j 区对消费者的综合吸引力；T_{ij}^x 为 i 区到 j 区之间由于距离因素所产生的影响；μ 为卖场规模对消费者的吸引力大小；n 为同性质的卖场或出售同种商品店面的数量。

（3）考虑城市属性和距离的修正模型。引力模型的本质是两城市之间的相互作用强度，与城市本身属性密切相关。由于城市属性有多个侧面，将城市人口或经济规模换作任何其他城市功能属性，也均可成立。学者们根据不同研究目的，对模型有多种修正。每种修正均有其主要目的，在使用时可以借鉴并再次进行修正。

对经济质量的修正主要表现为，从经济绩效、金融、交通运输、科技教育、医疗条件和环境保护多方面表示城市综合质量。其中，经济绩效质量包括地区生产总值（X_1）、规模以上工业增加值（X_2）和社会消费品零售总额（X_3）；金融质量为金融机构各项贷款总额（X_4）；交通运输质量由城市年末公共（电）车客运总量（X_5）衡量；科技教育质量包括普通高等学校专任教师数（X_6）、普通高等学校在校生数（X_7）和单位人口拥有公共图书馆藏量（X_8）；医疗条件包括执业医师数（X_9）和医疗卫生机构床位数（X_{10}）；环境保护质量由建成区绿化覆盖面积（X_{11}）衡量。然后，采用熵值法对各个指标进行赋权。根据 X_1，…，X_{11} 的权重得到各个城市的综合质量值。其主要目的在于全面反映城市经济之间的相互作用。

李俊峰和焦华富（2010）考虑城市综合发展水平，从经济发展与社会效益、城市社会与科教发展、城市居民生活质量、城市基础设施与环境等方面设计了26个指标，采用层次分析法和主成分分析法计算城市属性，修正后的引力模型公式如下：

$$R = k_{ij} \times (P_i \times P_j)/d^2$$

其中，R 为城市相互作用强度；P_i、P_j 分别为两城市综合发展水平，d 为两城市间的距离，采用高速公路里程；k_{ij} 为引力系数，表示两城市之间的交通便捷程度。这种处理方式，由于采用了多个指数的复合计算，指标过于综合，任何一个方面的变动都影响到计算结果，存在极大的不确定性，导致可靠性降低。

对距离的修正主要表现为距离幂指数的变化，一般表达式为：

$$d_{ij} = \sqrt{\sum_{s=1}^{m} \lambda_s T_s C_s}$$

式中，d_{ij} 为两地间的经济距离；s 为第 s 种运输方式；m 为运输方式的种类数；λs 为第 s 种运输方式的权重；Ts 为第 s 种运输方式的时间成本；Cs 为第 s 种运输方式的货币成本。

董春等（2017）主要针对交通可达性对辐射范围的影响，提出一些对引力模型的改进建议。针对两城市之间的距离，由于传统模型中，平方项分母 d_{ij}^2 没有考虑城市可达性，使得交通可达性落后但距离较近的地区综合辐射力被高估，故作者采用 $\sqrt{d_{ij}}$ 降低距离对结果的影响，同时辅以 M_i、M_j 为地市的道路总长度，修正后的模型为：

$$F_{ij} = \frac{K_i M_{ij} M_j}{\sqrt{d_{ij}}}$$

针对城市质量，大多数学者都采用相对单一的地区生产总值或者总人口数，来衡量区域"质量"。这样虽然可以提高工作效率，但不能区分城市功能，如特色经济区域存在较大偏差。因此，需要从经济实力、城市规模、基础设施、科教文化等方面综合衡量各区域经济发展水平，有针对性地构建引力模型。

何博汶和杨显明（2017）将空间距离修正为时间距离后，公式变为：

$$T_{ig} = \frac{Q_i Q_j}{d_{ij}^2}$$

式中，T_{ig} 为城市间的相互作用值，Q_i、Q_j 分别为 i、j 城市的城市综合质量指标；d_{ij} 为城市间基于道路网络最短路径的时间。这种修正主要基于不同交通方式对物理距离的改变。由于交通方式的多样性和多变性，这种修正一直都不会停止。

另外，梁斌和孙久明（1991）提出，可以通过质量和距离等多种方式修改城市属性和空间距离，从而改变引力模型的计算。他们认为，城市空间相互作用的强弱与城市的功能、规模、人口、对外联系便利程度等因素有关，与城市之间的距离遵循距离衰减定律，因此 M 和 N 两城市的相互引力表示为：

$$F_{MN} = \frac{M(X_M, Y_M, Z_M, \cdots) \times N(X_N, Y_N, Z_N, \cdots)}{D(r_{mn})}$$

其中，F_{MN} 表示 M 城市与 N 城市空间相互作用力，$D(r_{mn})$ 表示 M 城市与 N 城市之间距离的函数，$M(X_M, Y_M, Z_M, \cdots)$ 表示城市 M 个要素的作用函数，$N(X_N, Y_N, Z_N, \cdots)$ 表示城市 N 个要素的作用函数。此后，很多学者根据需要，分别构造了不同的引力模型。王欣等（2006）提出的模型为：

$$R_{ij} = K_{ij} \frac{(P_i \times P_j)^{\alpha} \times (V_i \times V_j)^{\beta}}{D_{ij}^T}$$

式中，R_{ij} 是城市 i 对城市 j 的经济联系，K_{ij} 为经济结构等属性特征（实则是引力系数），P_i 和 P_j 是两城市的人口规模，V_i 和 V_j 为两城市的经济规模，D 为考虑了交通因素的距离。由于研究背景不同，常数项 α、β、γ 可以取不同值，既可以根据数据计算回归系数求得，也可以自己赋值。由于这个公式对很多现实条件都进行了假设，在具体运用时，需要进行修正，比如距离可以根据不同行动主体选择不同交通方式，常数项可以根据不同地区情况进行模拟，人口和经济规模则可以通过实地调查近似模拟实际联系；另外，还可以根据行政单元的特殊属性和政策等进行一些修正。

李陈（2016）根据综合实力和交通条件等，分析城镇之间的吸引力时，对模型修正如下：

$$I_{ij} = \frac{(Q_i W_{qi} + L_i W_{it}) \times (Q_j W_{qj} + L_j W_{ij})}{C_{ij} T_{ij}}$$

式中，I_{ij} 为中心镇 i 与中心镇 j 之间的空间联系强度；Q_i、Q_j 为中心镇 i、j 的综合实力；L_i、L_j 为中心镇 i、j 的区位交通条件；W_{qi}、W_{li} 为中心镇 i 综合实力及其区位交通条件的权重；C_{ij} 为中心镇 i、j 之间公路交通运输费用；T_{ij} 为中心镇 i、j 之间公路交通运输时间。

梅志雄等（2012）同时对交通可达性和城市属性进行修正。公式如下：

$$I_{ij} = R_{ij} \times \alpha_i \times P_i P_j / (D_{ij}^b)$$

式中，I_{ij} 为 i、j 城镇间的相互作用量；R_{ij} 为 i、j 城镇间综合经济相关系数；α_i 为可达性系数；D_{ij} 为 i、j 城镇间公路网络的最短路径距离；P_i、P_j 分别为 i、j 城镇的综合质量；b 为距离摩擦系数。这种修正主要取决于研究者对城市属性的认识和所掌握的数据，对交通方式数据的获取能力等，对城市属性（比如经济总量、行业特征和功能等）越详细、交通方式越接近实际，则模型的效果就会越好。

二、引力模型在经济关联中的应用

采用不同的城市质量指标可以为不同的研究目的服务用。除应用在城市空间联系之外，引力模型还被应用在城市体系与城市群的评价与规划中，如中心城市强度和城市发展均衡问题，甚至在国际贸易中也有机会。

1. 国际贸易应用的引力模型

简·廷伯根（Jan Tinbergen，1962）将贸易流量计量模型演变为最初的贸易引力模型，在原有变量中新添了距离变量和优惠性贸易协定两个因素，并将这个模型转化为对数线性形式，其模型为：

$$X_{ij} = a_0 y_i^{a1} \, y_j^{a2} yD_{ij}^{a3} P_{ij}^{a4}$$

式中，X_{ij}表达的是由i对j的出口总量；y是某国GDP；D_{ij}是两国间的距离；P_{ij}为两国间的贸易制度。可以看出，公式中的指数可以根据对实际情况的判断取值，如距离指数为负值。根据实际数据模拟后结论认为，两国之间的贸易总量与两国之间的距离成反比，与两国的GDP成正比。显而易见，这种比例关系正是引力模型的意义。应用该模型可以剖析各种空间尺度的贸易关系及其影响因素：根据中国内地各省份与中国香港建立的贸易引力模型；东北亚贸易问题的贸易潜力分析；"一带一路"下的贸易联系；区域间贸易联系。

加入多个变量的引力模型在国际贸易中得到了较为普遍的应用，主要是因为国家之间贸易数据的可得性；如果能够获得城市之间的贸易或者经济要素流的数据，城市样本比国家更丰富，引力模型会得到更广泛应用。

2. 城市经济联系的应用

（1）城市内部经济联系。黄焕春和李明玉（2010）采用引力模型分析了延边城市体系内部，各县市间的经济关系。首先，对经济数据进行标准化处理。在采用经济属性代替城市质量时，由于各种经济指标量纲不同，需要对数据进行标准化处理。处理公式为：

$$x'_{ij} = \frac{\left[x_{ij} - \overline{x_j} \right]}{s_j} \quad (i = 1, \ 2, \ 3, \ \cdots, \ m; \ j = 1, \ 2, \ 3, \ \cdots, \ n)$$

$$\overline{x} = \frac{1}{m} \sum_{n}^{m} x_{ij}, s_j = \sqrt{\frac{1}{m} \sum_{n}^{m} (x_{ij} - \overline{x_j})^2}$$

其中，x'_{ij}为第i个县市的第j个指标的标准值，x_{ij}为第i个县市的第j个指标的原始值，s_j为第j个指标的标准差。无量纲化处理后得到的新数据x'_{nj}具有如下特点：各要素平均值为0，标准差为1，数据呈标准正态分布。

其次，对距离进行计算。采用欧式距离计算方法，公式为：

$$d_{mn} = \sqrt{\sum_{j=1}^{p} (x'_{mj} - x'_{nj})}$$

其中，m、n为不同区域，p为指标数。对计算得出的欧氏距离进行标准化处理，公式为：

$$d'_{mn} = \frac{(d_{mn} - \overline{d})}{s_j} (i = 1, \ 2, \ 3, \ \cdots, \ m; \ j = 1, \ 2, \ 3, \ \cdots, \ n)$$

式中，$\bar{d}$ 为区域间距离平均数，s_j 为区域距离标准差。

再次，进行类型聚类分析，公式为：

$$d_{kr}^2 = a_p d_{kp}^2 + a_q d_{kq}^2 + \beta d_{pq}^2 + \gamma \mid d_{kp}^2 - d_{kq}^2 \mid$$

其中，$a_p = \dfrac{n_p}{n_p + n_q}$，$a_q = \dfrac{n_q}{n_p + n_q}$，$\beta = 0$，$\gamma = 0$，$n_p$ 为 p 类的个数，n_q 为 q 类的个数。

最后，根据引力模型的基本公式，计算演变地区内部各城市之间的引力大小，用来代替城市之间的经济关联。

（2）城市之间的经济联系。王德忠和庄仁兴（1996）选用了一些经济量化指标，采用引力模型，计算了苏锡常地区与上海经济联系强度值，然后分析苏锡常地区与上海经济联系的区域差异。其中城市属性用区域的人口数、工业总产值。

$$R_{ij} = K_{ij} \frac{\sqrt{P_i V_i} \sqrt{P_j V_j}}{D_{ij}^2}$$

$$K_{ij} = \sqrt[n]{\prod_m^n 1\,(e_m / E_m)}$$

$$R'_{ij} = R_{ij} \Big/ \frac{P_i V_i}{\bar{P}\bar{V}}$$

$$R = R_{ij} / K_{ij} = \frac{\sqrt{P_i V_i} \sqrt{P_j V_j}}{D_{ij}^2}$$

其中，R_{ij} 为绝对联系强度；R'_{ij} 为相对联系强度；R 为最大可能联系强度；K_{ij} 为接受程度系数；P_i 和 P_j 为两区域的人口总数；V_i 和 V_j 为两区域的工业总产值；$\bar{P}$ 为多个接受辐射区域总人口数的平均值；$\bar{V}$ 为多个接受辐射区域工业总产值的平均值；e_m 为接受辐射区域第 m 种经济部门或要素与中心城市相关部分的产值；E_m 为接受辐射区域第 m 种经济部门或要素的总产值。根据这个公式，计算出地区内城市之间经济联系度后，可以对地区内部的经济空间结构进行进一步分析。

（3）中心城市的界定。邓春玉（2009）采用引力模型，计算广州与全国其他 29 个省会城市经济联系，公式为：

$$R_{ij} = (\sqrt{P_i G_i} \times \sqrt{P_j G_j}) / D_{ij}^2, \quad F_{ij} = R_{ij} \Big/ \sum_{j=1}^n R_{ij}$$

式中，R_{ij} 为两城市空间联系强度，用城市间经济联系量表示；F_{ij} 为两城市经济联系强度占区域经济联系强度总和的比例，即经济联系隶属度；P_i 和 P_j 为两城市市区非农业人口数，G_i 和 G_j 为两城市市区 GDP；D_{ij} 为两城市间距离，选用两城市之间的公路里程。与其他研究不同的是，笔者对实际空间距离采用了欧式距离计算及标准化处理，步骤如下：

第一步，设 X'_0，Y'_0，S'_0，T'_0，Z'_0，W'_0 为目标城市 X，Y，S，T，Z，W 指标的标准值，则该城市与其他某一城市的实际距离计算公式为：

$$D_i = \sqrt{(X'_1 - X'_0)^2 + (Y'_1 - Y'_0)^2 + (S'_1 - S'_0)^2 + (T'_1 - T'_0)^2 + (Z'_1 - Z'_0)^2 + (W'_1 - W'_0)^2}$$

第二步，对欧式距离进行标准化处理，公式为：

$$D'_i = \frac{D_i - \overline{D_i}}{S_{di}}, S_{di} = \sqrt{\frac{\sum (D_i - \overline{D_i})^2}{n}}$$

第三步，根据空间距离对经济影响的衰减效应理论对标准化的 D_i 进行调整，地理位置的远近用地理位置权数 W_i 表示，调整后的距离用 k_i 表示，则：

$$k_i = D'_i \times W_i$$

这样，引力模型的计算结果可以相互比较，也更接近实际。

3. 投资吸引力分析

这个方面的应用是，将投资因素中混入城市属性和距离，采用引力模型，一般表达式为：

$$Q_{ij} = \beta_0 (Y_j)^{\beta_2} (N_i)^{\beta_3} (N_j)^{\beta_4} (R_{ij})^{\beta_5} (A_{ij})^{\beta_6} \varepsilon_{ij}$$

式中，Q_{ij} 表示 i 和 j 的双边投资流量的改变量；Y 表示某城市的 GDP；N 表示城市内的人口数；R 表示两城市间的阻力因素（距离、制度等）；A 表示两城市间的友好因素（互信政策等）；ε_{ij} 表示误差项。经过实证分析发现，城市的投资引力与 GDP 成正比，与距离成反比。这种分析方式将计量分析与引力模型含义结合起来，使模型与实证得到相互印证。

另外，还可以将引力模型应用在投资及区位选择方面。在区位选择影响因素方面，蒋殿春和张庆昌（2011）对美国在华投资的影响因素中加入了距离变量，回归结果显示，在服务业影响美国对华投资的同时，地理距离也是重要的阻力因素。而针对不同领域、不同问题，区位的影响因素会存在差异。蒋冠宏和蒋殿春（2012）假设中国 OFDI 与东道国市场规模正相关，与距离负相关，基于面板数据对中国对外投资的区位选择进行了分析，发现中国的区位选择具有明显商业寻求导向，国家制度对投资的区位选择有明显影响；而空间距离确实是不利因素，且表现出非常显著的负相关。

将属性和距离分别作为变量，是经济学解决问题的通常思路，可以通过特定的模型，将假设的影响因素作为自变量，然后通过回归分析，发现各自变量对因变量的不同影响。这种方式的应用不但为实证变量的选择提供了依据，解决可以进一步说明模型的意义。

4. 人流和物流分析

引力模型的特点是，在无法准确测度要素流动情况下，用城市属性和距离判断城市之间要素发生流动的潜力。常用来测度的要素是人口和物质流动。

（1）人口流动的测度。由于引力模型的质量可以用任何一项城市要素来表示，因此可以将质量完全作为人口，用来测度两城市发生的人口流动。但是，由于不清楚人口规模作为属性的影响力大小，一般来说指数的幂次待定，公式如下：

$$F = \frac{G\, P_1^{\alpha}\, P_2^{\beta}}{d_{ij}^{b}}$$

式中，P 表示两个地区的人口总数；d 为城市之间的距离；G 为经验参数；α、β 分别表示两个城市人口规模的影响参数；λ 表示城市间距离的影响参数。通过人口规模和距离可以判断两城市之间的人口流量。但是，由于这个公式中的 α、β 和 b 的值，在实际操作时需要用回归得出系数，从而可以用来预测不同地区内部城市之间的人口流动规模，对城市规划也有十分重要的意义。

（2）物流强度分析。物流也是城市之间经济活动的特质之一。城市越大，其物流强度越大；城市发展水平越高，与其他城市之间的物流联系也越强。因此，可以构造一个模型用来表示两城市之间的物流强度。

$$F_{ij} = Z_i\, \frac{m_i\, m_j}{\left(\displaystyle\sum_{v=1}^{s} w_{iv}\, (d_{ijv}\, t_{ijv})^{\frac{1}{2}}\right)^2}$$

式中，F_{ij} 为 i 城市和 j 城市之间物流联系强度；m_i 为城市物流综合实力，w_{iv} 为 i 城市第 v 种运输方式的权重系数；d_{ijv} 为第 v 种运输方式下 i 城市和 j 城市之间的距离；t_{ijv} 为第 v 种运输方式下 i 城市和 j 城市之间的运输时间，s 为运输方式的总个数，Z_i 为城市在区域内的地位。通常情况下，采用物流网站或物流公司的实际物流量是测度城市直接联系的已发生事实，但数据来源单一，且一般来自抽样调查，不能全面衡量实际发生量。而采用引力模型，则可以预测潜在物流发生的规模，常用来研究城市群的联系，如从京津冀地区、长三角地区和珠三角地区物流联系，以进一步分析城市群的发育程度。

5. 城镇体系中城市联系分析

前述的城镇体系主要强调了城市数量与规模的关系。在城市体系中，还需要突出不同城市之间的联系，城市影响力场强分析，就是一种基于城市规模考察城市联系的分析角度。具体思路是，根据引力模型，计算每个县级单元受城市的影响力，并分析这种影响力的时空特征。特定区域受所有城市的影响力总值，即为该区域的城市影响力场强，计算公式为：

$$E_j = \sum_{i=1}^{10} K \frac{P_i}{r_{ij}^b}$$

式中，E_j 为区域 j 所受城市影响力场强总值，P_i 为城市 i 的非农业人口数，K 为常数，r_{ij} 为区域 j 到城市 i 的直线距离，b 为距离衰减系数，经验值为 2。

除了城市场强以外，城镇空间联系也常要用引力模型来建立。采用引力模型计算城镇间的联系强度，刻画城镇体系的空间联系状态和结节区结构，计算公式为：

$$T_{ij} = K \frac{P_i P_j}{r_{ij}^b}(i \neq j; \ i=1, \ 2, \ \cdots, \ n; \ j=1, \ 2, \ \cdots, \ n)$$

式中，T_{ij} 是城市 i 和城市 j 之间的引力，n 为城市体系内所有城市的数量，P_i 和 P_j 是以非农人口进行测度的城镇规模，K 为常数，r_{ij} 为城镇间的直线距离，b 为距离衰减系数，经验值为 2。在规模大于城镇 i 的所有城镇中，对其吸引力最大的，便是城镇 i 的最大引力城镇。

城镇体系主要基于城市规模等级而形成。因此，引力模型中的规模正适合解释城市规模在城市相互作用中的角色。但是，如果不考虑规模等级影响的非对称性，难以体现规模不对等情况下的作用方向，漏洞较大。因此，采用引力模型反映城市规模等级，需要对空间阻尼系数进行规模等级的修正，才会更接近城市规模等级所体现的等级作用差异。

第二节　空间连通性

经济的空间活动必然受到空间距离的影响，但是，由于自然条件的差异，相同的空间距离，也可能导致实际连通程度的较大差异。比如，地貌、河流等自然障碍；尤其是随着人类交通工具的改善，更是缩短了空间距离。但是，交通必然不是均质性分布，或者交通进步在缩短连通性方面表现出了更大差异性，以致交通成为决定城市对外联系和发展快慢的重要条件之一。因此，城市之间的连通性是城市空间相互作用的核心内容，这项进步在物理联系方面完全取决于交通，因此又被称为交通可达性。

一、可达性的基本形式

可达性往往就空间而言，因而又称为空间可达性。尽管可达性主要针对空间距离，但由于目的不同，人们使用各种公共服务和商业设施的方便程度，以及比较不同人群在使用设施方便性方面表现出了较大差异。一般来说，主要有三种定义可以揭示不同使用者的目的：一是互动机会的可能潜在性，可达性越大则相互联系的机会就越多；二是可达性对人们选择空间时的预期效用，可达性越高效用越大；三是可达性预示着可能到达的空间环境，这表明越容易接近中心城市越能够获得更多资源。这三种可达性的指标，分别被称为地点可达性、效用可达性和时空可达性。因此，研究者可以从不同目的出发，采用可达性方法加入所需要表示的内容，表示不同的城市空间联系。

作为研究方法，可达性是指在现有空间距离和交通条件下，从一个城市到达另一个城市的难易程度，通常有两种不同的方式。

1. 交通可达性

城市之间往往有多条路线连通。根据城市之间所通过的交通线路，计算出从一个城市到达另一个城市所使用的最短距离，可以表示交通可达性。这种方式比实际直线距离稍微接近了现实，公式如下：

$$A_i = \sum_{j=1}^{n} D_{ij} \quad i = 1, 2, 3, \cdots, n$$

式中，A_i 表示基于最短距离的可达性，D_{ij} 表示从 i 城市到 j 城市的最短距离，将区域内所有城市两两之间的最短距离相加，则可以得到该区域内城市之间的可达性。这种可达性往往表示区域内，某个城市与其他城市之间的交通便利程度，这种便利程度可以作为该城市交通发展程度的一个指标。

如果需要整个区域的交通可达性，则采用通达指数，即将每个城市与其他城市的可达性相加，得到区域内全部城市之间的可达性之和，计算公式如下：

$$D = \sum_{i=1}^{n} \sum_{j=1}^{n} D_{ij}$$

式中，D_{ij} 与上述意义相同，D 表示区域内全部城市分别与其他城市可达性的总和。

2. 时间可达性

与上述类似，基于时间的可达性是按照不同交通线路的行车速度，计算出交通时间，从而得到时间费用，用来表示具有经济含义的交通可达性，由于所需时间短意味着更聚集、时间长则更分散，故也被称为分散指数，计算公式如下：

$$A_i = \sum_{j=1}^{n} T_{ij}$$

与上述最短距离相似，A_i 代表分散指数，T_{ij} 表示城市 i 到其他城市的交通时间。具体计算过程是，依据区域交通网络现状和线路等级规模，计算出区内某点到区域内其他各点的交通联系时间，并通过交通联系所需时间，反映空间经济联系的紧密程度。由于涉及不同线路的车速差异，故具体计算过程如下：

$$A_i = \frac{D_i}{V_i}, A = \frac{1}{n}\sum_{i=1}^{n} A_i, a_i = \frac{A}{A_i}$$

式中，A_i 为 i 城市的可达性值；D_i 为 i 城市与上海之间的最短交通距离；V_i 为 i 城市与上海之间的交通道路平均行车速度；A 为上海与各城市之间的平均值；A_i 为 i 城市的可达性系数。实质上，由于城市之间存在的规模等级，以及在区域中的地位和作用不同，城市之间的道路等级和行车速度也不一致，只是在具体应用时应该根据研究要求的详细程度，决定是否需要进一步详细区分各种差异。

（1）相对时间费用。为了保持不同城市之间时间费用的可比性，还可以用相对时间的交通可达性，计算公式如下：

$$RC_i = \frac{A_i - A'}{A^* - A'}$$

式中，RC_i 表示第 i 点的相对可达性值（$0 \leqslant RC_i \leqslant 1$），$RC_i$ 值越小，该点与网络中其他点的联系越容易；A_i 表示第 i 点的可达性值；A^* 表示网络节点中可达性最大值；A' 表示网络节点中可达性的最小值。

（2）加权平均旅行时间。加权平均旅行时间是评价一个节点到各节点的时间度量指标，主要由被评价节点的空间位置决定；由于全部地区内部的综合交通时间还与交通频率和总量有关，即与经济中心的实力及连接评价节点与经济中心的交通设施密切相关。这样，整个地区的交通可达性就与引力模型联系起来了，故这个旅行时间还需要通过城市属性对其进行加权修正。结合引力模型，加权平均旅行时间计算如下：

$$A_i = \sum_{j=1}^{n} (T_{ij} \times M_j) / \sum_{j=1}^{n} M_j$$

式中，A_i 为节点 i 的可达性水平；T_{ij} 为节点 i 通过某种交通设施到达节点 j 的最短旅行时间；M_j 为评价范围内节点的某种社会经济要素流的流量，表示该经济中心的经济实力或对周围地区的辐射力或吸引力，可采用人口规模、GDP 总量或交通运输量等指标来衡量；n 为除 i 点以外的节点总数。这个指数从个体可达性演变而来，主要用来表示整个地区的一般交通可达性。

（3）可达性系数。由于区域内城市数量不等，用加总的方法计算全部区域节点可达性，使地区之间不可比。为了对不同区域内的全部可达性进行比较，采用可达性系数，即采用节点可达性数值与平均可达性数值的比值，计算公式如下：

$$A'_i = A_i / \left[\sum_{i=1}^{n} A_i / n \right]$$

式中，A'_i 为节点可达性系数，大于 1 说明该点可达性水平低于区域平均水平，小于 1 说明该点的可达性优于区域平均水平；A_i 表示节点 i 的可达性值；n 为节点数。可达性系数消除了总量规模的影响，通过节点的相对可达性，可以在不同地区之间进行比较，从而可以作为衡量不同地区交通发展程度的指标，进行计量和其他分析。

二、交通可达性方法的应用

交通可达性作为空间距离的补充和进步，往往与引力模型一起使用，即用交通可达性代替或修正引力模型中的距离。

1. 动态联系分析

由于交通可达性随时间而变化，而交通时间不仅随交通设施和工具的改变而变化，而且还与不同时段的拥堵状况有关，尤其是在城市内部分析多中心之间或者中心与外围地区关联时，交通可达性随时都在变化，因此可以形成动态的关联模型。谢念斯和刘胜华（2017）采用该方法的计算公式如下：

$$A_{ij} = \frac{G_i G_j}{t_{ij}}$$

式中，G 是指地区生产总值，t_{ij} 为两地之间的时间费用（即可达性中的分散指数）。另外，还可以在引力模型中，将物理距离改为时间距离，则：

$$T_{ig} = \frac{Q_i Q_j}{d_{ij}^2}$$

式中，T_{ig} 为城市间的相互作用值；Q_i、Q_j 分别为 i、j 城市的城市综合质量指标；d_{ij} 为城市间基于道路网络最短路径的时间距离。这个模型体现了将交通可达性与引力模型结合的分析方法。

2. 潜能模型

潜能模型是指将区域内所有城市的引力相加，表示区域内部整体的吸引力，被称为区域内的潜力模型。作为引力因子的地理实体与距离衰减效应双重作用的结果，将运输系统与各地的社会经济活动纳入了统一的分析框架。这个模型的一般表达是为：

$$E_i = \sum_{j=1}^{n} E_{ij} = \sum_{j=1}^{n} \frac{\sqrt{P_i \, G_i} \times \sqrt{P_j \, G_j}}{D_{ij}^2}$$

式中，E_i 为潜能，反映了城市的集聚能力，是描述城市空间相互作用的代表性指标，n 是城市个数。梅志雄等（2012）将该模型的计算改变为：

$$P_i = \sum_{j=1}^{n} \frac{M_j}{C_{ij}^{a}}$$

式中，P_i 为节 i 点的经济潜能；M_j 是经济中心 j 的质量（职位或人口）；C_{ij} 是节点 i 到中心 j 的交通成本；α 为 i 和 j 之间的距离摩擦系数。根据此模型，节点 i 的经济潜能（可达性）与终点的质量（吸引力）成正比，与两者之间距离的幂指数成反比。潜能模型的缺点：一是结果所表示的单位难以进行解释；二是以计算所得的区域质心可达性代替整个区域的可达性，忽视了核心区内存在比边缘区中心节点可达性更低的事实。尤其是，这种可达性仅推测城市之间可能的联系，并不是真实的可达性度量指标。针对公共设施，廖志强和江辉仙（2018）对潜能模型加入了人口规模，提出了改进的计算公式：

$$A_i = \sum_{j=1}^{n} \frac{M_j}{D_{ij}^{\beta} V_j}, V_j = \sum_{k=1}^{m} \frac{P_k}{D_{kj}^{\beta}}$$

式中，k 表示居民点，P_k 表示居民点 k 的人口数，D_{kj} 表示居民点 k 到医院 j 的出行阻抗（距离或时间）。式中通过引入人口规模影响因子 V_j 考虑了居民对医疗资源的竞争。另外，宋正娜等（2010）通过不同等级规模医院极限出行时间的设定，来实现医疗设施等级规模对居民就医可达性的影响，改进后的公式如下：

$$A_i = \sum_{j=1}^{n} \frac{M_j \times S_{ij}}{D_{ij}^{\beta} V_j}, V_i = \sum_{k=1}^{m} \frac{S_{ij} \times P_k}{D_j^{\beta}}, S_{ij} = 1 - \left(\frac{D_{ij}}{D_j}\right)^{\beta}$$

式中，S_{ij} 为医院等级规模影响因子，D_j 为不同等级医院的极限出行时间，D_{ij} 为居民点就医的出行阻抗，采用的是出行时间。当 S_{ij} 计算结果为负值时，可以理解为由于距离太远，该医院对部分居民点没有吸引力，居民会选择其他的医院。为了简化模型的计算，在实际应用中往往将 S_{ij} 为负数的情况设置为 0。

另外，将基于人口规模和医院等级规模两种因素同时考虑下的模型相结合，就可以较为准确地表示医疗设施对居民可达性的潜在影响。基于医院不同等级的考虑，钟少颖等（2016）采用两步法（2SFCA）基于居民对医院的需求，计算不同层级医院的可达性。第一步，对每个供给点 j，搜索所有离 j 距离阈值（d_0）范围内的需求点（k），计算供需比 R_j，公式为：

$$R_j = \frac{S_j}{\sum_{k \in (d_{kj} \leqslant d_j)} D_k}$$

式中，d_{kj} 为 k 到 j 之间的距离；D_k 为 k 点消费者的需求量；S_j 为供给点 j 的总供给。第二步，对每个需求点 i，搜索距离 i 在阈值（d_0）范围内的供给点（j），将所有的供给点的供需比 R_j 相加即得到需求点 i 的 A_i^F，表示为：

$$A_i^F = \sum_{j \in (d_{ij} \leqslant d_0)} R_j = \sum_{j \in (d_{ij} \leqslant d_0)} \left[\frac{S_j}{\sum_{k \in (d_{kj} \leqslant d_0)} D_k} \right]$$

式中，d_{ij} 为 i 和 j 之间的距离；R_j 为需求点 i 范围内的供给点 j 的供需比。A_i^F 越大，则可达性越好。其中阈值（d_0）范围有不同的表征指标，有的研究选择供给点和需求点之间的直线距离，有的研究选择供给点和需求点之间的实际路网距离。

3. 城市间相互作用分析

将交通可达性代替引力模型中的距离，可以表示两城市之间的相互作用。根据这个解释，袁政（2010）将城市之间的相互作用模型，表达为：

$$F_{(1,2)} = (X_1 \times X_2) / (R_1 \times R_2)$$

式中，$F_{(1,2)}$ 表示区域 1 和区域 2 之间的相互作用；X_1 和 X_2 表示区域 1 和区域 2 的正比因素（如人口数量、经济规模或商业规模等）；R_1 和 R_2 表示区域 1 和区域 2 的反比因素（如区域间距离或区域间交通时间）。

刘玮辰（2012）对一般形式进行了变形，分析县级市之间的相互作用，变换后的计算公式如下：

$$I_{ij} = C_{ij} \frac{P_i P_j}{A_{ij}^2}$$

式中，P_i 反映县市综合实力的指标；将县市间的距离（D_{ij}）换成时间成本（A_{ij}）；考虑到产业对于两地间联系的影响，引入产业系数（C_{ij}）。采用这个公式可以测算城市之间的相互作用。

4. 城市综合联系分析

采用城市间综合经济相关系数和可达性系数也可以对引力模型进行修正，公式如下：

$$I_{ij} = R_{ij} \times \alpha_i \times P_i P_j / (D_{ij}^b)$$

式中，I_{ij} 为 i 和 j 城镇间的相互作用力；R_{ij} 为 i 和 j 城镇间综合经济相关系数；α_i 为可达性系数；D_{ij} 为 i 和 j 城镇间公路网络的最短路径距离；P_i 和 P_j 分别为 i 和 j 城镇的综合质量；b 为距离摩擦系数。在此基础上，还可以对上述的潜力模型进行改进，公式如下：

$$I_i = \sum_{j=1}^{n} I_{ij} = \sum_{j=1}^{n} \left(R_{ij} \times \alpha_i \times \frac{P_i P_j}{D_{ij}^b} \right) + P_i P_j / (D_{ii}^b)$$

式中，I_i 表示 i 城的潜力值，n 为城镇数目，D_{ii} 为某城镇与自身的距离，以与其等面积的圆的半径来代替。其他符号的含义同上式。

5. 零售设施空间可达性分析

以空间距离和交通改善为目的的可达性表示方法，往往与其他引力方式相结合，用来分析不同经济体的相互作用。其中，以零售设施为对象的空间可达性，与市场潜力模型相比更具有直观性。赵梓渝等（2016）在分析长春市零售设施空间可达性时，将服务规模、空间距离和居民偏好都考虑在内，构造了零售设施空间可达性绩效公式。采用某商业地点的移动成本，表示为：

$$A_i = \sum_i f(W_j, S_{ij})$$

式中，W_j 是地点 j 的吸引力或吸引程度的指数；S_{ij} 是对从 i 到 j 的距离或通行时间的空间距离的测度；地点 i 的可达性 A_i 随 S_{ij} 的变化而变化。基于零售引力法则，可达性可以表示为：

$$A_i = \sum_{\substack{j=1 \\ i \neq j}}^{j} W_j \times S_{ij}^{-\alpha}, A_i = \sum_{j \neq 1} W_j \times S_{ij}^{-\alpha} A_i = 1$$

式中，α 是空间距离参数。城市零售设施的服务特征研究可以从服务规模、空间距离、居民偏好三方面进行归纳。基于可达性测量公式，零售设施空间可达性绩效公式可定义为：

$$A_{ij(k)} = P_k \times W_{j(k)} \times D \times S_{ij}^{-x}$$

式中，$A_{ij(k)}$ 是零售设施 j（k）在空间单元 i（$i = 1, 2, \cdots, I$）空间可达性绩效；k 是零售设施，$k = 1, 2, \cdots, K$；j（k）是 k 类设施中的第 j 个，$j = 1, 2, \cdots, j$；P_k 是居民对于第 k 类零售设施的偏好权重，$P_k = AS_k / \sum AS_k$；AS_k 对居民第 k 类零售设施的偏好态度得分，$\sum P_k = 1$。笔者通过 500 份李克特量表调查居民对不同种类零售设施的出行频次，取值为 $0 \sim 5$，5 为偏好程度最高。则上式中 $W_{j(k)}$ 的计算方法：

$$W_{j(k)} = R_{j(k)} / R_k$$

式中，$R_{j(k)}$ 是第 k 类第 j 个零售设施在空间单元 i 内服务的人口数量，而非空间单元 i 的人口数量；R_k 是第 k 类零售设施服务的人口数量。需要说明的是，零售设施 j 必须覆盖到空间单元 i，否则将不被计入。由于区级零售设施规模差异较小，因此 D 只在测度市级零售设施可达性绩效中计入，计算公式为：

$$D_{j(k)} = d_{j(k)} / M(d_k)$$

式中，d_j（k）是第 k 类第 j 个常级零售设施营业面积；$M(d_k)$ 是第 k 类零售设施营业面积的中值。因此，空间单元 i 的综合可达性绩效指数为：

$$T_i = \sum_{k=1}^{K} \sum_{j(k)=1}^{J} A_{ij(k)}$$

式中，T_i 是第 i 个空间单元内所有零售设施的可达性绩效指数之和。

6. 空间可达性与空间公平性

蔡永龙等（2018）在可达性公式中引入了绝对可达效率与相对可达效率，计算可达性潜力以及可达性的空间公平。在计算单一城市到其他城市可达时间的基础上，计算单一城市的平均可达时间为：

$$\overline{A}_i = \frac{1}{n-1} \sum_{j=1}^{n} T_{ij}(j \neq i), \ T_{ij} = TT_r(i, E_i) + TT_f(E_i, E_j) + TT_r(E_j, j) + O_f$$

式中，$\overline{A}_i$ 表示城市 i 的平均可达时间；T_{ij} 表示城市 i 到城市 j 的最短旅行时间；n 表示城市个数。$TT_r(i, E_i)$ 表示起点城市到最近高铁站的时间距离；$TT_f(E_i, E_j)$ 表示站点与站点间的最短可达时间；$TT_r(E_j, j)$ 表示目的地站点到目的地城市节点的时间距离；O_f 表示站点与节点之间可能的变化线路，若无变化则计为 0，笔者对 O_f 取值为 0。这样，可达性效率的变化就可以用绝对和相对效率来表示。

$$AC_i = (A_{ib} - A_{ia}) / (A_{ib} \cdot 1/100)$$

式中，$A_{ib} - A_{ia}$ 表示可达性的绝对变化值；AC_i 表示相对变化值；A_{ib} 表示快速铁路开通前的可达性值；A_{ia} 表示快速铁路开通后的可达性值。将城市规模引入来计算可达性潜力，将某城市人口占全域人口比重加入，则可以通过对可达性的需求，测度可达性的空间公平性，公式如下：

$$U_i = \sum_j \frac{M_j}{T_{ij}^3}, CV = \partial / [\sum (A_i \cdot P_i) / \sum P_i]$$

式中，U_i 表示 i 节点的可达性潜力；M_i 表示城市 i 的规模；T_{ij} 表示 i 节点与 j 节点的最短可达时间；∂ 表示距离衰减系数，取值为 1。CV 表示全域的变化系数；∂ 表示可达性 A_i 的标准差；P_i 表示城市人口规模的权重。CV 值越大表示公平性越低，表示消极的公平性影响；反之，表示公平性越强，即可达性的空间分配更加公平。

第三节　非对称空间联系

为了体现城市空间关系的相互性，一般的表达式往往是对称的，即城市 A 对城市 B 的关系也是城市 B 对城市 A 的关系。但事实上，由于城市规模不等、城市属性千差万别，两个城市之间的相互作用和影响力并不对等，即一个城市对另一个城市的影响与另一个城市对该城市的影响随城市规模和城市功能有差别。一般而言，大规模的城市对小规模城市的影响要大于小规模城市对大规模城市的影响。由于城市影响力与城市规模等属性密切相关，甚至城市规模和属性决定其在城市体系（或城市群）中的影响力，如果忽略这种非对称性就会掩盖城市关系的很多内在规律。因此，非常有必要从非对称角度分析城市关系。

一、威尔逊模型

为了进一步表述区域（城市）的空间相互作用，1969 年威尔逊（A. G. Wilson）应用最大熵原理，在说明城市之间相互作用与距离成反比的同时，明确了流出量和流入量的差异，成为空间相互作用的常用模型之一（李红启，2008）。

1. 威尔逊模型的假设和基本原理

与引力模型不同，威尔逊模型包含了多个未定参数，需要在一个封闭的系统中进行假设和计算。

（1）假设。由于威尔逊模型采用信息熵表示相互作用，因此需要系统是封闭的，即需要考察相互作用的城市是固定的。在一个封闭的城市系统中，城市数量不变，城市能量仅有区域内部之间的相互流动，与外界没有交换。即假定商品在所有点的流出总量与流入总量平衡。设点 j 到点 k 之间存在流量为 T_{jk} 的商品流动，则定点 j 即为源点，点 k 为终点。由物质守恒定律可知，存在如下关系：

$$\sum_{i=1}^{w} T_{jk} = O_j, j = \overline{1,M}, \sum_{j=1}^{M} T_{ij} = D_k, k = \overline{1,N}$$

式中，O_j 是点 j 实际流出的商品总量，M 是提供商品的地点总数；D_k 是点 k 实际流入的商品总量，N 是产生需求的地点总数。其中，$j = 1$，M 为方程的个数；$k = 1$，N 表示这样的方程有 N 个。

（2）推导。根据假设，将一个区域分为 n 个子区，则发生流的线路数量为 $n \times n$ 个；假定总流量为 T，则从子区 i 到子区 j 的流量为 T_{ij}。另外，流的空间运行距离不等，最近的为 0，最远的为 ∞。则各种流组成的状态数为：

$$W(T_i) = \begin{pmatrix} T \\ T_{11} & T_R & , & T_{21}, & T_{nn} \end{pmatrix} = \frac{T!}{T_{11}! \ T_{12}!, \ T_{21}!, \ T_{nn}!} = \frac{T!}{F_{ij}T_{ij}!}$$

城市的信息熵为：

$$H = \ln W(T_{ij}) = \ln T! \ -\ln_{ij} FT_{ij}! \ = \ln T! \ -\underset{i}{E}\underset{j}{E}\ln T_{ij}!$$

其约束条件是：

$$s.\,t. \begin{cases} \underset{j}{E}T_{ij} = O_i \\ \underset{i}{E}T_{ij} = D_j \\ \underset{i}{E}\underset{j}{E}c_{ij}T_{ij} = C_0 \end{cases}$$

根据最大熵原理，熵越大则越混乱。对一个随机事件的概率分布进行预测时，预测应当满足全部已知的约束，而对未知的情况不做任何主观假设。在这种情况下，概率分布最均匀，预测的风险最小，因此得到的概率分布的熵最大。对于上述熵值最大化后，可得：

$$T_{ij} = e^{-x}e^{-y_j}e^{-Bc_{ij}}$$

另外，幂指数函数还可以表示为，即为威尔逊模型的基本表达式：

$$T_{ij} = A_iB_jO_iD_j\exp\,(-\beta_{rij}), \ T_{ij} = KO_iD_j\exp\,(-\beta_{rij})$$

式中，T_{ij} 表示城市 i 与城市 j 之间的相互作用量；A_i 与 B_j 表示距离衰减系数，O_i 和 D_j 分别表示 i 和 j 城市的属性值，$\exp（-\beta_{rij}）$ 表示 i 城市与 j 城市的相互作用核。考虑运输成本与距离的非线性关系，成本函数可以改写为：

$$c_{ij} = c_0 \ln \left(\frac{d_{ij}}{d_0} \right) = \ln \left(\frac{d_j}{d_0} \right)^{c_0}$$

则新的流量分布模型表示为：

$$T_i = A_i B_j O_i D_j d_{ij}^{-b}$$

在具体应用时，一般采用：

$$T_{ij} = A_i O_i B_j D_j \exp（-\beta c_{ij}）$$

式中，T_{ij} 表示 i 和 j 地之间的空间相互作用强度（从 i 地到 j 地，是有方向的）；O_i 和 D_j 分别为 i 和 j 两地某种输出和输入规模；c_{ij} 为单位物资在 i 和 j 两地之间的运输成本；β 为阻尼系数；A_i 和 B_j 是需要利用已知的 D_j 和 O_i 进行估计的配平因素，如果忽略 i 和 j 两地的区域差异，可将 A_i 和 B_j 看作归一化因子 K。

（3）引力模型和威尔逊模型的比较。引力模型和威尔逊模型分别从不同的物理学角度描述了空间相互作用，两者的出发点相似，但描述方式不同。

2. 威尔逊模型的应用

（1）旅游业的市场分析。与广泛的城市经济联系不同，旅游市场需要区分游客来源地与目的地，才能充分了解旅游市场的供需关系，为开辟旅游市场提出对策。因此，威尔逊模型最常用的一个场景就是旅游市场分析。夏骋（2005）采用威尔逊模型的最简单表达式，对焦作旅游业市场进行分析，表达式为：

表 5 - 1　引力模型和威尔逊模型的比较

	引力模型	威尔逊模型
模型表达式	$T_{ij} = k P_i^{\alpha} P_j^{\lambda} r_{ij}^{-\beta}$	$T_{ij} = A_i O_i B_j D_j \exp（-\beta c_{ij}）$
指标说明	T_{ij} 表示 i 与 j 地之间的空间相互作用强度，P_i 和 P_j 分别为 i、j 两地的某种规模量度，r_{ij} 为 i 与 j 两地之间的广义距离；α 和 λ 为规模参数；β 为阻尼系数；K 为归一化因子	T_{ij} 表示 i 与 j 地之间的空间相互作用强度，O_i 和 D_j 分别为 i 和 j 两地某种输出和输入规模的量度，c_{ij} 为单位物资在 i 和 j 两地之间的运输成本（广义距离 r_{ij} 的一种特殊形式）；β 为阻尼系数；A_i、B_j 是需要利用已知的 D_j 和 O_i 进行估计的配平因素

	引力模型	威尔逊模型
模型形式	幂函数	指数函数
不同点	T_{ij}表示的空间相互作用是无方向的；内在缺陷：偏高的短距离预测和偏低的长距离预测	T_{ij}表示的空间相互作用具有方向性，从 i 到 j；修正了引力模型的内在缺陷
共同点	威尔逊模型是在引力模型基础上产生的，都呈现出了距离衰减模式（阻抗函数），并且都反映出了空间之间相互作用强度	

$$T_{j,i} = KO_j P_i \exp\ (-\hat{a}r_{i,j})$$

式中，K 为常数；O_j 表示旅游地 j 的旅游资源强度；P_i 表示 i 地区的人口数；a 为阻力系数；$r_{i,j}$ 表示 i 地区到旅游地 j 的距离；$T_{j,i}$ 表示 i 地区有可能到旅游地 j 旅游的游客数量。由于 K 为常数，而焦作的旅游资源强度相对各个地区而言是相同的，因此令 $K=1$，$O_j=1$。在使用威尔逊模型时，距离和市场范围是需要选择的不确定参数。夏骥（2005）采用的是各省（区、市）首府到焦作的铁路线路距离作为空间距离参数，采用 500 千米范围推算出人口指数参数。李山等（2012）基于威尔逊模型，将目的地的吸引力、客源地的出游力和两地之间的空间阻尼作为三个基本解释变量，构建了旅游市场模型：

$$T_{jk} = KA_k P_j C_j^a \exp\ (-\beta r_{jk})$$

式中，T_{jk} 表示客源地 j 与目的地 k 之间的空间相互作用强度，可用 j 到 k 的旅游人次表示；A_k 表示目的地 k 对游客的吸引力；$P_j C_j^a$ 表示客源地 j 的出游游客数；P_j 为 j 地的人口规模；C_j 为 j 地的人均收入水平；α 为收入水平参数，可用旅游需求收入弹性系数表示；$\exp\ (-\beta r_{jk})$ 表示客源地 j 到目的地 k 的空间阻尼，β 为非负的空间阻尼系数；K 为归一化参数。可以看出，在采用威尔逊模型时，可以改变指标，但参数的基本含义基本不变。

刘少湃等（2016）在威尔逊模型基础上，将客源地人口规模引入出游率，通过增加参数的办法更接近旅游行为，公式为：

$$T_{jk} = KA_k P_j F_j W_{jk} C_{jk}^\alpha \exp(-\beta r_{jk})$$

式中，$P_j F_j W_{jk} C_{jk}^\alpha$ 表示客源地 j 对目的地 k 的出游力；$P_j F_j W_{jk}$ 为客源地 j 对目的地 k 具有出游意愿的旅游人口规模；$P_j F_j$ 为客源地 j 的旅游人口；P_j 为客源地 j 的总人口；F_j 为客源地 j 的出游率；W_{jk} 为客源地 j 对目的地 k 的出游意愿（旅游偏好），C_{jk}^{a} 为客源地 j 对目的地 k 的人均出游力。根据这个公式，作者对上海迪士尼乐园的市场份额进行估算。其中，空间阻尼系数，采用"到访积分法"，对目的地 K 在不同距离尺度上的到访量进行分割和积分，然后估算阻尼系数。

（2）目的地竞争力分析。由于威尔逊模型能够识别出发地和目的地的流量和流入量，因此可以用来分析两个端点的流出或流入量，将某一个端点的总流出或总流入相加即可得到该点与其他点的比较，从而判断竞争关系。陶卓霖等（2017）采用了研究者在威尔逊模型基础上，提出了目的地竞争模型，分析城市间客流数据，所采用的威尔逊模型表达式为：

$$T_{ij} = Z_i O_i M_j^{\alpha_1} d_{ij}^{\beta_1}$$

式中，T_{ij} 表示出发地 i 到目的地 j 的流量，O_i 表示从 i 出发的总流量，M_j 表示目的地 j 的质量大小，通常可由人口和经济等变量度量；d_{ij} 为 i 到 j 的距离，可以是直线距离、行驶里程或交通时间；α_1 为 j 质量的参数；β_1 为距离衰减参数；Z_i 为出发地平衡因子，以确保每个出发地发出的流量 T_{ij} 之和等于 O_i。在此基础上，加入一项表示各目的地到其他目的地的空间可达性或邻近性指标，作为空间结构的表现形式。这样，目的地竞争模型的数学形式为：

$$T_{ij} = Z_i O_i M_j^{\alpha_2} d_{ij}^{\beta_2} A_j^{\gamma}$$

公式中的可达性可以采用上述的各种可达性方式，A_j 表示目的地 j 的可达性变量；α_2、β_2、γ 为相应参数；Z_i 为出发地平衡因子；其他变量与上式含义相同；城市质量 M_j 采用城市总人口衡量；距离 d_{ij} 采用城市间铁路出行的最短时间衡量。由于目的是反映多个城市作为目的地的竞争关系，因此采用了可达性变化后的潜能模型：

$$A_j = \sum_{k \neq j}^{n} \frac{M_k}{d_{kj}^{A}}$$

式中，M_k 表示目的地 k 的质量，用城市总人口代替；d_{kj} 表示 k 到 j 的距离，这里目的地可达性主要反映的是目的地之间的空间关系。这样，经过引入数据对可达性进行测算，即可实现目的地城市对所吸引人口规模的判断。

（3）进出口的相互作用关系。威尔逊模型主要通过流出和流入关系，描述两个空间之间的相互作用。由于城市之间的流入和流出贸易量一般不容易获得，国际贸易的进出口却非常容易获得且能够反映国家之间通过贸易形成的相互作用关系，因此以国际进出口为例来说明空间的相互作用。如果有足够的城市贸易流，就可以分析城市之间通过贸易的相互作用关系了。

笔者以作为经济第一大国的美国为例，分别对美国与其他国家 2018 年进出口数据为例，空间距离采用各国首都之间的距离，计算后得到各参数的值。这样通过进口和出口美国与其他国家的相互作用关系分别表示为：

$$IM = 0.00025 Ga \times G \times e^{0.00018D}, \quad EX = 0.00012465 Ga \times G \times e^{0.00016D}$$

式中，IM 代表通过美国进口其他国家的商品所建立的联系，EX 表示美国出口与全球经济建立的联系。可以看出，进口联系大于出口联系。

二、城市流模型

城市的功能具有基本功能和非基本功能，非基本功能是满足自身需要，不向外界输出；基本功能是除了自身需要外，具有对外服务功能。城市外向功能（聚集与辐射）所产生的聚集能量及城市之间的相互影响关系，反映了城市之间的经济影响力。这部分对外服务功能被称为城市流。

1. 模型的假设与表达方式

假设城市是通过自身的优势产业进行对外服务的，劣势产业仅能供自身需求不具有对外服务功能。因此，某行业的区位优势越强，其对外服务能力越强。采用区位商表示行业优势度，则城市流强度可以表示为：

$$F = E \times N$$

式中，E 和 N 分别表示城市外向功能量和城市功能效益。城市是否具有外向功能量 E，主要取决于某部门从业人员的区位商 q_{ij}。由于区位商表示为：

$$q_{ij} = \frac{G_{ij}}{G_i} \Big/ \frac{G_i}{G}$$

则城市 i 的流强度表示为：

$$F_i = N_i \times E_i$$

式中，F_i 表示城市 i 的对外流强度；N_i 表示城市 i 的内部职能；E_i 表示城市 i 的外向输出能力；G_i 表示城市 i 中所有部门的在职人数；若 $q_{ij} < 1$，说明 j 部门在 i 城市中相对全域来说不是专业化部门，不能为城市外部提供服务，即外向功能流量 $E = 0$；若 $q_{ij} > 1$，说明 j 部门在 i 城市中相对全域来说是专业部门，能够为城市外部区域提供服务，即向功能流量 $E > 0$。i 城市 j 部门的外向功能流量 E_{ij} 的计算公式为：

$$E_{ij} = G_{ij} - G_i \Big/ \frac{G_i}{G}$$

这样，i 城市 n 个专业化部门总的外向功能流量 E_i 为：

$$E_i = \sum_{j=1}^{n} E_{ij}$$

用 i 城市从业人员人均 GDP 表示该城市的功能效率 N_i，$N_i = GDP_i/G_i$，则 i 城市的城市流强度 F_i 为：

$$F_i = E_i N_i = E_i(GDP_i/G_i) = \frac{E_i}{G_i}GDP_i = K_i GDP_i$$

其中，K_i 表示城市的城市流倾向度，反映 i 城市总功能量中的外向程度。

2. 城市流模型的应用

（1）都市圈城市空间关联分析。城市流模型主要以描述一个城市经济圈内，不同城市功能对其他城市的影响。因此，都市圈内的城市联系可以用城市流模型来解释。王明杰和韩勇（2016）采用城市流模型描述了济南都市圈内的城市关联。具体做法是，在基本城市流模型基础上，引入了功能效率代替城市内部职能，城市 i 的功能效率 N_i 用从业人数的 GDP 来表示：

$$N_i = GDP_i/G_i$$

城市 i 的城市流强度 F_i 为：

$$F_i = N_i \times E_i = (GDP_i/G_i) \times E_i = GDP_i \times \left(\frac{E_i}{G_i}\right) = GDP_i \times K_i$$

式中，K_i 为 i 城市外向功能量占总功能量的比例，反映 i 城市总功能量的外向强度，称为城市流强度。如果城市流强度结构是指影响城市流强度因素之间的相对比例关系的话，则上述公式显示，影响城市流强度的两个因素是城市经济规模和城市流强度，这样两者之间的比例关系即为城市流结构：

$$GDP'_i = GDP_i/\max GDP_i, \quad K'_i = K_i/\max K_i$$

式中，GDP'_i 与 K'_i 分别为各城市国内生产总值与城市流强度倾向度的标准化值，$\max K_i$ 与 $\max GDP_i$ 分别为城市流倾向度与国内生产总值的最大值。这样，就可以判断都市圈内城市之间的流强度和流强度结构。

（2）城市群内部联系测度。城市群的空间结构效应是通过各城市之间的相互作用反映的，但是对称的经济联系所反映的仅是紧密程度，而不能反映联系向心与离心的方向。采用城市流模型可以体现聚集与辐射的等空间结构效应。赵伟和余峥（2017）采用城市流模型，对 18 个城市群的外向功能量进行了测算；另外，用 GDP 和人口首位度，作为衡量城市群结构的指标，可以分析城市群聚集和辐射结构对城市群经济效益的影响。在这个应用中，城市流模型仅用于判断城市群效应的一个方面。白永亮等（2016）采用城市流模型，分别对长江中游城市群中的第二产业和第三产业的外向功能量和城市功能效率进行了测度，利用计算出的值对不同城市、不同行业与平均值进行比较，可以分析出城市群内部的聚集与分散态势。

城市群内部不同城市的外向功能量有别，使得它们在城市群中的角色不同。梁晨和曾坚（2019）采用城市流模型，对京津冀三地不同行业的外向功能量进行测算后发现，三地在制造业、建筑业、交通运输仓储邮政和金融四个行业表现出外向性，其余行业对城市群形成的贡献都不大；同时，还可以从不同行业外向功能量的巨大差距中看出，城市能量存在明显的错配，主要表现在总量经济和人口规模与产业外向功能量不对等。从这个应用可以看出，城市流模型还可以描述城市之间的能量错配，为进一步平衡城市关系提供新的视角。

进一步，采用城市流结构，还可以分析城市群中，不同城市角色地位的时间和空间变化。从时间变化而言，可以用于分析城市群发育程度；从空间变化而言，可以分析城市群结构的完整程度。李慧玲和戴宏伟（2016）对比了京津冀和长三角城市群的外向功能量值后发现，京津冀城市群的次中心城市缺位，结构上存在严重的"断层"。

第四节　网络联系

网络联系有对称和非对称两种方式。一般来说，只要能够建立两两城市之间的联系，在这个联系基础上形成联系矩阵，就能建立城市网络。当仅考虑联系，而不区分发出者和接受者时，一般用对称网络；当能够进一步区分出网络节点的发出者和接受者时，可以建立非对称网络。

一、对称网络

对称网络是指仅有城市之间的联系，不考虑城市之间的主动与被动、发出和接受关系。上述的引力模型、交通可达性，以及城市流模型都可以在两两城市关联基础上建立网络。本部分主要介绍在建立关联矩阵基础上，如何建立网络以及分析网络结构。

1. 内部锁定关联模型

随着全球城市以及城市作为流空间"节点"概念的出现，学者们开始探索描述城市之间要素流动以及通过某种媒介建立的城市网络关系。在这种关系下，城市不再是独立的竞争主体，而是城市中所包含的现代服务业对全球（或地区）提供服务的能力，所形成的城市网络关系；以及在网络关系中，不同城市所处的地位。于是，在萨森（1991）和卡斯特尔（1996）提出的全球城市和流空间基础上，泰勒（1997）提出了内部锁定关联模型（Interlocking Network Connectivity），用于分析全球城市的网络能级。

（1）基本假设。全球城市主要功能是对全球经济的控制力，现代服务业通过控制全球的要素流动，对全球经济格局起着举足轻重的作用。因此，假设任何一对存在共同组织机构的城市有互相开放建立城市互动的可能，这些机构被视为城市的商业资产；潜在互动的等级取决于城市内存在的这些机构的重要性、规模和运营管理的权限。

（2）计算方法。设共有 m 个公司分布在 n 个城市中，以现代服务业公司为对象，观测这些服务业的分支机构在全球城市的分布。由此，可以建立一个 $n \times m$ 的矩阵。在建立矩阵时，每一个企业在每座城市都被赋予一个数值，即"服务价值"。服务价值的高低往往由该企业在该城市分支数量的多少、分支机构的规模、从业人员的数量等因素决定。一般来说，某企业在某城市分支机构越多、规模越大、从业人员越多，则该城市被赋予的服务价值就越大。例如，公司 j 在第 i 座城市的服务价值可以被确定为 V_{ij}，该值与分支机构的数量、规模、从业人员等因素成正相关关系。因此，即可建立一个由服务价值所组成的 $n \times m$ 的数量矩阵。

例如，现选取 a、b、c、d、e 五个在世界范围内经济地位较为突出的城市，并选取Ⅰ、Ⅱ、Ⅲ这三个世界范围内的跨国服务企业。假设服务价值已给定，则此城市—公司数量矩阵如表5-2所示。

表5-2 简易城市—公司数量矩阵

城市	公司名称			$\sum Y_i$
	Ⅰ	Ⅱ	Ⅲ	
a	2	0	3	
b	0	3	0	

续表

城市	公司名称			$\sum Y_i$
	I	II	III	
c	0	1	0	
d	3	1	3	
e	3	0	3	
$\sum X_j$	8	5	9	22

在表5－2中，$S=22$。根据表5－2中每个公司在每个城市的服务价值，可以求出总服务价值，以及公司或城市的地位：

$$S = \sum_i \sum_j v_{ij}, X_j = \sum_i v_{ij}, Y_i = \sum_j v_{ij}$$

式中，S 值可以用来进行公司之间对比或排序等分析。公司 III 服务价值排名第一，而公司 II 排名最后。城市 d 的经济地位最高，而城市 c 最低。若需要分析某两城市之间的联系程度，则可以用公式表示：

$$r_{ab} = \sum_j r_{abj}$$

因此，我们还可以得到某个城市（如城市 a）与其他所有城市的联系程度总和：

$$N_a = \sum_i r_{ai}, a \neq i$$

在此基础上，则世界范围内所有城市的联系程度总和为：

$$T = \sum_i N_i$$

在此基础上，我们可以得到每个城市相对于世界范围内所有城市的连接程度总和的相对连接程度，即城市能级：

$$L_a = (N_a / T)$$

根据上式，我们可以得到某个城市相对于整体城市网络而言的相对连接程度，即城市能级。通过不同城市的相对连接程度比较，可以将不同城市在全球化程度上的联系予以比较或排序。通过跨国公司与世界其他城市联系较为密切的城市，则拥有较高的城市能级；相反，某城市若很少通过跨国公司与世界其他城市发生联系，则其城市能级较低。

（3）内部锁定关联模型的应用。泰勒领导的 GaWC（Globalization and World Cities）团队采用该模型每年都对全球城市进行网络能级的评估，根据各城市的网络能级分值，将结果分为 Alpha、Beta、Gamma 和 Suffiency 四个大类，从而判断城市融入全球经济的程度。2018 年的排名结果为：Alpha + + 级的为伦敦和纽约，Apha + 级的有中国香港、北京、新加坡、上海、悉尼、巴黎、迪拜、东京。这个结果说明，伦敦和纽约对全球经济控制力最强，主要在于这两个城市的金融等行业。中国的香港、北京和上海等城市仅次于最高级，显示了中国城市在全球经济中的重要作用。

另外，很多学者采用内部锁定关联模型研究某行业或某一方面的城市网络，王丰龙等（2017）以企业间联合申请专利数衡量城市之间的创新联系。但是，由于全球城市的主要功能是通过现代服务业控制全球经济，网络的界定采用的是现代服务业，对经济的控制力来解释具有特定的含义，符合全球城市的基本内涵；如果直接将该模型用来测算一个国家内部城市之间的联系，缺少了全球城市的经济意义，可能会存在一定的缺陷。

（4）模型的缺陷。城市—公司数量矩阵的建立，是进一步研究城市网络的基础，也是研究城市之间联系程度的前提。根据数量矩阵的建立和城市能级计算，可以将不同城市的国际化程度加以比较。然而，在实际操作的过程中，城市—公司数量矩阵的建立往往面临一些潜在问题。

首先，城市和公司的选择标准不明确，在泰勒的研究框架中，城市和公司的甄选标准并没有一个严格的定义。由于不同城市的地区禀赋和地位不同，不同公司选址存在不可比性。因此，建立数量矩阵的理想前提是，所选城市的自然和社会禀赋较为接近，以保证企业在这些城市的活跃程度仅受城市国际化的影响。同时，不同公司的发展策略不同，一些公司虽在全球具有较高的声誉和影响，但扩张战略较为保守，依旧局限于本土化的发展战略。这些企业并不能反映城市的国际化程度，也不适宜纳入城市—公司数量矩阵的考虑范围。

其次，在建立城市—公司数量矩阵的过程中，服务价值如何客观界定，也是一个难以忽视的问题。不同企业在发展过程中，往往都会形成其特有的信息公布口径，不同企业的口径难以得到统一。所以，怎样建立一个客观的评分体系，统一各个企业的服务价值从而形成一个统一的打分口径，是建立城市—公司数量矩阵的过程中不能回避的重要问题。

2. 社会网络分析方法

社会网络分析方法（SNA）可以利用空间单元之间的关系建立网络，并分析空间结构，是目前最为常用的网络分析工具。把网络结构看成是行动者之间的关系模式，判断网络结构，并发现在多大程度上影响网络成员的行为。这个方法包括整体网络和个体中心网络两个分析框架，前者揭示网络的整体性质，后者利用各种测度考察个体在网络中的地位。

（1）整体网络特征的计算。社会网络的总体特征一般用密度和中心度来表示。密度是用来测量网络成员中各节点之间联系的紧密程度，体现了整个网络的相对开放程度及获取资源的能力。网络密度越大，各个节点的联系越紧密，行动者在整体网络中就越容易实现资源的传递和交互；联系紧密的整体网络，不仅为各个行动者的发展提供了其所需要的资源，而且是规范行动者行为的重要途径和手段。整体网络密度计算方法为"实际存在的关系总数"除以"理论上最多可能存在的关系总数"，反映的是网络关系的"饱和"程度。整体网络密度计算公式为：

$$D = 2M/\left[N(N-1)\right]$$

式中，D 代表网络整体密度，M 为网络中实际关系数，N 为节点个数。

网络中心度是通过节点与其他节点之间联系程度，评价其在网络中重要性和权力地位的一个重要指标，主要通过节点行动者在网络路径中所处的交会程度来衡量，反映了行动者对网路资源的控制能力。中间中心度越高，意味着该点越能控制网络中的资源，处于网络的核心，对网络行动拥有较大权力。具体方法是，通过假设各条线路的权系数相等和最短路径及其概率相等，估算可能的概率。其中，整体中心度是指在一个网络中，中介性最高的那个节点与其他节点中介性之间的差距。差距越大，整体中介性数值越高，整个网络对该节点的依赖度越高。因此，整体中心度的变化体现了网络地位集中度（聚集度）的变化，当用网络的中间中心度来衡量时，计算公式为：

$$C_B = \frac{2\sum_{i=1}^{g}\left[C_B(n^*) - C_B(n_i)\right]}{\left[(g-1)^2(g-2)\right]}$$

式中，g 为节点数，i、g、k 都为行动者，g_{jk} 表示连接行动者 j 和 k 的最短路径数量，C_B 为群体中心度，$C_B(n_i)$ 为节点中心速度，$C_B(n^*)$ 为中介性最大的节点的中心度值。

（2）聚类特征。社会网络结构是社会行动者之间实际存在的或者潜在的关系模式，这种关系模式反映了节点所属的群体（小世界）以及与不同群体成员之间的关系。社会网络方法就是通过成员之间的互惠性、可接近性、关系频次和关系密度等表现出的联系程度来区分不同的群体。同一个群体的成员意味着具有相同的网络角色与地位。网络聚类系数就是用网络的平均加权聚类系数表示网络的整体凝聚力,从图论角度看,网络聚类系数显示的是网络中与同一个节点相连的节点之间也相连的可能性,可能性越强说明网络的凝聚性越好。通过网络内部关联的差异性,将整体网络划分为"小世界"。

社会网络方法对群体的划分有多种途径,CONCOR(Convergent Correlation)方法可以在被划分后的子矩阵中产生分层聚类。因此,笔者认为,建立在迭代相关关系收敛集中基础上的 CONCOR 方法划分网络内的凝聚子群较为可行。该方法首先计算矩阵的行或者列之间的相关系数,逐步建立联系系数矩阵,经过数次迭代计算后,使具有相同网络角色的节点成为一个凝聚子群;然后,通过凝聚子群组成成员的变化以及各子群内部及其外部联系,可以分析网络结构的演变特征与稳定程度。

(3)网络节点特征。网络节点是指从每个城市角度出发,分析不同城市在网络中的地位。一般用中心势来表示。中心势表示各节点与中心节点之间构成的向中心趋势,即网络中各节点都倾向于某一个点或某几个点发生关联。在非对称网络中,用出度中心势、入度中心势和中间中心势,分别表示中心节点对其他节点的联系度、其他节点与中心节点的联系度和作为中介节点的联系度。在人口非对称网络中,利用该类指标可以发现人口在整体网络的聚集特征。选定构建关联矩阵的方法后,入度中心势表示人口由低级别城市向高级别城市流动而形成的联系,出度中心势表示人口由该级别城市向低级别流动的联系,中间中心势表示人口流动经过的城市,在网络起中介作用。计算公式如下:

$$C_{AD} = \frac{\sum\limits_{i}(C_{AD_{max}} - C_{AD_i})}{(n-1)(n-2)}, C_{AB} = 2 \times \frac{\sum\limits_{i}(C_{AB_{max}} - C_{AB_i})}{(n-1)^2(n-2)}$$

式中,C_{AD} 表示点度中心势,C_{BA} 表示中间中心势。在节点网络特征中,点度中心度用网络中与该点直接相连的其他点的个数表示。一般认为,中心度越高的城市跃居于网络中心,对网络有较强的控制力和影响力。城市 i 的点度中心度用下面的公式计算:

$$C_{AD_i} = \sum\limits_{i \neq j} G_{ij}$$

二、非对称网络

当城市关联可以区分出发出者和接收者,或者其中的一个对另一个的作用与另一个对该城市的作用有差异时，两者的联系不对等。通过不对等的联系建立的网络被称为非对称网络。尤其是城市联系更注重城市属性和资源分布差异，导致的要素分布空间梯度，即城市之间属性和资源分布差异导致城市之间的要素流动具有一定的方向。因此，需要通过非对称网络表示网络内部的要素流动趋势。

1. 非对称的关联矩阵

非对称网络的关键是建立非对称的关联矩阵。根据上述的引力模型、城市流模型等都可以建立非对称的关联矩阵。

当采用引力模型时，需要对其中的阻尼系数进行修正，以识别出发出城市与接收城市收到的不同阻力，这样就可以通过城市之间关联的不同方向分析关联强度。根据城市规模在城市关系中的作用，可以将高等级城市规模对低等级城市规模和低等级城市对高等级城市规模作用设置为不同的阻尼系数，从而将高等级城市对低等级城市的作用和低等级城市对高等级城市的作用进行区分。

采用城市"流"数据时，可以将发出"流"的城市与接收"流"城市之间，某种要素的分布空间梯度，作为阻尼系数，这样也可以建立非对称的关联矩阵。

2. 非对称的网络分析方法

社会网络分析方法中，可以通过识别节点特征中的发出者和接受者关系，分析非对称网络的结构特征。关键点是在非对称关联矩阵中，通过两种途径识别非对称性。

一种是通过计算整体网络的入度中心势和出度中心势，即在非对称关联矩阵中，针对发出者或接受者的网络关系，采用与中间中心度相同的方法计算。利用发出关系计算出的中心度为出度中心度；利用接受关系计算得出的中心度为入度中心度。

另一种是通过节点特征来体现。针对节点的点度中心势计算方法，以发出关系矩阵计算出的点度中心势称为出度中心势，以接受关系矩阵计算出的点度中心势称为入度中心势。从而根据非对称网络中不同方向的网络节点特征，判断网络形成的方向是聚集还是分散；如果网络关系是根据要素"流"建立的，则这种特征值可以用来说明要素在网络中的流动方向。

随着大数据的应用，如手机信令、各种交通方式获取的出行行为数据，都可以用来建立城市关联。然后针对不同的关联性质，采用网络分析方法，进行各种结构、角色以及要素流向等的分析。随着网络分析工具的不断进步，非对称的分析方法会越来越多，比如 K–壳分析，通过进一步识别网络中各种流向构成的关系，将成为城市空间关联研究的主要领域。

3. 非对称特征值分析方法

随着大数据所提供的信息渠道的多样化，信息流成为研究城市关联越来越重要的工具。美国学者詹姆斯（James）采用了一种衡量信息主导地位的方法，即 C–value 和 D–value 两种指标，用来区分信息的主体地位。具体计算公式如下：

$$C = \ln \frac{C_c}{C_s}, \ D = C_c - C_s$$

式中，C_c 代表某城市发送的信息量；C_s 代表某城市接收的信息量。C–value 和 D–value 两项指标都代表发出的信息大于接收信息差距的程度，表达了单个城市在信息网络空间中所体现的主导性和控制性，C 值和 D 值越大，代表辐射能力越强。但是，该公式有一个缺陷，即当 C_c 和 C_s 都较大时，数据接近，即 D 值接近于 0，并不代表该城市和其他城市信息沟通能力弱，也可能是发出信息和接收信息都较大，但数量接近。为弥补这个缺陷，姚文萃等（2017）建立了 E–value 值，计算如下：

$$E = C_c + C_s$$

式中，E 值是发出信息和接收信息之和，表明城市之间的共存性。这样，C、D、E 三个指标结合起来，能更好地表达城市之间的非对称关系：当 $D > 0$ 时，值越大（即发出和接收信息的差越大），城市的中心性越强；当 $D < 0$ 时，值越小（即城市发出和接收信息差越小），从属性越强；当 $D = 0$ 且 E 值较小时，发出和接收信息都较少，城市处于网络边缘；当 $D = 0$ 且 E 值较大时，发出和接收信息总量大差距小，城市具有网络升级潜力。

另外，还可以通过对联系的要素赋值，建立有向网络。季菲菲等（2014）根据两城市间的金融交易量，对无交易的城市关系赋值为 0，存在一人一种交易赋值为 1，两种为 2，依此最大值为 4。由此得到 4 个二值化矩阵，该矩阵由 16 个节点按照有向网络构建出长三角金融流动网络。

第六章 城市规模及其规模效应研究方法

城市经济能够产生更高的收益主要在于,城市通过聚集扩大了规模,进而产生规模效益。马克思从生产分工角度,明确提出了生产规模能够带来更多效益;亚当·斯密从市场角度,指出市场规模扩大为劳动分工提供了条件;科斯从成本角度,阐释了城市所提供的场所对降低市场交易成本的重要作用。因此,城市规模的描述方式和研究方法就成为城市经济基本方法的重要组成部分。

第一节 城市规模的理论基础及其测度

规模经济作为经济学的基本理论之一,是企业和城市理论研究的重要范畴。企业范围内的规模经济,通常是指企业通过扩大经营规模降低了平均成本,从而提高利润。对于城市而言,与规模经济的含义类似,也指随着城市规模的扩大降低生产成本、提高城市整体利润水平。只不过,城市规模扩大降低成本,通过企业的外部来实现,往往被称为外部性。因而,城市作为企业的生产场所,可以从外部性降低企业成本、提高企业技术水平,从而增强企业竞争力。

一、规模经济的理论基础

城市是主要的生产场所,马克思最早从生产角度提出了规模对提高效率的重要作用;西方经济学家中,最早提出规模经济理论的是亚当·斯密,而真正意义上的规模经济理论起源于美国,代表人物有马歇尔、张伯伦等,其后的一些美国学者又对这一理论进行了发展和补充（耿乃国和王永刚，2010）。他们从不同角度了解规模经济理论，可以更好地借用经济学的研究方法，为将已经成熟的计量方法应用在城市规模研究开拓思路。

1. 马克思对规模经济的解释

马克思在论述生产的分工与协作关系时认为，"许多人在同一生产过程中，或在不同的相互联系的生产过程中，有计划地一起协同劳动，这种劳动形式叫作协作"，这种协作可以产生独立生产所不能有的额外效率。这说明，在分工基础上产生的协作，使共同使用的生产资料规模更大，同时转移到单位产品上的成本就会更小；生产资料成本的下降又降低了商品价格，从而导致商品和劳动力价格同时下降。这正是资本主义生产方式得以大规模集中的原因所在。因此，马克思认为，大规模生产是提高劳动生产率的关键，也是近代工业发展的必由之路。而大规模生产主要在城市进行，尤其在工业化社会，随着工厂规模越来越大，城市越来越有优势获得规模效益。

2. 以亚当·斯密为代表的规模经济

从经济学说史的角度来看，亚当·斯密是规模经济理论的创始人，他认为"劳动生产方面最大的增进，以及运用劳动时所表现的更大的熟练、技巧和判断力，都是分工的结果"。由于规模生产是分工产生的基本前提，因此可以将斯密的理论看作规模经济理论的古典解释。从人类历史的进程来看，城市可以为规模生产提供场所。因此，将规模经济的研究与城市结合起来，成为城市经济的主要议题。另外，由于分工不能无限制地扩大，城市规模也不能无限扩大。这样，就使城市规模处在有边界的特定场所，而不是单纯的规模经济。如何解释这种边界，以及如何判断城市规模的边界就成为城市规模经济的重要议题之一。

3. 以马歇尔为代表的规模经济

马歇尔认为，规模经济的形成有两种途径：一种是依赖企业充分有效利用生产资源、组织和提高经营效率所形成的内在经济，另一种是企业之间的分工与协作以及合理布局所形成的外在经济。可以看出，马歇尔从规模经济的角度提出了外部性；在此基础上，他进一步研究了规模收益的变化规律，认为随着生产规模的扩大，规模收益将依次经过规模收益递增、规模收益不变和规模收益递减阶段。这些都成为城市经济的基本理论框架，为进一步发现城市经济的外部性提供了巨大支持。

二、城市规模经济及其效应分析

一般经济学意义上的规模经济分析方法主要基于企业规模扩大的收益，随着城市越来越受到重视，企业规模与城市规模具有相互依存性和同步性，因而这些思路和方法正在逐渐被借用到城市规模经济的分析中。对企业规模经济的分析方法进行总结，主要包括以下四种：C－D 函数法（柯布－道格拉斯函数法）、TCF 函数法（超越对数成本函数法）、DEA 方法（数据包络分析法）和射线位似函数法。由于这些函数建立在微观数据基础上反映中观经济效果，在城市研究领域得到了越来越多的借鉴和使用。

1. C－D 函数法

C－D 生产函数是经济学中使用较为频繁的一种生产函数，是由数学家柯布（C. W. Cobb）和经济学家道格拉斯（P. H. Douglas）根据 1899～1922 年的美国制造业部门相关数据构建。主要思路在于，引入技术因素的同时，考虑了投入和产出关系，具体的函数形式为：

$$Y = AK^{\alpha}L^{\beta}$$

式中，Y 表示产量，A 表示技术水平，K 表示资本投入量，L 表示劳动力投入量，α 和 β 分别表示资本和劳动的产出弹性。$\alpha + \beta > 1$ 表示规模收益递增，$\alpha + \beta = 1$ 表示规模收益不变，$\alpha + \beta < 1$ 表示规模收益递减；当资本和劳动同时增加 λ 单位时，产出对规模的弹性等于产出对要素的弹性之和，即 $E_{\lambda} = E_k + E_l$。

这一函数从生产角度刻画了投入规模对产出规模的影响，从资本和劳动投入的非线性关系可以看出，投入规模增加导致产出规模增加更快或更慢。将该函数用于城市经济研究，可以将企业经济主体换成城市经济主体。从投入产出的角度来看，当产出增加大于投入增加时，体现了规模经济；反之，当产出规模增加速度低于投入规模的增加速度时，体现了规模不经济。

孙学勇（2012）应用该模型，以内蒙古 1985～2010 年的第二产业产值、从业人员和固定资产投资为基础数据，分析了内蒙古第二产业的规模收益情况，结论显示在此研究时段，内蒙古的第二产业增长主要来源于劳动力的贡献，技术进步的贡献率较小，正说明了当时内蒙古经济所处的工业化中期以劳动密集型为主的特点。

2. TCF 函数法

TCF（Transcendental Cost Function）函数法，即超越对数成本函数法，将技

术进步作为更重要的投入要素，更适合用于多种投入与产出的生产企业分析。该函数假设 X、Y 分别表示投入与产出，这样多要素投入与多种产出之间的生产函数关系可以表示为：

$$f(Y_1 + Y_2 + \cdots + Y_m;\ X_1 + X_2 + \cdots + X_n) = 0$$

利用生产函数和成本函数的对偶关系，可以得出多种要素投入和多种产出之间的成本函数形式：

$$C = g(Y_1 + Y_2 + \cdots + Y_m;\ P_1 + P_2 + \cdots + P_n)$$

根据这个方程的线性齐次性质，成本弹性可以表示为：

$$\partial \ln C / \partial \ln Y_i = \alpha_i + \sum \delta ikl \ln Y_k + \sum \rho_{ij} \ln P_j,\ (i = 1,\ 2,\ \cdots,\ m)$$

则规模收益函数可以表示为：

$$SE = \sum_i^m \partial \ln C / \partial \ln Y_i$$

式中，SE 作为规模经济的特征值，如果 SE > 1，则表示存在规模经济；如果 SE = 1，则表示规模经济不变；如果 SE < 1，则表示不存在规模经济。该模型应用于城市经济时，可以将城市代替企业来测度城市的规模经济与规模不经济。由于城市角度的投入和产出多样性更强，比如政府的基础设施、公共服务、技术创新等投入，各种行业的产出、居民收入的增加，以及各种福利的改善等，因此这样不但可以使该模型具有更加丰富的内容，还可以通过修正参数，进一步丰富。该函数较好地衡量了多种要素投入和产出的弹性，从而能够对城市规模经济进行较为准确的判断；但却无法计算最佳规模，也无法引入投入要素以外的其他变量，使城市成为一个封闭系统。

高蓉蓉和盖锐（2015）采用 2006～2012 年 15 家商业银行的投入和产出数据，运用 SE 规模系数衡量企业的规模效率，对 TCF 函数反映的变量关系进行了实证分析，并对 SE 均值和银行资产规模值绘制了散点图进行模拟。结果显示，虽然这些银行整体都实现了规模经济，但规模经济随着资产规模的扩大出现了下降趋势，说明规模经济在达到拐点后可能转变为规模不经济。

3. 数据包络分析法

数据包络分析法（DEA 方法）主要通过前沿趋势面反映投入和产出关系，常用来计算经济单位的效率，分为规模收益不变的 CCR 模型和规模收益可变的 BCC 模型。二者的区别在于，前者的假设前提是规模收益不变，后者的假设前提是规模收益可变。为了放松模型的假设，有学者提出采用规模收益非增的 DEA

模型，来判断企业规模所处的阶段，这就扩大了该模型的适用性。该模型构造如下：

$$
\begin{cases}
F_i\left(x_k,\ \dfrac{y_k}{CRS}\right) = \min\{\theta:\ y_k \leqslant Yz,\ \theta x_k \geqslant Xz,\ z \in R^k{}_+\} \\[2mm]
F_i\left(x_k,\ \dfrac{y_k}{NIRS}\right) = \min\{\theta:\ y_k \leqslant Yz,\ \theta x_k \geqslant Xz,\ I_k z \leqslant 1,\ z \in R^k{}_+\} \\[2mm]
F_i\left(x_k,\ \dfrac{y_k}{VRS}\right) = \min\{\theta:\ y_k \leqslant Yz,\ \theta x_k \geqslant Xz,\ I_k z = 1,\ z \in R^k{}_+\}
\end{cases}
$$

式中，k 为决策单元的个数，i 为第 i 个决策单元，x_k 为输入变量，y_k 为输出变量。Y 为 $M \times K$ 输出矩阵，X 为 $N \times K$ 输入矩阵，z 为权变量，$I_k{}^z$ 为 k 单元单位矩阵。规模效率公式为：

$$
S_{i1} = \frac{F(x,\ y/CRS)}{F(x,\ y/VRS)}
$$

根据这个公式，通过计算决策单元的技术效率和纯技术效率的比值得到规模效率 S_{i1}。当 $S_{i1} \geqslant 1$ 时规模有效，当 $S_{i1} < 1$ 时规模无效。为了进一步判断规模所处的阶段，通过计算决策单元的技术效率和规模效率的比值可以得到规模收益。规模收益计算公式表示为：

$$
S_{i2} = \frac{F(x,\ y/CRS)}{F(x,\ y/NIRS)}
$$

当 $S_{i1} > 1$ 时规模收益递增，当 $S_{i1} = 1$ 时规模收益不变，当 $S_{i1} < 1$ 时规模收益递减。该方法在非参数框架下进行，可以用来分析多投入和多产出的生产效率。当用于城市经济效率分析时，将所有城市都作为相同生产条件下的前沿趋势面，忽略了城市的异质性；另外，该函数类似于实证方法，只能采用已经发生的数据衡量已经发生的生产行为，无法像参数一样对生产效率进行预测。在实证分析时，还需要借助各因素之间的函数形式。

丁巧云和王力（2014）利用整理的 2008～2012 年 89 家证券公司的资产等 9 个项目的数据，在构造超越对数成本函数基础上，采用 DEA 方法计算了这些证券公司的效率，并对各因素进行了回归。结果显示，证券公司基本遵循规模效应，它们之间的并购有可能导致"马太效应"。

4. 射线位似函数法

射线位似函数是国外较为常用的衡量规模收益的方法，该函数分别从齐次函数、射线齐次函数和位似函数三个函数衍生而来。具体的操作要求，在构建射线位似函数之前，先将一次齐次函数作为基本函数，进行变形。以 C – D 函数为例，函数基本形式为：

$$V = A X_1^{\alpha} X_2^{\beta}$$

式中，V 表示产量，A 表示技术水平，X_1 表示劳动力投入量，X_2 表示资本投入量，α 和 β 分别表示资本和劳动的产出弹性。将 α 和 β 结合起来，以 $(\alpha + \gamma x_2/x_1)$ 和 $(\beta + \gamma x_2/x_1)$ 来代替 α 和 β，用 P/KN 代替技术效应 A，并引入位似转换函数 $F(Y) = Y e^{\theta Y}$ 对原函数进行改进，则原函数变为：

$$V e^{\theta V} = \frac{P}{KT} A_1^{\alpha + \gamma x_2/x_1} X_2^{\beta + \gamma x_2/x_1}$$

式中，θ、α、β、γ 为待估参数，该公式就是射线位似函数。根据这一公式可以得出企业的规模弹性 ε 和最佳产出规模 V^0，那么：

$$\varepsilon = \frac{\alpha + \beta}{1 + \theta V} + \frac{2 y x_2/x_1}{1 + \theta V}$$

$$V^0 = \frac{\alpha + \beta - 1}{\theta} + \frac{2 y x_2/x_1}{\theta}$$

当该函数以企业为对象时，基于样本企业的相关数据对公式进行拟合即可得到相关参数，并能够据此判断出企业的规模弹性和最佳产出规模。当以城市为研究对象时，可以将城市的相关数据对公式进行拟合而得到相关参数，进而可以判断出城市的规模弹性和最优规模。

李浩、钱永坤（2010）将煤炭企业储量、矿井服务年限、地理位置变量引入射线位似函数，采用企业相关数据对函数进行了拟合，利用得出的相关参数，判断企业的规模弹性和最佳产出规模。由于城市最优规模的角度既可以是居民效用最大，也可以是政府支出最小，还可以是整体经济效率最高，因此需要从不同角度采用不同数据进行拟合，其结果同样也用于解释不同角度的城市最优规模。另外，城市是一个开放系统，此处得到的最优规模有许多假设条件，与实际有较大距离，因而预测出的最优规模存在较大误差。

三、城市规模及其分布的测度

从经济学的角度来看，城市规模是在要素集聚的基础上形成的，根据前面的规模经济理论可知，要素集聚是一个从规模收益递增到规模收益不变，再到规模收益递减的转变过程。与此同时，由于不同城市的地理位置、区位条件等方面的差异，会出现规模不同的城市。由于研究的角度不同，衡量城市规模的内容有差别，根据人口城市化、产业（或经济）城市化和空间城市化的具体内容，城市规模也可以从人口、经济和空间等角度衡量。

1. 单一城市人口规模的测度

一个城市规模的扩大与城市所在地理位置和在城市体系中的功能有关，尤其是地理位置，决定了城市的资源禀赋和发展优势。因此，衡量一个城市的规模可以发现城市增长的潜力和发展前景。

城市人口规模一般指一个城镇的人口现状或在一定期限内人口发展的数量，后者与城市（镇）发展的区域经济基础、地理位置和建设条件、现状特点等密切相关。另外，城市人口容量，是指一个城市的生态系统和社会经济系统能够支持多大人口规模得以生存的潜力。城市人口规模的预测可以为城市规划、城市管理和城市经济发展战略提供依据。除城市化对城市人口规模的测度以外，还有以下方法可以进行城市人口规模的预测。

（1）职工带眷系数法。该方法是对新建城市（区）中，根据新建工业项目的单身职工人数、带眷职工及其带眷系数情况而计算城市人口的方法。计算公式为：

规划总人口数 = 带眷职工人数 × （1 + 带眷系数）+ 单身职工

其中，带眷系数是指每个带眷职工所带眷属的平均人数。这种方法虽然简单，但较为实用，主要适用于一些产业新区或者新城建设中产业先行，之后不断吸引人口，从而实现产城融合的路径。用以判断一个新的城市中心可容纳的人口规模，为城市建设和城市各项服务业发展提供依据。

（2）递推法。递推法的核心是将城市发展分成若干阶段，根据城市发展不同阶段影响人口因素的变化，分别确定有关参数，逐段向前递推预测。其公式为：

规划总人口数 = 现状人口数 × （1 + 自然增长率 + 机械增长率）规划年限

这种方法与前述的城市化人口预测相似，考虑了影响城市人口发展的主要因素，采取定性分析结合动态参数调整来预测。

以上方法计算过于简单，主要用于城市管理的实际工作和建设项目的测算。由于这两种方法都是针对城市人口本身增长，忽略了其他因素。实际上城市人口规模还应考虑城市的环境容量、用地发展门槛、最佳效益规模以及区域范围内的城市等级规模等问题。

2. 城市规模等级体系的测度

城市区位属性决定了城市规模，由于区位条件和资源的限制，城市规模并不是随机增长，城市规模的分布也不是随意的结构。一般来说，城市规模结构遵循位序—规模法则（具体内容见城镇体系部分）。城市规模空间分布，作为城镇体系的主要内容，在 20 世纪 90 年代有大量研究，后来被大都市区和城市群的研究所取代。近年来，随着中国城市转型，重新开启了对大小城市的争论。因此，在原有城镇体系基础上，重启城市规模的空间结构研究，具有现实意义。这里根据吕薇和刁承泰（2013）的综述，从城市规模角度，介绍城镇体系中没有提到的两种规模结构方法，以突出大尺度范围内所构建的城市规模空间结构。

（1）罗特卡模式。除了著名的 Zipf 法则，位序—规模法则最为常见的表达式为罗特卡模式。该方法按照人口规模从大到小进行排序，其一般化表达式为：

$$P_i = P_1 \times R_i^{-q}$$

式中，P_i 是位序为 R_i 的城市人口规模，P_1 为理论上的首位城市人口；R 为城市 i 的位序；q 为常数，通常被称为齐普夫维数。对上式做自然对数变换后，公式变为：

$$\ln P_i = \ln P_1 - q\ln R_i$$

式中，当 q 大于 1 时，说明规模分布较为集中，q 越大越集中；当 q 小于 1 时，规模分布比较分散，q 越小越分散；当 q 等于 1 时，成为齐普夫模式；当 q 趋近于 0 时，表明所有的城市规模都相等，当 q 趋近于无穷大时，表明地区内只有一个城市分布。

（2）帕累托公式。位序—规模法则常用的是帕累托公式：

$$N = A \times P^{-D}, \ D > 0$$

式中，P 为城市人口规模，N 为大于门槛人口规模（P）的城市数量；A 为系数；D 为城市规模分布的分维值，对上式做自然对数变换可以得到：

$$\ln N = \ln A - D\ln P$$

事实上，罗特卡模式和帕累托公式分别是位序—规模法则的两种不同表现形式，q 和 D 都用来判断城市规模分布的均衡程度，而且 q 和 D 之间还存在着以下关系：$q \times D = R^2$。其中，R^2 是一个判定系数，R^2 越大，说明该城市体系符合位序—规模分布；反之，R^2 越小，说明存在首位分布，或者在高层次有多个中心并存，或者其他的特殊类型。当 $q > 1$，即 $D < 1$ 时，表明城市人口分布比较集中，高位次的城市规模很突出，而中小城市不够发达；当 $q = 1$，即 $D = 1$ 时，表明区

域内首位城市规模与最小城市规模之比，恰好是本区域内的城市总数，即第二位的城市规模是首位城市规模的 $1/2$，第三位的城市规模时首位城市规模的 $1/3$，以此类推，这是罗特卡模式的特例（即通常认为的齐普夫法则），不具有普遍性。当 $q<1$，即 $D>1$ 时，表明城市人口分布比较分散，高位次城市规模不是很突出，中小城市比较发达。当进行多年城市规模分布的比较时，q 变大、D 变小，表明城市规模分布趋于集中；q 变小、D 变大，表明城市规模分布趋于分散（刘继生和陈彦光，1998）。

可以看出，上述两种在大尺度空间中分析城市规模分布的方法，尽管等式有一定差异，但反映的实质内容都是在一定空间范围内城市大小规模之间的分布规律。即城市规模与其在城市体系中的位次呈幂指数关系，且其中的参数可以用来刻画空间的聚集与分散。这对理解城市规模的成长以及空间结构仍具有现实意义。

第二节 城市最优规模推定

按照上述的理论，城市规模可以极大化，却不可以极小化。但是，当城市规模的自我强化效应可能导致城市经济最终陷入低效率状态时，就会引发许多问题，表现出规模不经济。既然城市规模不能够无限扩大，就会存在最优规模。关于城市规模变化的趋势，以及最优规模的推定，就成为城市经济发展的边界以及制定城市政策的重要参考依据。因此，可以将一些经济学的理论应用到城市最优规模的研究当中。

一、城市最优规模的识别

早在400多年前，亚里士多德就提出，"当城市人口规模很大时，就应该受到限制"。20世纪中期以来，世界城市化进程加速，人口大量涌入城市，城市规模急剧扩张，"城市病"不断加剧，掀起了理论和实证研究城市最优规模的高潮。但直至今天，城市是否存在最优规模，仍存在较大争议。除了影响城市规模的因素复杂繁多且难以量化外，主要原因在于从不同角度理解"最优"，得出的结论差异较大。

从经济学角度来看，最优意味着成本最小、收益最高。由于城市作为一个整体，其经济主体与企业不同，因此研究最优城市规模的目的至少包括以下三个方面：政府公共支出最小化、企业社会效益最大化、城市居民净收益最大化（陈卓咏，2013）。但事实上，以上三个方面难以同时满足，每次只能从其中一个方面去研究或确定最优城市规模，因而最优城市规模的结论也各不相同。

1. 政府公共支出最小时的最优城市规模

当城市作为一个经济主体时，公共产品和公共服务大部分由政府提供，其支出最小便是整体成本最低。因此，研究城市最优规模的一个主要目的就是，使政府能够更有效率地提供公共产品和公共服务。与主流经济学对平均成本曲线的描述相同，政府提供公共产品和服务的平均成本曲线，在初始阶段随着城市规模的扩大而上升。因此，采用经济学的成本收益曲线，政府支出的最低点即为最优城市规模点。

2. 企业社会效益最大时的最优城市规模

根据聚集经济理论，城市规模越大，劳动力池、专业化的中间投入产品、知识外溢的聚集效应越强，因而城市的生产效率就越高。由于聚集收益呈几何速度增加，因此成本的增加速度与收益并不同步。一般来说，成本的增加速度比收益增加的速度要慢，从而导致企业总体边际收益曲线和平均收益曲线总是递增。因此，很难找到最优规模点。但是，当城市边际收益增加的速度慢，成本增加速度快，比如，特大城市的房价和交通等成本增加快于收入的增加，才会出现两者的交叉，即达到规模最优点。

3. 城市居民净收益最大时的最优城市规模

对城市居民而言，可支配收入与生活成本之差或净收益最大化，才是他们更关注的问题。可支配收入主要取决于劳动工资，生活成本则由全部商品的价格所决定。两者的增加速度也存在相互比较的过程。当前者增加快、后者增加慢，则不存在交叉点；到城市发展的后期，后者增加快、前者增加慢，即出现"大城市病"的时候，才会存在交叉点。

由上所述，一方面，城市最优规模在城市快速成长时期不存在；只有在进入稳定阶段，才有可能出现。另一方面，居民的可支配收入，取决于企业所能支付的工资；生活成本除实际支出外，还与居民的社会福利水平有关。前者由企业或者城市的劳动生产率来决定；后者则取决于政府提供的公共服务和基础设施。可见，居民的净收益根本上，仍依赖于政府支出和企业的劳动生产率，而政府支出能力受到财政税收制约，财政税收又来源于企业。因此，从本质上来看，虽然居民与企业和政府三者的利益出发点不同，但对于城市规模的效应是一致的。只不过在具体识别时，需要根据各自角度，设置不同的变量和考虑不同的影响因素。

二、城市最优规模特征

由上可见，城市最优规模主要取决于特定的发展阶段和技术水平。在技术创新水平以及资源约束不变的条件下，城市最优规模主要取决于基本的成本收益曲线，因此也应趋于稳定。而当城市的技术创新能力进步较快，或者城市化进程加快时，会经常突破基本运行曲线，城市往往难以实现最优规模，从而出现理论与现实的错位。

1. 城市最优规模的特征

稳定状态下的城市最优规模主要特点有：人口相对稳定，城市对人口的吸引力不会导致人口过快增加，也不会导致城市"收缩"；空间相对稳定，既没有因为空间快速扩张导致城市蔓延，也没有因为空间过度紧张导致人口流失；城市经济增长较为平稳，既没有高速增长的暴利行业，也没有出现经济低迷、产业大量转出的情况；城市管理方面，城市公共支出相对较为合理，城市管理较为简化和人性化。与城市化、工业化和经济增长等多种情况下出现的"S"形曲线类似，城市的人口、空间等变化也呈现"S"形变化。这些现象表明，最优城市规模的各个方面都处在"S"形曲线的最顶端阶段。

城市人口规模相对稳定，是指在不考虑资源约束的情况下，城市发展初期阶段，随着城市规模的扩大，城市边际收益将大于边际成本，城市规模扩大带来的聚集效应将促进城市产出的增加；随着城市规模的进一步扩大，城市的边际成本将超过边际收益，城市规模的扩大速度将趋于降低。而最优的城市规模将表现为城市边际收益与边际成本相交的区域，从而实现城市人口规模的相对稳定。这种稳定状态一般是指"S"形曲线的高点，即人口的最优规模状态。

空间相对稳定，是指由于城市聚集效应的存在，城市要素只能在有限的空间分布，使得空间扩张同样遵循"S"形曲线特征。城市发展初期，空间扩大可以带来更高收益；但当空间扩大到一定程度后，聚集经济将变为聚集不经济，空间扩张速度放缓，直到趋于稳定。

产业稳定，是指由于聚集经济的存在，企业和居民在城市可以享受到更多外部性带来的好处，使生产协作容易实施，市场规模扩大，并建立了劳动力池；同时，由于知识溢出，可以吸引企业不断进入；另外，随着选择效应等不同聚集方式的出现，城市经济效益不断提高，直到达到边界净收益最大。

公共支出是城市管理水平的量化指标，城市福利提高会使城市的公共支出类别和支出总量不断增加。由于不同城市之间存在较大差异，很难将不同城市之间的公共支出进行比较，在保持总产出不断增加的情况下，政府支出方面的最优规模一般通过不断精减管理成本实现。

2. 城市最优规模的约束条件

由于受区域地理环境以及资源的约束，城市最优规模在可持续发展条件下，还具有一些约束条件。与单纯谋求经济效率不同，约束条件一般要求城市发展注重城市生态环境、资源环境以及生活环境与经济发展的协调。具体而言，约束性特征包括城市宜居度高、资源可持续利用等内容。因此，城市规模扩张在本身受限的情况下，还受到资源环境、社会条件、人文要求等约束。在宜居性约束下，城市最优规模将会降低。

中国城市人口密度高、资源稀缺、环境污染问题非常突出。这使我国城市在未达到最优规模时，就已经受到了资源和环境制约。对于资源型城市而言，在资源型产业基础上为后续产业发展奠定基础，是保持城市可持续发展的前提，这类城市的最优规模一般从资源承载力角度进行分析；对于生产型城市而言，产业发展和经济增长是其主要任务，一般从经济效率角度分析其最优规模；对于服务型城市而言，居民感受最为重要，一般从城市福利角度分析城市最优规模，而城市福利的主要提供者是城市政府，这需要从城市政府支出的角度讨论规模最优问题。

三、城市最优规模的争论

虽然在理论上，城市规模不可能无限扩大，但由于受发展阶段、技术水平和创新能力以及环境资源约束的不断进步，城市最优规模时刻处在变化之中，尤其针对特定城市，还难以找到最优规模。因此，对城市最优规模是否存在，以及存在的形式一直存在争论。

1. 最优规模的理论基础

城市最优规模可以从许多角度解释，在成本最小化、效用最大化和"成本—收益"等思想的基础上，一直都在不断探索。除亨利乔·治定理（即HGT）外，亨德森（Henderson，1974）认为，城市规模扩张带来的规模经济和规模不经济，使效用曲线呈倒"U"形，从而在劳动者收入效用和资本拥有者收入效用之间存在权衡。米尔斯（Mirrlees，1972）从主流经济学社会福利的角度，讨论了最优城市规模问题，发现了"米尔斯不均衡"。但是，最优规模仍停留在理论层面，能够应用的测度方法很少。

2. 城市最优规模的准确数值

城市最优规模存在的思想起源是古希腊哲学家柏拉图，他认为一个城市的人口数量不应超过广场中心的容量，按照古希腊城邦时代的城市建设，城市最优规模为5040人。另外，霍华德在他的《明日，一条通向真正改革的和平道路》中，以成本最小化思想对城市规模进行限定，将基本的投入产出模型引入城市最优规模的讨论，认为当边际收益等于边际成本时，城市得到最优规模，在特定面积下的田园城市最优规模约为3万人。当然，现代社会中，任何一座城市规模都超过了这个数字。因此，从理论上来看，在特定时间和特定城市，可以采取成本与收益法，找到城市的最优规模；但由于城市发展阶段不同、技术水平和生产能力一直处在变动过程中；另外，约束条件也可以放松或收紧，这个特定的最优规模与现实仍有距离，即这个最优规模值在现实中的城市很难准确计算，或者说是不可计算。

3. 最优城市规模存在的区间

既然不能计算城市准确的最优规模，在特定的时段和技术水平下，是否可以针对平均状态，得到城市最优规模所处的区间呢？很多学者针对当时条件下的城市平均状况，确实给出了最优规模的区间，比如巴顿（Button，1984）对不同最优规模的区间进行汇总，一般为10万～25万、10万～15万、10万～20万、5万～10万、3万～5万、25万～100万和50万～100万不等。可以看出，这些区间差异巨大，很难从中找到共同点。而且主要差异在于，不同国家、不同发展阶段的表现完全不同。这就说明，城市本身就是一个不断发展的过程，而且是不同国家和地区特定条件下的产物，既有特定的区位发展轨迹（即城市的第一属性），又呈现动态变化过程，这就导致规模收益的不可比，因而很难确定城市规模是否为最优。

4. 城市最优规模因时而异、因地而异

由于最优城市规模受城市功能、专业优势、城市形态、产业结构等因素影响，因此不同城市具有不同的最优城市规模。亨德森（Henderson，1987）提出城市系统中各城市经济功能和规模并不相同；滕田（Fujita，1989）基于城市土地利用理论，从最优土地利用视角分析最优城市规模问题，他认为，由于不同城市区域内的各功能存在地域差，最优城市规模总是不稳定的。阿纳斯等（Anas，1998）从集聚经济角度，运用空间联系模型分析最优城市规模，他认为集聚经济与城市形态、产业结构、地理结构等在内的城市空间结构相关，不同的城市拥有不同的利益与成本功能，因而应具有不同的最优城市规模。针对我国城市的发展特征和城市化进程，王小鲁和夏小林（1999）认为，各国自然环境、人口密度、产业结构和经济发展水平不同，以及由此决定的生产要素相对价格水平也存在差异，因此并不存在一个适用于所有国家和所有历史时期的最优城市规模。刘玲玲和周天勇（2006）认为，现有的最优城市规模理论，与现实中的城市规模问题存在一定的隔阂，城市发展和类型会受到包括经济水平、自然条件、地理条件等在内的国情和区情变化的影响，所以最优城市规模应该是一个随着时间地点变化的不确定量值。因此，田莉（2009）提出，城市发展总是处于一种动态均衡中，静态的最优城市规模是不现实的；城市规模除了受到地理、经济、技术条件等因素影响外，还受城市内部及城市外围经济和社会活动的影响，因此最优城市规模需要进一步在城市层级体系中观察。

5. 城市适度规模

鉴于很难在现实中找到城市最优规模，一些学者否定了最优规模的存在。理查森（Richardson，1972）认为，仅仅从理论角度对最优城市规模的探索缺乏依据，单纯研究城市最优规模是没有意义的。与其寻找最优规模，还不如讨论聚集效益的规模范围。米奥和夏皮罗（Miyao & Shapiro，1979）运用托达罗的人口迁移模型发现，政府会利用限制人口流动的政策，公开、连续地向社会传递城市生活的负面影响，有意识地控制农村人口向城市迁移，所以在现实生活中，无法实现真正的、理想的城市最优规模。

因此，卡佩罗和卡玛尼（Capello & Camagni，2000）认为，城市规模研究的实质，不应该是最优城市规模，而是有效城市规模（即适度城市规模）。当城市规模扩大所带来的社会综合收益，等于城市规模扩大所带来的社会综合成本时，城市规模达到一个动态均衡，即达到适度城市规模。城市发展会导致结构调整，创造新的经济条件和机会。因此，适度城市规模仍是动态变化的规模。马树才和宋丽敏（2003）利用熵－DEA方法，通过对多个评价指标的比较，说明城市适度规模更可行。

由上可见，基于理论的观点证明了城市最优规模的存在；但基于现实的观点认为，城市没有最优规模，只有适度规模。因此，我们在研究城市规模经济时，应该将最优规模作为理想状态，然后针对现实城市与理想城市的差距，寻找城市发展的有效对策。

第三节　城市规模优化的分析方法

尽管现实中难以界定城市的最优规模，但是优化城市规模，不断提高城市福利和城市经济效率，却是城市管理者一直以来努力的方向。因此，学者们在探索城市规模优化方面积累了大量经验，我们将这些经验概括出来，供大家参考。前已述及，城市规模及其规模效应既可以从个体城市分析，也可以从城市体系角度进行分析。关于规模优化方法，也可以从个体城市和多城市角度进行探索。由此可见，城市规模优化的出发点完全取决于研究问题及其研究目的，是一个目的导向性的命题。

一、单一城市角度的规模优化

将规模经济中针对企业的研究变为针对城市的内容，体现了城市个体作为生产和经营场所、其规模的不断优化与效率不断提高的过程。因此，规模优化过程也是成本不断降低和效用不断提高的过程。

1. 成本最小化方法

成本最小化方法，是最早也是运用最多的城市规模优化研究视角之一。城市投入的成本主要包括公共成本和私人成本。其中，公共成本包括城市服务设施的投资成本与城市运营成本等；私人成本则包括居民的通勤成本、生活成本等。从这个视角来看，城市规模是人均成本的函数，且两者之间存在"U"形关系；当城市人均成本达到最低时，城市规模处于最优状态，于是城市规模优化问题演化为如何使人均成本最小化。格普塔和赫顿（Gupta & Hutton，1968）以政府的平均服务成本最小化为研究起点，来探讨城市的规模优化途径。基于这种方法的基本思路是，只要采用一种城市成本（公共或私人成本），就可以利用任何一个最小成本的函数，推断城市最优规模。

在格普塔和赫顿（Gupta & Hutton，1968）的最小成本理论中，仅考虑了公共成本，他们认为城市成本随着城市规模扩大先降低后升高，表现为城市规模与人均成本呈正"U"形关系。在这个观点下，城市最优规模就是使人均公共成本最低的规模，此时城市效率达到最大值。其中，城市公共成本的公式为：

$$AC = \frac{C}{P}$$

式中，AC 为人均公共成本，C 是公共成本，P 是城市总人口。假设城市人均公共成本是城市人口的非线性二次函数，则：

$$AC_i = \delta + \varphi POP_i + \varphi POP_i^2, \quad \varphi \neq 0$$

对于上述公式，根据阿朗索（Alonso）二次函数的分析方法，通过偏微分等于0，即可以得到最小成本下的城市规模（人口规模）。

埃文斯（Evans，1972）以城市内部生产成本最小化来研究城市规模优化问题，他将城市内总生产成本界定为，城市制造业部门工资、土地租金、商业服务价格三者之和。他认为，城市规模扩大会导致土地租金上升和通勤成本增加，进而导致工资率上升；城市规模扩大又通过需求增加和规模经济，导致商业服务的价格降低。两种力量博弈下，城市总生产成本最小即可实现利润最大，因此这时的城市规模为最优。

尽管最小成本理论简单易行，但忽略了城市发展过程中的很多因素。一方面，规模最优是否最优取决于两个条件，即收益与成本；另一方面，成本不仅包括直接支出，也包括间接支出，收益不仅包括直接经济收益，也包括社会收益，而很多间接收益或支出是一个长期过程，在短期内很难估算；此外，在强调城市人居环境条件下，很多收益与支出尚无法衡量。因此，这种方法的缺陷十分明显，其结果并不能表示规模最优，仅能表示在考虑公共支出条件下的城市规模优化途径。理查森（Richardson，1972）认为，城市最优规模并不仅仅是公共成本的函数，还包括城市收益；在成本核算中经济因素并不是唯一影响城市规模的因素，城市的交通便利条件、社会资源与服务、社会安全等非经济因素，同样影响城市规模的形成，这些因素难以纳入一般函数进行求解；城市最优规模并不是静态的、固定的数字，而是动态的、变化的范围，该标准无法对城市最优规模进行准确而全面的刻画。

2. 效用最大化方法

规模的优化意味着成本和收益的对比关系，除了成本，效用最大化则是另一个维度。亨利·乔治将两者结合起来，提出了"单一税"主张，核心观点是，城市总地租等于总公共产品支出时，既可以达到效用最大化。随后弗拉特斯（Flatters 等，1974）以区域经济学模型为背景，首次正式提出亨利·乔治定理，开辟了最优城市规模研究的新视角；后又经阿诺特（Arnott，1979）、阿诺特和斯蒂格利茨（Arnott & Stiglitz，1979）和阿诺特（Arnott，2004）在规模经济来自公共物品、规模不经济来自交通拥挤的条件下，建立了单中心城市模型并证明了HGT，被称为广义 HGT。由于各种版本较多，这里仅介绍阿诺特（Arnott，2004）提供的简化版本。推导过程为，基本 HGT 在效用最大化目标函数和约束条件下得到的拉格朗日条件为：

$$L = U(C, P) + \lambda\left(Y - C - mN^{1/2} - \frac{P}{N}\right), \ m = \frac{2}{3}t\,\pi^{-1/2}$$

式中，U 是效用函数，C 是人均私人消费，P 是公共产品数量，Y 是人均产出，t 是每人每单位距离的交通成本，N 是城市总人口。根据一阶条件可得：

$$P = \frac{m}{2}N^{3/2}$$

在考虑城市总交通成本条件下：

$$ATC = \int_0^b (tx)2\,\pi\,x dx = \frac{m}{2}N^{3/2}$$

式中，x 是到 CBD 的距离，b 是城市半径。因此：

$$P = \frac{ATC}{2}$$

公共产品的计算说明，在最优城市规模下，无论公共产品水平如何，公共产品的支出等于城市交通成本。考虑有 x 处影子地租情况，公式为：

$$s(x) = t(b - x), \ P = ASLR$$

这说明，在最优城市规模下，公共物品支出等于城市总地租。无论是基本HGT 还是广义 HGT，最优人口规模的一个必要条件是，级差地租等于公共物品的支出；但是，在公共品不纯、生产规模经济和存在拥堵的情况下，往往难以奏效，这需要政府干预阿诺特（Arnott，1979）。

3."成本—收益"方法

规模的优化意味着成本和收益的对比关系，最优城市规模是利于城市扩大的因素与限制城市扩大的因素作用平衡的结果。因此，城市规模既要考虑成本，也要考虑收益。对一个城市来说，人口规模的增加在带来正外部性的同时也会带来负外部性。阿朗索（Alonso，1971）将城市作为一个生产单位，假设其生产成本和产品价值是人口规模的函数，边际成本会随着城市规模扩大带来的拥挤效应等因素而增加，从而提出了"成本—收益"法。

基于"成本—收益"法的基本观点，哈维（Harvey，1981）将城市规模的成本细分为私人成本（土地、劳动力）、公共成本（地方政府服务支出）、社会成本（交通拥挤、环境污染）三类，丰富了"成本—收益"法的分析框架；巴顿（Button，1984）进一步将最优规模的含义扩展为净收益最大的市民最优规模、净收益为零的社会最优规模、均收益为零的移民最优规模；（Duranton & Puga，2003）将迪克西特－斯蒂格利茨（Dixit－Stiglitz）垄断竞争模型引入了单中心城市增长模型，得出了最优城市规模与城市聚集经济之间的关系式：

$$N^* = \frac{\delta}{(1 + 2\delta)t}$$

公式说明，最优城市规模 N^* 与反映聚集成本的参数 t（单位距离每人交通成本）成反比，与反映聚集收益的参数 δ 成正比。因此，最优城市规模与城市人口代表的城市聚集经济呈倒 U 形关系。克鲁格曼（Krugman，1991）提出的新经济地理理论通过引入规模经济和运输成本方式，将这两种力量纳入同一个分析框架中，认为最优城市规模是本地市场效应、价格指数效应决定的集聚力与市场拥挤效应决定的分散力之间博弈平衡的结果。

由于"成本—收益"法的逻辑较为清晰，视角较为全面，可以在实践中得到应用。卡利诺（Carlino，1982）从聚集经济的视角构建了具有规模收益递增性质的城市生产函数：

$$q_i = g(A_i) f(X_{1i}, X_{2i}) t^{h_i}$$

式中，$g(A_i)$ 表示 i 城市区位特征，X_1、X_2 是生产要素，系数 h 度量城市的聚集经济。在此基础上，卡利诺根据阿朗索二次函数的分析方法，运用1957～1977 年美国80 个城市的面板数据，得出美国的最优城市规模约为338.7 万人。金相郁（2004）借鉴卡利诺的聚集经济模型和最小成本模型，运用 1985～2002 年我国三大直辖市北京、上海、天津的数据，得出在聚集经济模型下，北京、上海和天津的最优城市规模分别是 1251.7 万人、1795.5 万人和951.3 万人。王小鲁和夏小林（1999）以 C－D 生产函数为基础，参考新古典增长模型和内生增长模型，加入反映城市规模和收益之间可能的对数线性与非线性关系项，构造了城市的规模收益函数，并用政府负担和居民负担的城市外部成本函数之和表示城市的总外部成本函数，认为 100 万～400 万人范围的城市为最优规模城市。Zheng

（2007）以家庭总收入和总支出分别代表城市的总收益和总成本，得出东京都市区 2000 年的最优规模为 1800 万人。尽管他们采用的思路相近，但是结果却相差较大，这说明城市最优规模影响因素的复杂性，已经超出了经济学的范畴。

二、多城市的规模优化

城市从来都不是孤立的，城市规模扩大作为城市发展过程的主要指征，不仅取决于自身资源和区位特点，也取决于城市体系。即城市之间关系也影响到城市规模；与此同时，由于在城市体系中的功能不同，规模也可能相差很大，因此根据城市规模划分的城市规模等级体系，就成为一个公认的空间分布规律。田莉（2009）认为，城市体系中各级城市的功能是与其规模相对应的；金相郁（2004）从资源配置效率，认为区域结构中城市规模的分布合理与否也是最优城市规模问题。

1. 动态城市规模分布

由于本书第三章城镇体系中，已对城市位序—规模法则和城市首位度进行了详细介绍，这里从多城市之间相互作用的角度，基于城市经济模型介绍城市规模的动态分布。这种方法是由伊顿和埃克斯坦（Eaton & Eckstein，1994）、布莱克和亨德森（Black & Henderson，1998，1999）在人力资本积累内生增长模型基础上建立的。前提假设为，有两类不同功能的城市，其中Ⅰ类城市主要生产原材料和中间产品，即处于产业链的上游，Ⅱ类城市主要消费Ⅰ类型城市的产品或生产消费品，即处于产业链的下游。其核心表达式为：

$$\frac{\tilde{N}_1}{N_1} = \frac{\tilde{N}_2}{N_2} = 2\,\varepsilon_1\,\frac{\tilde{a}}{a}$$

$$\frac{\tilde{n}_1}{n_1} = \frac{\tilde{n}_2}{n_2} = g - 2\,\varepsilon_1\,\frac{\tilde{a}}{a}$$

式中，1 表示生产材料或一次性机器等中间产品的Ⅰ类城市，2 表示购买Ⅰ类城市产品并生产消费品的Ⅱ类城市，$\tilde{N}_1/N_1$ 和 $\tilde{N}_2/N_2$ 表示两种类型城市的规模增长率，$\tilde{n}_1/n_1$ 和 $\tilde{n}_2/n_2$ 分别表示两种类型城市的数量增长率，g 是全国人口增长率，$\tilde{a}/a$ 为全国人力资本增长率，ε_1 为Ⅰ类城市中收入对人力资本水平的弹性系数。公式说明，当不同类型城市规模和数量以相同发展速度增长时，它们各自的增长速度取决于各自人力资本的积累速度。在成长过程中，如果城市规模的相对大小和数量维持不变，则不同类型城市平行增长，城市规模分布将长期稳定。但现实情况是，随着产业的不断升级和产业转移，城市之间增长的速度常常不等。在初期阶段，大城市增长快于中小城市；在后期阶段，中小城市增长快于大城市。这就带来了城市对资源吸引力的差异，从而导致城市之间规模增长的不同步。所以，考虑多城市之间相互作用下的规模增长，不但与城市在城市体系中的地位有关，还与整个地区发展阶段、不同城市所处的发展阶段乃至城市体系的结构有关。

杨小凯和霍格宾（Yang & Hogbin，1990）构建了一个分层网络框架，通过产业分工所构建的网络层级的数量和规模，探讨不同层级的最优城市规模。由于他们所构建的网络随产业分工呈动态特征，因此我们将这个方法归纳到动态城市规模中。他们认为，最优城市层级数是生产分工水平的递增阶梯函数，却是城市规模和交易效率的递减阶梯函数。随着生产分工和专业化的发展，城市数量会随城市层次数量的增加而增加，最优的城市规模应是随分工效率的演进而变动的最优集合。他们用模型推导出，不同层级的城市规模差距与城市层级差距有必然联系，但由于全部为模型推导，在实际操作中，难以进行实证分析。

2. 城市网络中的规模优化

城市比任何一个地区都需要网络关系，城市之间的网络及其相互作用关系，已在第五章城市空间相互作用中详细介绍，这里仅从城市网络角度关注城市规模问题。从孤立的城市来看，城市规模与时间呈倒 U 形关系，即增长到一定程度后将变得稳定，但城市网络却会一直会向复杂方向演化。在这种相互演化过程中，研究城市规模成为一个复杂的应用问题。

卡玛尼（Camagni，1993）认为，城市效率并不是以经济人口规模为基础的静态过程，而是以城市网络为基础的动态过程，城市之间存在长距离的竞合关系，基于此他提出了城市规模演化的网络理论。基于该理论，卡佩罗和卡玛尼（Capello & Camagni，2000）对城市最优规模进行了批判性的改进，认为城市规模研究的实质，不应是最优城市规模，而是有效城市规模。他们将城市看作城市分工网络中的一个节点，从城市网络的外部效应强调城市的分工与合作。因此，他们认为有效城市规模是，城市规模扩大带来的社会综合成本与收益的权衡结果，这种均衡是随着城市功能的高级化呈动态演化过程。有效城市规模区间越大，对应的城市规模也会增大。

卡佩罗和卡玛尼（Capello & Camagni，2000）用 1991 年意大利 58 个城市的截面数据，从城市效益最大和成本最小两个视角分析了最优城市规模问题。核心内容是如何在城市网络中考虑成本和收益问题。具体的做法分为两个步骤：第一步，针对直接收益和成本核算，他们认为城市是由经济环境、物质环境与社会环境三类环境构成，每种环境交互作用都会产生效益和成本。因此，在成本方面选取了人均废弃物和氧化氮排放、失业率、社会案件数量等负面指标；在收益方面选取了人均能源和水用量、金融、生态环境和公共服务等正向指标。第二步，在考虑城市功能和网络效应下的成本与收益，采用了城市规模（用等级表示）、城市功能指数（用城市第三产业增加值的份额表示）和城市的网络整合度（用电话用户数量表示）三个指标作为自变量。在此基础上，构建了城市平均效益和城市平均成本的二次函数关系式，式如下：

$$\ln ALB = \ln \eta + \alpha_1 \ln D + \alpha_2 \ln FUN + \alpha_3 \ln NET + \beta_1 \frac{1}{2}(\ln D)^2 + \beta_2 \frac{1}{2}(\ln FUN)^2 +$$

$$\beta_3 \frac{1}{2}(\ln NET)^2 + \delta_1 \ln D \ln FUN + \delta_2 \ln D \ln NET + \delta_3 \ln FUN \ln NET$$

$$\ln ALC = \ln \eta + \alpha_1 \ln D + \alpha_2 \ln FUN + \alpha_3 \ln NET + \beta_1 \frac{1}{2}(\ln D)^2 + \beta_2 \frac{1}{2}(\ln FUN)^2 +$$

$$\beta_3 \frac{1}{2}(\ln NET)^2 + \delta_1 \ln D \ln FUN + \delta_2 \ln D \ln NET + \delta_3 \ln FUN \ln NET$$

公式中，ALB 与 ALC 分别表示城市平均效益与平均成本，D 是城市规模，FUN 是城市功能类型，NET 是城市的网络整合度。

实证结果表明，城市最优规模理论仍然有效，随着城市规模的扩大，城市效益曲线呈倒 U 形，城市成本曲线呈正 U 形，城市平均效益最大化和平均成本最小化的最优城市规模分别是 361000 人和 55500 人。由于数据仅针对意大利，这个城市规模对人口密度较大的其他国家显然并不适用；但是，网络视角的应用，体现了在城市化过程中，城市对外联系和交换能力，成为影响其容量的重要因素，一个城市依靠网络资源而可能超越本身物质资源的约束。这可以作为一种思路和方法，进一步探讨多种因素对城市规模的影响。

三、多视角下的城市规模优化

城市发展是一个综合性的命题，除了经济内涵外，还有社会、环境和制度管理等多方面的内容。除了上述经济学的成本与收益视角，随着城市作为人居环境和生活场所，还应更多考虑城市居民的生活感受，作为管理人员，如何保证可持续发展，以及在平衡多种利益关系中所承担的角色。

1. 幸福城市的城市规模优化

随着生产力水平的提高，城市发展目标也从物质生产的供应转变为居民生活服务，不断满足居民的更高需求；城市的发展理念，也从经济增长转变为幸福感受，幸福城市成为未来城市发展的主要目标。因此，在"人本"城市的发展理念下，城市发展的最终目的是人的全面发展和国民生活质量的改善（万庆和吴传清，2017）。近年来，越来越多的学者从"人本"角度出发，研究城市规模与居民幸福感和生活质量之间的关系，将居民主观、幸福感最大化，定为最优城市规模的评判标准，使城市规模的研究命题变为生活质量的选择（QQL）。当然，这些研究者大多是城市规划学者，他们从居民生活舒适度方面提出，3万~5万人是最理想的城市规模。但是，由于规模过小又会降低公共服务，大规模城市也有利于文化、信息和创新能力的提升。因此，"人本"城市的最有规模仍然面临各种因素之间的权衡。

为此，很多学者采用各种实地调查的方法，对特定城市进行实证分析。Shi等（2010）将居民主观幸福感简化为消费水平的函数，并利用厦门市的数据估计了在居民幸福感最大化条件下，经济、社会、资源、基础设施和环境五大子系统的最优人口规模，得出厦门市最优人口规模为166万人。孙三百等（2014）使用2006年全国综合社会调查数据库中有关幸福感的指标作为幸福感的代理变量，在控制收入、年龄和受教育程度等基础上，发现城市规模与微观个体幸福感呈U形关系，当市辖区人口规模在300万左右时个体幸福感最低。蔡景辉等（2016）在控制了性别、健康、收入、城市失业率、经济增长率等影响流动人口幸福感的个体特征和城市特征情况下，也证实了城市规模对流动人口幸福感的非线性U形曲线关系。袁正等（2012）基于2002年中国家庭收入调查数据发现，城市规模与居民主观幸福感之间存在显著的倒U形关系，居民最幸福的最优城市规模为非农业人口约287.5万人。傅红春等（2016）利用樊明及其团队2012年的城镇居民调查数据，对130个样本城市居民幸福感与城市规模的关系进行实证检验，结果显示，直接以人口计的城市规模与居民幸福感之间并不存在线性关系或倒U形关系，从居民幸福感最大化的角度，我国最优城市规模在500万~780万人的区间内。

虽然这些研究的思路大致相同，但由于数据来源各异，结果差异较大。即便采用相同的调查方法，结论也不尽相同。可能的原因是，幸福感衡量的是个人效用，反馈信息与被调查者主观感受密切相关。如何获取客观评价或设计客观评价指标，对这类研究而言意义重大。

2. 可持续发展的城市规模优化

环境问题日益突出，最优城市规模不仅考虑经济成本和收益，而且需要考虑城市的资源环境承载力，保证城市的可持续发展。在环境约束下探讨城市规模有两种途径：一种是资源的消耗；另一种是污染排放，以实证研究为主。

从资源利用角度，许抄军等（2008）以人均电力资源、人均液化石油气、人均固定资产投资、人均 GDP 作为综合人均资源消耗指标，利用变截距模型，发现了 1996 ~ 2005 年 277 个地级及以上城市综合资源消耗与城市规模之间的正 N 形关系，认为有利于资源消耗降低的适度城市规模是 400 万 ~ 600 万人和 1000 万 ~ 1200 万人。张臻汉（2012）以人均用水、电、气数量及每万人拥有公共汽车量作为人均资源能耗，分析 2007 年我国 286 个地级市的人均资源消耗与城市规模呈正 U 形关系，并得到最有规模约为 180 万人，最优城市规模区间在 100 万 ~ 280 万人。

从污染排放角度，许抄军（2009）对 1997 ~ 2006 年中国 277 个地级及以上城市数据，运用变截距模型发现，环境质量与城市规模之间也存在"N"形关系，最优城市规模为 260 万人，有利于环境质量提升的适度城市规模是 200 万 ~ 350 万人。焦张义（2012）通过将生态环境质量纳入居民总效用的方式，经数值模拟发现均衡状态下的最优城市规模随生态环境质量的变动而变动，人们对生态环境的重视使城市趋于对称分布，促使大城市与小城市的规模差距逐渐缩小。他采用的生态环境质量表示为：

$$B = \gamma\,(\bar{s}-s)^{\theta} = \gamma\,(\bar{s}-nb\varepsilon F)^{\theta}$$

式中，B 是生态环境质量，$\gamma > 0$，$0 < \theta < 1$ 是刻画生态用地与生态环境两者关系的参数，$\bar{s}$ 是一个区域的土地总面积，n 是产品种类，b 是土地需求和劳动力投入的固定比例，ε 是表示产品互补性的参数，F 是生产的固定投入。加入生态环境质量的居民总效用表示为：$U = A + \varphi B$，U 是居民效用，A 是除生态环境质量以外的消费效用，φ 是生态环境质量对居民的边际效用。无论是资源利用还是污染排放，主要还是将环境指标与经济发展相结合来考虑城市规模，虽然比单一的经济角度丰富一些，但还缺少"人本"因子。

将经济、居民感受和环境相结合，再考虑城市规模问题则更全面一些。从宜居角度，孙浦阳和武力超（2010）构建了包括文教科学卫生事业投入额、邮电业务量、年末实有铺装道路面积、商品房本年销售面积、人均日生活用水量、发电量、水泥产量、人均公共绿地面积等指标度量的教育、通信、公共交通、住宅、基本生活资源、环境、能耗、基础资源、居住环境九种宜居因子指数，以 1998～2008 年省级数据，发现我国最优城市规模与城市宜居性之间存在倒"U"形关系，拐点对应的最优城市规模为 2164.6197 万人。可以发现，从全面角度分析城市规模，结果远比任何单一因子都要大。这说明在综合因子作用下，大城市的发展潜力仍然是巨大的。

3. 管理和制度视角下的城市最优规模

城市规模不但遵循市场原则，更是管理制度的体现。政府通过城市规划等手段对城市规模进行调控是城市发展必要的环节。中国城乡二元体制以及特殊的户籍制度，都成为影响城市规模不可忽略的因素。

根据理查森（Richardson 等，1972）的研究，城市规模超过最优规模的问题是由微观个人和企业决策导致的，而其治理需要政府的宏观引导。因此，均衡的城市规模大于最优城市规模，现实中特大或超大城市的规模仍在持续扩张。霍华德（Howard，1902）认为，可通过控制土地扩张的上限和有意疏散过分拥挤的城市人口，使居民回到乡村，以控制城市规模的过分扩张。孙三百等（2014）认为，政府有必要积极引导劳动力合理流动，发展第二梯队城市，以优化城市体系。亨德森等（Henderson 等，2005）认为，中国取消城乡二元的户籍制度，有助于城市发展和城市规模增长，进而达到最优城市规模。安虎森和邹璇（2008）认为，降低农产品贸易成本，取缔地方保护政策和市场分割、改善信息不对称、取消户籍制度来实现城乡一体化，可以促使城市最优规模形成。事实上，中国 2019 年 4 月国家发改委在《2019 年新型城镇化建设重点任务》的通知中指出，城区常住人口 100 万人以下的中小城市和小城镇已陆续取消落户限制的基础上，城区常住人口 100 万～300 万人的Ⅱ型大城市要全面取消落户限制；城区常住人口 300 万～500 万人的Ⅰ型大城市要全面放开放宽落户条件，并全面取消重点群体落户限制。超大特大城市要调整完善积分落户政策，大幅增加落户规模、精减积分项目，确保社保缴纳年限和居住年限分数占主要比例。2019 年 12 月 25 日，中共中央办公厅、国务院办公厅印发《关于促进劳动力和人才社会性流动体制机制改革的意见》中，又进一步明确了这一政策。这说明，中国城市对人口的管理，将促进城市规模进一步向市场方向转型，城市规模结构也可以逐渐引入市场分析工具。

综上所述，城市规模研究主要有以下特点：一是国外最优城市规模的假设和推理，都是建立在较为完善的经济学理论基础之上，在使用这些理论时，需要注意中国快速城市化的背景、特殊的户籍和土地制度均与这些理论的设计背景相去甚远。二是静态分析多，动态分析少；单体城市分析多，城市体系和城市网络下的分析少。因此，时间和空间视角下，最优城市规模研究方法亟须进一步拓展。三是最优城市规模的实证研究远远滞后于理论研究，一个主要原因是，许多影响因素难以量化，随着数据技术的普及，进行这方面的研究将越来越便利。四是非经济因素，如制度、环境和社会视角下的城市规模研究仍具有广阔的空间。

第七章　城市聚集的测度

　　聚集是城市经济的基础，城市中心具有比周边地区更好的区位条件，因而能够吸引要素在中心地区聚集；同时，这种聚集也会对邻近地区产生影响，并可以改变城市经济和要素的空间分布结构。已有文献对集聚效应、集聚外部性有大量研究，无论是研究集聚经济作用的机制，还是集聚效应的大小，都需要对集聚进行测度。但是，自集聚经济被引入城市经济以来，大量研究探索的是聚集效应，而忽视了聚集的测度。如果没有较为准确的测度方法，聚集效应就成为无本之木。因此，在分析聚集效应之前，需要采用较为合适的方法对聚集进行测度，本章的内容聚焦在聚集的测度方法。

　　聚集既可以用来表示产业及其结构，也可以用来表示要素在空间的分布格局，其目的是反映经济活动的非均质和不平衡分布。聚集可以针对要素，也可以针对产业。不同要素的聚集导致不同产业的聚集，高端要素聚集有利于高端产业聚集；劳动力聚集有利于劳动密集型产业发展。在衡量聚集结构时，没有产业部门之分，既可以衡量要素聚集，也可以衡量某个或全行业的空间分布格局；在衡量产业聚集时，则突出了不同产业之间以及某产业部门与全行业之间的相对聚集程度。为了更有针对性，这里分开来介绍。同时，由于聚集的产生主要来源于生产上的联系和地理上的邻近（溢出效应），因此对集聚的测度主要包括两个方面：一是测度聚集的经济学意义，二是测度地理上的集中程度。两者角度不同，前者主要解释经济的空间差异和带来的外部性，后者更强调对空间结构的精确描述。基于此，我们将地理集中度的测度方法单独列出。

第一节 要素聚集的测度

要素聚集主要针对经济活动的空间非均衡性，不需要将经济活动进行部门或行业划分。当然，为了专门研究某个要素或某个产业的聚集，只要不涉及要素之间或产业之间，乃至要素或产业与全行业的比例关系，均可采用该类测度方法。

一、空间不均衡指数

聚集在空间上的表现是分布不均衡，即聚集的测度主要体现经济主体的空间分布形态。因此，只要将经济活动落实在具体的空间上，描述空间分布不均衡的一般统计方法都可以用来测度这种不均衡，可称为不均衡指数。

1. 方差

方差是个体数据与平均数之差的平方的平均数。在概率论和数理统计中，方差用来度量随机变量和其数学期望（即均值）之间的偏离程度。在许多实际问题中，研究随机变量和均值之间的偏离程度都有重要意义，在要素空间分布中也不例外。

方差的平方根也被称为标准差或均方差，主要描述要素分布中相对平均值的离散程度。标准差值越大，表明个体与平均值之间的差距越大，即离散度越大。因此，采用这个简单的方法，可以在一定程度上体现要素分布的均衡程度。当然，离散度越小要素的分布越集中，离散度越大要素的分布越分散。

2. 修正方差

由于一般方差会受到整体平均值的影响，即相同差异值与不同规模（不同平均值）比较时，方差值差异较大。修正后的方差变为：

$$CV = (SD \div MN) \times 100\%$$

式中，CV 为修正方差（也被称为变异系数），SD 为标准偏差，MN 为所有观测值的平均值。修正方差（变异系数）与级差、标准差和方差一样，都是反映数据离散程度的绝对值，其数据大小不仅受变量值离散程度的影响，而且还受变量值平均水平大小的影响。一般来说，变量值平均水平高，其离散程度的测度值也大；反之越小。当进行两个或多个观测值变异程度比较时，如果度量单位与平均数相同，可以直接利用标准差来比较。如果单位数的总和（或）平均数不同，比较其变异程度就不能采用标准差，而需采用标准差与平均数的比值（相对值）来比较。

3. 全国平均指数

当方差所观察的对象与空间结合在一起时，可以表示要素的空间分布。如果以全国作为样本范围，则要素在各地区的分布与全国的平均值之间，存在一定差距。将这些差距相加，即可得到其方差值。当全国的样本范围不变，不同要素在各地区分布的方差值就可以进行比较，从而可以看出哪种要素的聚集程度更高。鉴于此，W. G. 冯特（W. G. Wundt，1992）提出了全国平均指数，其值范围是（0，+∞），0 表示区域结构和全国的结构无差异或差异很小；该值越大则表示区域与全国的差异越大。计算公式为：

$$NAI = \sum_{i=1}^{n} \frac{(s_{ij}^{s} - s_i)^2}{s_i}$$

式中，NAI 为全国平均指数，S_i 代表某地区，j 代表某项经济要素。该指数与克氏结构差异指数的概念本质上相同。当 $NAI = 0$ 时，区域与全国的差异较小；该值越大，则区域与全国的差异越大。

二、熵系列指数

熵系列指数是指在熵指数基础上，形成多个类似的、改进了的指数，用来测度空间的聚集度。主要包括熵指数、相对熵指数和泰尔熵指数。

1. 熵指数

熵在物理学中是表示混乱程度的一个重要参量。信息熵则是指信息中排除了冗余后的平均信息量，用来表示不确定性的大小。具体的表达借用了统计学中的概率计算，当某种信息出现的概率大，则具有较稳定的特征（即确定性大）；出现的概率小，则不稳定（不确定性大）。计算信息熵的数学表达式为：

$$H(x) = -\sum_{x} P(x) \log_2 \left[P(x) \right]$$

式中，x 表示随机变量，$P(x)$ 表示输出概率函数，$H(x)$ 即为熵，表示所有可能输出的集合，定义为符号集，变量的不确定性越大，熵也就越大。城市经济的聚集多数是某项活动与平均分布状态时的比较。因此，信息熵的基准是，当所有经济活动均匀分布，即所有的 x 都相等时，熵值达到最大，最大值为 lnN，即把均衡分布视作完全多样性；当某一类经济活动占比为 1 时，此时熵最小，最小值为 0，表示完全集中。因此，这个指数也被称为"熵指数"。

2. 相对熵指数

由于熵和信息熵采用的是绝对混乱度，而空间聚集主要侧重相对集中。因此，库尔贝克和莱布勒（S. Kullback & R. A. Leibler）在信息熵基础上，提出了相对熵的概念，因此也被称为 Kullback – Leibler 散度或信息散度。这种离散度是通过两个概率分布间差异的非对称性，度量经济活动的空间分度。在信息理论中，相对熵等价于两个概率分布的信息熵的差值，用来表示理论分布拟合真实分布时产生的信息损耗。因此，计算公式为：

$$KL((P \parallel Q) = -\sum_{x \in X} P(x) \log\left[\frac{1}{P(x)}\right] + \sum_{x \in X} P(x) \log\left[\frac{1}{Q(x)}\right]$$
$$= \sum_{x \in X} P(x) \log\left[\frac{P(x)}{Q(x)}\right]$$

式中，$P(x)$ 表示真实分布，$Q(x)$ 表示理论分布 [或 $P(x)$ 的近似分布]。当且仅当两种分布相同时，相对熵为 0，其值分布为 0 ~ 1。应用于计算经济活动的集中程度时，计算公式为：

$$KLD_j = \sum_{i=1}^{n} s_{ij} \ln\left(\frac{s_{ij}}{q_j}\right)$$

式中，q_j 表示 i 产业部门在全国的份额。需要注意的是，如果 j 区域内存在某一种产业部门缺失的情况，则 KLD_j 值会倾向于无穷，因为为 $s_{ij} = 0$。莫里等（Mori et al.，2005）对其进行修正，规定 $0 \times \ln(0) = 0$，来使该值有限。除此之外，相对熵还有一种更为简便的算法：

$$R = \frac{H}{H_{\max}} = \frac{H}{\ln(n)}$$

即通过衡量真实分布与均衡分布的偏离程度，说明聚集的程度。在经济活动的集聚过程中，同样可采用真实分布与均衡部分的差距测度聚集度。当相对熵为 1 时，说明经济活动在区域间的份额都是一样的，呈均衡分布状态，没有发生集聚；反之，则说明空间分布不均衡，有聚集现象。

3. 泰尔熵指数

泰尔（Theil，1967）利用信息论中的熵概念，计算收入中的不平等。在物理学中，熵是衡量无序的标准，假设 U_i 表示第 i 个单位的收入份额，则 $E(U)$ 可以用于反映收入分配差距不平等的尺度。当分布绝对平均时，$U_i = 1/n$，此时 $E(U)_{\max} = \log(n)$。因此，泰尔提出了计算收入不平等的计算公式为：

$$T = \log(n) - E(U) = \sum_i U_i \times \log(n \times U_i)$$

这个指数又称为泰尔熵标准。可以看出，泰尔熵指数实质上仍是一种不平衡指数，在衡量要素不平等方面有广泛应用。优点在于便于计算而且可以分解差距，用来发现组内、组间差异对总差距的解释力。

在城市经济集聚的测度中，可以将U_i视为某种经济活动在区域内所占的份额，当在某个空间上达到最大值时，泰尔指数最小，此时区域内经济活动主要分布在该空间，表现出最大不平衡，也可被认为在该空间最大限度地聚集。

在应用方面，泰尔熵指数多见于衡量区域收入差距，也有一些文献采用该指数测度产业集聚，如干春晖、郑若谷（2010）用该指数衡量了中国地区间的经济差距演变，并说明第二产业、第三产业内的差距是导致地区经济差距的主要因素；吴敏洁等（2018）用泰尔熵指数观察2001～2016年不同制造行业的集聚水平，分析产业集聚对制造业全要素生产率的影响。当采用城市为样本单元时，结果体现的是某项经济活动在某些城市的聚集；或者将空间尺度缩小到城市内部，则可以刻画城市经济活动的空间结构。

三、基尼系数系列的各种指数

基尼系数是用来表示收入不平等的最常用指数，将此系数经过修正，可以用来描述空间不平等，形成了以基尼系数为基础的一系列指数。

1. 基尼系数

意大利经济学家基尼（Corrado Gini）于20世纪初基于经济活动的经验分布，推导出了基尼系数，最初用于衡量收入不平等程度，计算公式为：

$$G = \sum_i^n W_i Y_i + 2\sum_{i=1}^{n-1} W_i (1 - V_i) - 1$$

式中，Y是按收入分组后，各组的人口数占总人口数的比重；W是按收入分组后，各组人口所拥有的收入占收入总额的比重；根据人口比重和收入比重计算出基尼系数。

另外，还可以在洛伦兹曲线基础上，按照图形计算基尼系数（见图7-1）。正方形的对角线为完全平均分配，曲线表示从小到大排列时，累加百分比。假设实际收入分配曲线和收入分配绝对平等曲线之间的面积为A，实际收入分配曲线右下方的面积为B，以A除以（$A + B$）的商表示不平等程度，这个值就是基尼系数或洛伦兹系数。如果A为零，基尼系数为零，表示收入分配完全平等；如果

B 为零则系数为 1，收入分配绝对不平等。因此，该系数取值为 0~1。收入分配越趋向平等，洛伦兹曲线的弧度越小，基尼系数也越小；反之，收入分配越是趋向不平等，洛伦兹曲线的弧度越大，基尼系数也越大。

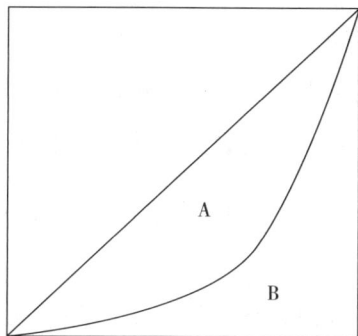

图 7-1　洛伦兹曲线示意图

后来很多人用它来表示各种不平等的经济活动。而当这些经济活动落实在具体的空间单元（或城市）时，所得到的经济活动（要素）在空间（城市）的分布，就被用来表示聚集程度。

2. 空间基尼系数

基尼系数主要侧重不同群组或者不同样本单元之间的收入分布，忽视了这些要素分布的空间载体，或者说忽视了某个空间单元作为生产者，两两之间以及与整体之间的关系。因此，很多学者在基尼系数基础上，构造了空间基尼系数。克鲁格曼（Krugman，1991）利用洛伦兹曲线和基尼系数的原理和方法，构造了测定行业在空间分布均衡程度的空间基尼系数，公式如下：

$$G = \sum_i (s_i - x_i)^2$$

式中，G 为空间基尼系数，s_i 是 i 地区某产业占全国该产业就业人数的比重，x_i 是该地区就业人数占全国总就业人数的比重。$G=0$ 时，产业在空间上均匀分布，G 越大（最大值为 1），表明地区产业的集聚程度越高。克鲁格曼利用该公式对美国制造业产业的产业集聚程度进行了测算。Amiti（1999）也采用克鲁格曼空间基尼系数对欧盟国家 1969~1990 年制造业地区集中度变化进行了研究[1]。

吉姆等（Kim 等，2000）、吉兰和勒加洛（Guillain & LeGallo，2010）提出

---

① 尽管克鲁格曼用空间基尼系数测度制造业的聚集，但是并没有分析产业之间的结构关系，如果将所研究的制造业换作要素，同样可以测度。因此，这里将空间基尼系数归并到要素聚集测度的内容中。

了另外的基尼系数。计算公式为：

$$Gloc_n = \frac{\Delta}{4\overline{\mu}_x}$$

$$\Delta = \frac{1}{m(m-1)} \sum_{j=1}^{m} \sum_{i=1}^{m} |x_i - x_j|$$

式中，Δ 表示区域两两经济活动之间份额的差值矩阵；$x_{i(j)}$ 表示区域 i (j) 中 m 所占的份额与区域 i (j) 在全国中的份额之比。$\overline{\mu}_x$ 表示该份额在所有区域的平均值，即 $\overline{\mu}_x = \frac{1}{m} \sum_{j=1}^{m} x_j$。该指数值的范围是 $[0, 0.5]$。0 表示平均分布，0.5 表示经济活动完全集中在一个区域。可以看出，空间基尼系数与基尼系数的差别在于，前者从不平等角度进行说明，在总收入不变条件下以实现平等为目的；后者在于强调生产在考虑空间单元之间关系后，在要素总量不变情况下，通过要素在某些空间单元聚集带来的聚集经济效益，以获得整体收益增量为目的。即前者以分散为目标后者以聚集为目标。由于这个系数主要用于解决要素或经济活动的区域空间差异（聚集），因此又被称为区域基尼系数。区域基尼系数把地区面积对地理集中度的影响都考虑在内，而且将全部产业的地理分布作为比较基础，使得不同产业间集聚度具有可比性，是一个相对集聚度指数。而且空间基尼系数易于计算，对数据要求也不高，因而目前也被经济学界广泛使用。中国学界很多学者采用空间基尼系数，研究中国的制造业产业集聚问题。梁琦（2003）使用《中国工业经济统计年鉴》与国家统计局第二次基本单位普查数据，计算出了制造业 24 个大类产业和 171 个中类产业的区域基尼系数。

尽管基尼系数克服了赫芬达尔指数存在的问题，但就系数本身而言仍存在一定的不足。由于忽略了不同产业的企业规模大小、产业组织情况、地理区域面积等各方面的差异，该指数只考虑了产业在地区间的集聚程度，容易造成跨产业比较上的误差。例如，如果某个产业仅仅只有少数几个企业，且规模有较大差异，那么该产业的地区集聚程度就会很高；而若某个产业内企业数量很多，相应的这个产业的地区集聚程度也会降低。

3. 基于密度的 DG 基尼系数

城市空间结构的非均质性含义包含了明确的空间密度差异。尽管上述指标大多以基尼系数为基础加入了地区定位概念，但真正用于反映人口收入分配不平等状况的基尼系数，按照分组计算时，要求划分的组距相等；按照分户计算时，也包含了每户人口占全部人口的比例，即对不同规模大小的户进行了区分。这就明确表示，收入是一个按照人口规模修正后的个体收入水平概念。而上述的几种测度指数均指的是地区单元内总量的概念，没有区分出地区范围与规模的大小，也没有反映出空间密度特征，因而不能算是真正的空间聚集度指标。事实上，由于城市不同地区的规模相差较大，不能与分组对应，而较类似于分户单元。因此，为了更明确空间分布的密度含义，姚永玲（2011）在基尼系数的基础上，将空间面积和空间密度分别与总人口和收入要素对应，将原来基尼系数中分户后各户人口数占总人口数比重变换成每个地理单元面积占总面积的比例；将各户的人均收入占全部人均收入总额的比重，变换成每个地理单元内要素密度占全市平均密度之和的比例。变换后的空间基尼系数称为"密度空间基尼系数"，计算如下列公式：

$$DG = \sum_{i}^{n} W_i Y_i + 2 \sum_{i=1}^{n-1} W_i (1 - V_i) - 1$$

该公式的形式虽然与原始基尼系数完全相同，但是所表述的含义却考虑了空间密度在内的要素分布不均衡性。公式中，W_i 为不同城区（县）空间单元面积占城市总面积的比重；Y_i 是不同城区（县）要素密度占城市该要素密度之和的比重；V_i 是从小到大排列的 Y_i 从 1 到 i 的累积数。空间结构系数值是介于 0 ~ 1 的数值，系数为 0 时，表示绝对平均分布；系数越大，不均等程度越高；系数为 1 时，表示绝对不平均。可以看出，"密度空间基尼系数"是一个单位面积内要素的密集程度指征，更能反映城市内部要素分布的空间结构特征。

4. 部门基尼系数

部门基尼系数是在特雷斯（Tress，1938）的精致多样化指数（Refined Diversification Index）的基础上，伊萨德（Isard，1960）修正后形成的经济活动多样化指数。前者的初始形式为，在一个给定地区中，有 K 个部门的经济，每个部门的经济份额为 $x\%$，按照降序排列后，然后累加。如果所有的经济活动都集中在某个部门，则多样化指数值为 $k \times 100\%$。基于这种表达，修正后的公式为：

$$\frac{(index_{region.1} - index_{region.all})}{(index_{max} - index_{region.all})}$$

公式的含义是，地区 i 的指数与全部地区指数的差异与最大指数与全部地区指数差的比较。范围为 0 ~ 1，指数为 0 表示地区内部完全均衡分布，指数为 1 表示完全集中在某个地区，聚集度最高。将地区换为城市，就是城市之间的聚集度指数了。

第二节　产业聚集的测度

产业集聚最早由阿尔弗雷德·马歇尔（Alfred Marshall）在其1890年出版的《经济学原理》一书中提出。笔者从外部经济的视角出发，定义了工业集聚；并指出产业集聚更像一种空间现象，具备地理特征。故大多数学者因而也将其称为马歇尔集聚（Marshall，1920）。随着学界对于经济活动的空间集聚理论与相关实证研究的不断深入，以及微观数据的可得性与计算机处理能力的不断提升，测度经济活动空间集聚的各类方法也在不断涌现。然而，由于不同的测度方法，无论是其构建原理还是适用性都存在着差异，需要依据不同情况有针对性地选用。

一、区位商系列

某种要素（或产业）的地区分布往往是不均衡的，其中有些地区多、有些地区少，这些要素（或产业）分布多的地方，就意味着这种要素（或产业）聚集区。因此，聚集的经济学含义是一种相对的空间分布状态。基于此，哈盖特首先提出区位商，并将其应用在区域和城市经济研究中。

1. 区位商的基本表达式

区位商通过小空间单元与大空间单元、某个行业与全行业之间的交叉关系，即比率之比率，描述产业（部门）的空间分布状态。它是一种通过小空间单元、某行业与大空间单元和全行业之间的相对分布关系，表示空间分布的。因此，也是一种相对聚集的测度指标。由于其既涉及部门关系，也涉及空间关系，初始目标是衡量产业的专业化程度，后来通常用来表示空间聚集程度。由于该指数被普遍使用，故有很多学者根据不同的场景对其有不同的表达方式。其基本表达式为：

$$Q = \frac{N_1}{A_1} \bigg/ \frac{N_0}{A_0}$$

式中，N_1为研究区域某部门产值（或从业人员数）；A_1为研究区域所有部门产值（或从业人员数）；N_0为背景区域某部门产值（或从业人员数）；A_0为背景区域所有部门产值（或从业人员数）。在此基础上，胡佛（Hoover，1936）创建了比较完整的区位商指数，用于表示地方产业部门与所在区域产业部门活动的关系。计算公式为：

$$LQ_{ij} = \left(\frac{L_{ij}}{\sum\limits_{j=1}^{m} L_{ij}} \right) \Bigg/ \left(\frac{\sum\limits_{i=1}^{n} L_{ij}}{\sum\limits_{i=1}^{n} \sum\limits_{j=1}^{m} L_{ij}} \right)$$

式中，区位商用 LQ 表示，i 和 j 分别表示行业和地区。将每个部门的区位商加总可得到专业化指数。该指数的特点是，它通过以所有区域为参照，比较产业活动在不同地区的分布，来衡量相对区域经济活动。因此，它能够给出每一个单元的区位商值。一般用该部门的就业人数作变量。优点在于计算简便，公式意义也十分直观、便于理解。局限在于，没有考虑到区域规模和产业规模，不一定能真实反映产业的集聚程度。

由于区位商是比率之比率，它既可以表示产业的专业化程度，也可以表达相对空间分布状态，被提出以来，得到了极大的普及和应用。作为聚集度的主要测度指标，其主要含义是，一个地区（城市）某种产业在全行业中的比重与全国该行业占全行业比重的比较；或者一个地区（城市）某行业占全国的比重与该地区（城市）全行业占全国比重的比较。因此，基于区位商的产业聚集测度指标的核心指数如下：

$$s_{ij}^{s} = \frac{y_{ij}}{\sum\limits_{i} y_{ij}} \ , \ j \ \text{地区的} \ i \ \text{部门的经济活动与} \ j \ \text{地区所有部门经济活动之比}$$

$$s_{i} = \frac{y_{i}}{y} = \frac{\sum\limits_{i} y_{ij}}{\sum\limits_{i} \sum\limits_{j} y_{ij}} \ , \ j \ \text{地区所有部门经济活动与所有地区的经济活动之比}$$

在此基础上，由于应用的场景不同，可以将产业和地区进行多种组合，得到不同的聚集度指数。

2. 相对专业化指数（RSI）

杜兰顿和普加（Duranton & Puga，2000）在区位商基本指数的基础上，提出了相对专业化指数，计算公式为：

$$RSI_{j} = \max(LQ_{ij}) \ , \ LQ_{ij} = \frac{s_{ij}^{s}}{s_{i}}$$

可以看出，这个表达式将区位商的基本形式转换为最大值形式，该产业部门在该区域的份额越高，则该区域的相对专业化指数就越高，j 区域的相对专业化指数RSI_j的范围为 $[0,\ +\infty)$，0 表示 j 区域内所有产业部门的份额都比较低，最大值表示该区域内产业部门集中/分散的程度。

3. 克鲁格曼结构差异指数

克鲁格曼结构差异指数（Krugman Dissimilarity Index）也被称作克氏专业化指数（Krugman Specialization Index），由克鲁格曼提出（1991a：76），衡量的是区域内产业部门份额的标准偏误。计算公式为：

$$K_j = \sum_{i=1}^{n} |s_{ij}^s - s_i|$$

公式的含义为，给定区域 j，行业 i 的份额与所有区域中某一特定行业所占份额之间的差异。该指数的最小值为 0，表示结构无差异；克氏指数越大，则差异越大，与区域产业平均结构的偏离也就越大，最大值渐近为 2，即 $2\times(n-1)/n$。该值通过区域内部产业结构体现专业化程度，本质上是一种产业结构相似度的测度方法（樊福卓，2013），随后，又经过多数学者根据不同的目的进行修正。其中，杜兰顿和普加（Duranton & Puga, 2000）用克氏指数的倒数，即 $1/k_1$ 表示多样化指数（RDI）。含义为：如果区域和全国的经济结构越相似，则克氏指数越小，RDI 值越高。哈利特（Hallet, 2000）对克氏结构差异指数进行了细微的修正，即采用计算克氏指数的 1/2 来衡量多样化（专业化），计算公式为：

$$S_i = \frac{1}{2} \sum_{i=1}^{n} |y_{i,j} - \overline{y_i}|$$

式中，$y_{i,j}$ 表示给定区域内某产业部门总体增加值份额（也可以用就业代替），$\overline{y_i}$ 表示所有产业部门的平均总体增加值。该指标比较了经济活动（总体增加值或就业）的份额在区域产业部门间的绝对差异。最小值为 0，说明该区域产业结构与更大尺度区域的产业结构完全一致。最大值为 0.5，表示完全不同。该值越高，则表示产业部门的聚集程度越强。

4. 赫希曼多样化指数

赫希曼多样化指数，是基于区位商和经济活动的经验分布得出。计算方法为，所有产业部门的区位商的倒数之和，并以该产业部门在该区域内的份额作为权重。计算公式为：

$$HI = \frac{1}{\sum_{i=1}^{n} \left[\left(\frac{s_{ij}^s}{s_i} \right) \times s_{ij}^s \right]} = \frac{1}{\sum_{i=1}^{n} [LQ \times s_{ij}^s]}$$

公式中的字母含义同上。HI 衡量的是区域和全国的产业结构相似度，HI 的范围为 0 ~ 1；0 表示某区域的产业结构与全国的产业结构完全不同，而 1 则表示该区域的产业结构与全国的产业结构完全相同。通过产业结构相似度，表示某产业在地区之间分布的聚集程度，也是一种较为普遍使用的聚集测度指标。

5. 集群指数

在空间相对分布基础上，伯斯坦德（Berstrand，1985）提出了集群指数（Cluster Index），将部门经济活动的份额与区域的份额联系起来，并以区域间的距离进行赋权。采用了引力模型形式，可以得到每个产业部门 m 的集群指数。计算公式为：

$$C_n = \frac{\sum\limits_{i=1}^{m} \sum\limits_{j=1}^{m} \dfrac{y_i^n y_j^n}{d_{ij}}}{\sum\limits_{i=1}^{m} \sum\limits_{j=1}^{m} \dfrac{y_i y_j}{d_{ij}}}$$

式中，y_i^n、y_j^n 分别表示 m 行业在 i 区域与 j 区域中各自所占的份额；y_i、y_j 则分别表示 i 区域与 j 区域在全国所占的份额。该指数为 1，说明产业部门的分布与总体的分布相似，该值越高说明相似度越高。

6. EG 指数

埃利森和格莱泽（Ellison & Glaeser，1997）为了解决空间基尼系数忽视规模、赫芬达尔指数（见后面的赫芬达尔指数）忽视空间的问题，并同时实现集聚指数在不同产业间可比，两人基于企业区位选择的理论基础，对空间聚集进行了更为深入的研究。他们通过控制企业规模以及市场集中度，实现集聚指数在产业间可比性，构建了 EG 指数，计算公式为：

$$\gamma_{EG} = \frac{G_i - \left(1 - \sum\limits_{i=1}^{m} x_i^2\right) H_i}{1 - \sum\limits_{i=1}^{m} x_i^2 (1 - H_i)}$$

式中，$G_i = \sum\limits_{i=1}^{m} (s_j - x_j)^2$ 代表总体集聚程度，即为空间基尼系数，H_i 表示 i 行业的赫芬达尔指数；G_i 表示 i 行业在不同地区的空间集聚程度；s_j 表示 i 行业中企业 j 就业人数占所有地区该行业就业人数的份额；x_i 表示 i 行业总就业人数占所有地区就业人数的份额；x_j 表示 i 行业的 j 企业就业人数占所有地区就业人数的份额。当 γ_{EG} 小于 0.02 时，该产业为低度聚集产业；当 γ_{EG} 大于等于 0.02 但小于 0.05 时，该产业为中度聚集产业;而当γ_{EG}大于 0.05 时,该产业为高度集聚产业。

从公式的表达式可以看出,影响 EG 指数的因素主要有两个方面:一是地理范围的界定,地理范围划分越细,EG 指数结果就越小;二是企业数量,由于进入赫芬达尔指数计算公式的企业数量也会对 EG 指数产生影响,故企业总体数量规模影响集聚度指数值的大小。一般来说,计算赫芬达尔指数时,选取企业的方法主要有两种:一是代表法,即从所有样本中截取部分(或按照一定比例,或按照固定数量进行抽取)代表所有样本;二是平均法,即采用所有样本来进行计算。代表法与平均法相比,前者计算的赫芬达尔指数的数值容易偏高;后者容易偏低而低估规模集聚水平。由此可见,EG 指数存在着可调节的样本规模问题。

EG 指数的优点在于,考虑了企业规模和地区大小的影响,计算公式含义清晰,算法较为简明,自提出后得到普遍使用。罗森塔尔和斯特兰奇(Rosenthal & Strange,2001)利用美国制造业四位数行业,考察美国的制造业集聚;布朗纳吉姆和约翰逊(Braunerjelm & Johansson,2003)则测度了瑞士的生产集聚;巴里奥斯和斯特罗贝尔(Barrios & Strobl,2004)研究了欧盟的集聚情况及时间演变;绍伯格和绍霍姆(Sjoberg & Sjoholm,2005)分析了自由贸易对空间集聚的影响。他们的研究都采用了该指数。在使用该指数的过程中,不同学者也对它进行了修正,使之进一步得到推广。比较为学界所接受的是莫雷尔 – 塞迪洛(Maurell – Sedillot,1999)对 EG 指数进行的修正,他们构建的是 MS 指数,计算公式为:

$$\gamma_{MS} = \frac{G_i - (1 - \sum_{i=1}^{m} x_i^2) H_i}{1 - \sum_{i=1}^{m} x_i^2 (1 - H_i)}$$

式中,$G_i = \sum_{i=1}^{m} s_j^2 - x_j^2$;MS 指数也是无偏的。另外,学者们为了简化,也常用另一个版本表示 EG 指数,表示如下:

$$G = \sum_i (s_i - x_i)^2$$

式中,G 为总体地理集中度;S_i 为 i 地区某产业就业人数占该产业全国就业人数的比例;X_i 为 i 地区全部就业占全国总就业的比例。

二、基于离散系列的产业聚集指数

与要素空间分布的聚集测度相似,产业的空间分布也是一种空间分布的离散与集中状态。因此，从聚集程度和离散度，都可以观察其空间分布的不均衡性。与要素离散空间分布的测度不同的是，要素聚集不需要考虑部门结构（产业结构），基于离散的产业聚集测度需要针对不同产业进行，并使不同产业之间可以进行比较，涉及部门（产业结构）问题。

1. 变异系数（Coefficient of Variation）

布吕哈特和特雷格（Bruelhart & Traeger, 2005）提出用产业的变异系数测度产业分布离散度的大小。变异系数是用于测量两组不同数据的离散程度（又称差异指数），在此用于表示区域的产业部门份额与全国产业部门份额离散程度的不同，从而说明某一产业是否出现了聚集。计算公式为：

$$CV_j = \frac{1}{\bar{y_i}} \left[\sum_{j=1}^{m} \frac{n_j}{N} (\bar{y_{ij}} - \bar{y_i})^2 \right]^{1/2}$$

式中，n_j 表示 j 区域的所有产业部门比重的和，N 代表全国的总体经济活动，$\bar{y_{ij}}$ 表示 j 区域 i 行业的比重，$\bar{y_i}$ 表示行业在全国所占的份额（份额可以用就业人数表示）。虽然变异系数的含义十分简单明了，但由于其缺乏经济意义而并没有被学界广泛使用。

2. Ogive 指数

Ogive 指数是由特雷斯（Tress, 1938）提出，用于衡量产业多样性的一种指数。Ogive 指数主要测度的是出口结构，在一定程度上能够反映区域生产结构。以某产业的出口分布为对象，以所有经济活动（如就业）的平均分布作为基准，计算公式为：

$$Ogive = \sum_{i=1}^{n} \frac{\left(s_{ij}^s - \frac{1}{n} \right)^2}{\frac{1}{n}}$$

式中，$1/n$ 表示给定产业理想情况下的份额，即平均分布时所占的份额。达到平均分布时，Ogive 指数值为 0，即完全多样化的情况。当经济活动分布越不平衡时，Ogive 指数越大，分布也就越集中。不过由于 Ogive 指数主要衡量出口结构，因此使用它进行产业集中程度测度的研究并不多见。

3. 利林指数

利林（1982）提出用于衡量产业部门再分配的动态过程（比如说就业）的指数，也称利林指数，计算公式为：

$$\sigma = \left[\sum_{i=1}^{n} \frac{y_{ijt}}{\sum_i y_{ijt}} \times \left(\Delta \log y_{ijt} - \Delta \log \sum_i y_{ijt} \right)^2 \right]^{1/2}$$

式中，y_{ijt} 表示 t 时期产业 i 在区域 j 的份额，$\sum_i y_{ijt}$ 表示 t 时期 j 区域的总体经济规模，Δ 表示一阶差分。该指标比较了区域的产业活动与全部区域经济活动，在部门间随时间变化的差异。因此，利林指数越高，表示产业间相对变化越强，0 表示产业结构在研究时期内十分稳定。由于该指数主要测度的是产业在不同地区的变化，故被归纳到产业聚集测度中。

该指数的优点在于，将产业份额的空间变化与时间变化同时考虑在内，可以发现其空间变动的轨迹。缺点在于，一是不能保证相邻两个时期产业部门结构变化与时间序列的不相关；二是不能保证一个周期内的结构变化小于或等于两个亚期内的变化（陈治）。因此，相较于衡量产业的聚集程度，利林指数更多地用于衡量产业结构在空间的变动与升级（杨晓娟，2017；叶文显和刘林初，2017）。

4. 集聚 V 指数（Agglomeration V）

由弗兰塞斯奇、穆索尼和佩罗尼（Franseschi，Mussoni & Pelloni，2009）通过比较区域内和区域间的产业离散度来说明 i 产业的地理集中程度。计算公式为：

$$V_i = \frac{\dfrac{1}{\overline{y_i}} \sqrt{\dfrac{\sum_j \left(y_{ij} - \overline{y_i} \right)^2}{m}}}{\dfrac{1}{\overline{y_j}} \sqrt{\dfrac{\sum_j \left(y_j - \overline{y_j} \right)^2}{m}}}$$

式中，y 表示经济活动的份额（产业部门 i 的，或是区域 j 的）；m 表示区域的数量；系数 V_i 是每个产业的 V 指数。分子表示区域产业部门份额与平均部门份额的偏离，分母表示区域份额与平均区域份额的偏离。$V_i < 1$ 表示部门的偏离小于区域的偏离，说明产业 i 在总体经济中较为均衡；反之，$V_i > 1$ 则说明该产业活动较为集中。

5. 克鲁格曼集中指数

当克鲁格曼结构差异指数用于产业分布时，称为克鲁格曼集中指数，它是克鲁格曼结构差异指数的一种变异，可以根据给定产业在区域间的份额进行比较，常用于衡量区域间的产业结构。计算公式为：

$$K_i = \sum_{j=1}^{m} \left| \frac{y_{ij}}{\sum\limits_{j=1}^{m} y_{ij}} - \frac{\sum\limits_{i=1,j}^{n} y_{ij}}{\sum\limits_{i=1}^{n} \sum\limits_{j=1,j}^{m} y_{ij}} \right|$$

指数的值将由给定产业 i 在区域 j 中的份额、与给定区域内所有的产业在全国份额的差值加总所得。最小值为 0，最大值为 $\frac{2(m-1)}{m}$。

6. SP 指数

衡量产业空间集聚程度的传统指标，往往对空间因素考虑不足。为此，克鲁格曼、米德法特 – 纳维克创造的 SP 指数常用来代表行业的空间集中度。该指数是针对各行业的空间基尼系数、赫芬达尔指数本身的缺陷而设计出来的。需要注意的是，SP 指数介于 0 ~ 1，越接近 0，表示行业在空间上越集中；当 SP 指数上升时，表示该行业在空间上扩散。其计算公式为：

$$SP^k = c \sum_i \sum_j v_i^k v_j^k \delta_{ij}$$

式中，SP^k 是产业 k 的 SP 指数，c 为常数，v_i^k 和 v_j^k 分别衡量地区 i 和 j 第 k 种产业占该区域的比重，δ_{ij} 是两个地区之间的空间距离（可以用两地区政治中心、经济中心、地理中心之间的地理距离来衡量）。显然，产业在空间上越分散（即占全国该产业比重高的地区相互之间距离比较远）则该指数值越大；反之越小。

7. 赫芬达尔指数（H 指数）

赫芬达尔在测度某产业的市场集中度时，提出了一个指数，即赫芬达尔（H）指数，计算公式如下：

$$H = \sum_{j=1}^{M} Z_j^2 = \sum_{j=1}^{N} \left(x_j \Big/ \sum_{j=1}^{N} x_j^2 \right)^2$$

式中，x_j 为经济体某产业内 j 企业的规模，表示经济体该产业内所有企业的总规模，N 为经济体该产业内的企业数。事实上，这是为了消除企业规模过大可能导致的基尼系数失真而建立的一个指数。即若 $H = 1$，则表示该产业就业集中在 j 这一个企业；若 $H = 0$，则表示产业存在无数个规模类似，且规模都很小的企业。

8. 赫芬达尔 – 赫希曼指数（HHI 指数）

赫芬达尔和赫希曼为了进一步分析市场竞争和垄断关系，通过衡量市场结构，创立了 HHI 指数，是最常用的聚集测度指标之一，也常常作为度量产业集中程度的综合指数。具体思路是，采用一个行业中各市场竞争主体所占行业总收入或总资产百分比的平方和，用来计量市场份额的变化，即市场中厂商规模的离散度。也被简称为赫芬达尔指数，是产业市场集中度测量指标中较好的一个，也是经济学界使用较多的指标。在具体计算时，采用的是行业内所有行业市场份额的平方和。计算公式为：

$$HHI = \sum_i^n \left(\frac{x_i}{x}\right)^2 = \sum_i^n (s_i^2)$$

式中，x 表示市场的总规模，x_i 表示 i 企业的规模，$s_i = \dfrac{x_i}{x}$ 表示第 i 个企业的市场占有率，n 指该产业内的企业数。公式的含义是，每家企业市场占有份额（取百分之的分子）的平方之和。只要厂商合并，该指数值就会增加；只要厂商分解，该指数值就会减少。显然，HHI 越大，市场集中程度越高，垄断程度越高。该指数不仅能反映市场内大企业的市场份额，而且能反映大企业之外的市场结构，能更准确地反映大企业对市场的影响程度。另外，该指数表示的含义是：

（1）当独家企业垄断时，该指数等于1，当所有企业规模相同时，该指数等于 $1/n$，故而这一指标在 $1/n$ 和 1 之间变动，数值越大，表明企业规模分布的不均匀度越高。

（2）兼有绝对集中度和相对集中度指标的优点，并避免了它们的缺点。因为该值对规模较大的上位企业的市场份额反映比较敏感，而对众多规模较小的企业的市场份额小幅度的变化反映很小。

（3）可以不受企业数量和规模分布的影响，较好地测量产业的集中度变化情况。

在经济学界，作为衡量产业集聚度的重要指标之一，HHI 指数考虑了地区数目与产业规模两大因素，能够在一定程度上反映出产业聚集度，同时该指数计算简便、易于理解。因而许多经济地理学家也将其引入到了产业地理集聚方面的研究当中，卡尔和迈克尔（Karl & Michael, 2004）使用赫芬达尔指数分析了欧共体成立前后欧洲制造业的地理集中动态变化。

赫芬达尔指数存在的不足之处是，首先，它所计算的是绝对集中度，并没有考虑其他产业的空间分布，这也使不同产业之间难以进行横向比较；其次，由于指数没有考虑到不同区域的地域面积差异，难以反映产业分布的密度。

将赫芬达尔指数进行推广，衍生出赫芬达尔逆指数，或者称为绝对多样化指数，计算公式为：

$$HHI' = \frac{1}{\sum\limits_{i}^{n} |S_i - S_j|}$$

这个逆指数其实是赫希曼－赫芬达尔指数的倒数，用于衡量地区产业的多样化程度。

第三节　地理集中度

聚集主要强调经济活动空间分布的非均衡性，通常基于行政单元，考虑经济活动（要素或产业）在不同行政单元之间的分布不均衡程度。但是，由于行政单元的空间面积有较大差异，它们其位置还决定了空间距离不同。聚集度在测度空间非均衡分布时，均没有考虑密度与距离，这导致聚集测度仅能够观察空间样本之间的差异，而不能体现空间的实际分布情况。而且，这种差异会随着行政单元的改变或研究所基于空间尺度的扩大或缩小而发生变化。比如，以省级行政单元为样本和地级城市（或县级）行政单元为样本计算结果完全不同。因此，需要基于空间实际面积和地理距离进行经济活动的集中性测度。到目前为止，比较常用的有与地区面积和形状相关的空间格局测度、空间函数和特殊指数。

一、空间格局测度

空间格局主要指经济活动的空间分布，空间分布的不均衡性仅是空间分布格局的一种形态。由于基于实际面积和距离的空间分布形态多用于地理研究范畴，经济学领域采用得不多，加之空间形态的描述较为复杂，因此基于空间格局的经济活动方法较少。随着地理信息技术的进步，这方面的探索呈现出方兴未艾之势。

1. 区域重心模型

重心原本是一个物理学的概念，即物体上存在一个点，在这一点前后左右各个方向上的重量对比保持相对均衡，这一点就是物体的重心。对于一个地区（城市来说），由于经济活动分布的不均衡，也会存在一个点，能够保持该地区（城市）的相对平衡。由于地理位置为恒定，经济活动在不同地理位置的变化，可以反映经济活动空间格局的变化。设某区域由 n 个子区域组成，各子区域几何中心或行政中心坐标为 (x_i, y_i)，子区域 i 某一属性值为 P_i，则该区域针对该属性值的重心坐标 (X, Y) 分别为：

$$X = \left(\sum_{i=1}^{n} P_i x_i \right) \bigg/ \left(\sum_{i=1}^{n} P_i \right), Y = \left(\sum_{i=1}^{n} P_i y_i \right) \bigg/ \left(\sum_{i=1}^{n} P_i \right) \quad i = 1, 2, \cdots, n$$

公式计算所得结果，与计算单元的空间尺度有较大差别。如果以省份为单位，分析中国人口和经济重心时，各省份的地理位置保持不变，那么人口和经济重心的移动反映了各省份人口数量和经济总量增长速率的不均衡性；某个方向上省份的人口数量或经济总量增长较其他方向省份快必然导致人口和经济重心向该方向移动。如果以城市为单元，则经济或人口的中心移动可以反映城市经济从中心向外围的扩散过程。另外，若各地区的属性值相等，那么这时计算得到的重心就是该区域的几何中心。中国人口和经济重心相对几何中心的偏移量，反映了人口数量和经济发展空间分布不均衡程度。分析不同年份人口和经济重心相对几何中心在东西和南北方向上的偏移量变化，可以揭示中国人口分布和经济发展在东西和南北方向上的不均衡程度变化规律。

由于重心模型多用于大尺度空间，中国学者用来进行区域产业和区域重心变动的较多。周民良（2000）采用该方法对全国 1978～1997 年的经济重心变动进行了描述；胡安俊和刘元春（2013）在重心模型基础上，将其分解为四大板块，用来分析不同板块对整体板块的贡献；李小云等（2017）采用该方法分别计算了经济重心和人口重心，然后对两者的空间耦合进行了分析。可见，在大尺度的空间范围，重心模型主要用来观察省级单元的中心移动。如果用在城市方面，可以观察多中心形成的路径。但是，由于单中心与多中心的主中心点位置变化不大，城市空间变动一般采用的较少。在城市功能空间方面，可以通过行业（部门）内部的空间变动，发现城市空间扩张中的经济位移。

2. 标准椭圆模型

由于经济活动的空间分布与地理和很多因素有关，因此很难发现直接规律。但是通过观察其空间形态，乃至各种因素分布的空间形态，可以发现其中的规律。对经济活动空间格局的描述，一般需要几个特征值，即中心性、展布性、密集性、方位和形状特征。赵作权（2014）认为，可以用图 7-2 表示。

标准椭圆的方向、长轴和短轴均可随特征值的变动而改变，因此标准椭圆可以表示任意一个重心及其空间形态的变动。这样，在表示经济活动空间格局时，

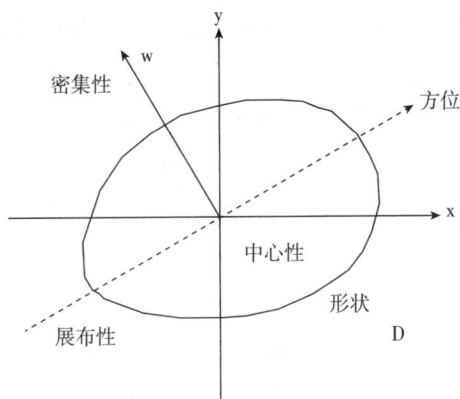

图 7 - 2 空间格局表征模型

可以通过改变任何一项标准椭圆的特征值，来表示经济活动空间格局的变动。例如，利用标准椭圆的特征值，可以在形成椭圆的基础上，通过计算该椭圆的特征值，找到经济活动的重心位置；通过轴线长度和径向分布，发现向不同方向的展布特征；通过密集度指标，发现空间扩张的趋势和方向；通过长轴的方位，发现扩展方向；通过形状指数和空间相似指数，描述经济活动分布的空间形态。因此，该方法可以对经济活动空间进行较为详细的描述，正在成为刻画经济活动空间特征的主要工具。

赵作权（2014）通过各种标准椭圆，对中国制造业内部的主要行业和消费市场都进行了描述，并对各种空间过程进行了预测；吴连霞等（2017）采用标准差椭圆计算经济重心，分析经济重心与人口结构的关系，通过空间叠置性和空间一致性，分析各经济活动的空间耦合关系。这说明标准椭圆正在从空间角度，对于发现经济规律发挥越来越重要的作用。

二、几种空间函数

聚集经济效应的动力主要来源，是要素或经济活动在空间分布的密度和规模。而前述的聚集测度，仅能描述空间分布不均衡，不能体现规模和密度带来的空间效应。空间函数则主要通过真实的地理距离和空间关系，反映空间密度和聚集规模所产生的聚集效应。

1. K 函数

最先做出尝试、基于距离多空间尺度方法，描述空间分布格局的是里普利

（Ripley，1976，1977）所提出的 K 函数。作为一种分析事件点数据的空间模式方法，它可对一定距离范围内的空间相关性（要素扩散或者是要素聚类）进行空间分布描述，以反映其规模和密度程度。K 函数的提出基于如下三个假设：

（1）区域内每个企业为一个点，以 i 点为中心，半径 r 范围内点的个数 f 定义为该点的邻居，即 $N(i, r)$，这样所有点的平均邻居数为 $N(r)$。

（2）若企业间独立分布且分布在任何点的概率相等，这样区域内企业的平均密度就是一个常数 λ，那么 r 半径范围内企业的个数为 $\lambda \pi r^2$。可以将这种情况称为完全空间随机分布（CSR），并将其作为基准进行比较。

（3）由于聚集在一起的企业间存在相互影响，其实际分布肯定会偏离 CSR 状态而趋于集中或分散。当这种影响为聚集正效应时，表现为聚集状态；反之，表现为扩散态势。

因此，里普利用 K 函数来衡量这种偏离。将 K 函数定义为 r 距离内所有点的平均邻居数与随机独立分布时的密度 λ 的比值，计为 $K(r)$。计算公式为：

$$K(r) = \frac{N(r)}{\lambda} \int_0^r g(\rho) 2\pi \rho d\rho$$

式中，$g(\rho)$ 是径向分布函数，在方向不变的前提下，只与点之间的距离有关，计为 $g(r)$。由于 r 可以取任意值，因此 K 函数使得同时分析经济活动在不同空间尺度的集中情况成为了可能。K 函数的出现及其进一步的修正，在一定程度上解决了度量连续空间的集聚问题。但实际上，K 函数和 L 函数在测度产业集聚时也存在着两个明显的缺陷：首先，K 函数假设企业在空间中是完全随机分布且相互独立的，因而单个产业的分布状况与产业总体分布状况无法进行比较。其次，不含企业规模信息的前提条件下，K 函数往往都将企业视为同质点，因而不能控制产业集中度。

另外，这种表达方式比较简单，需要将每一次计算结果与 πr^2 进行比较，人工进行计算时，工作量很大。随着 GIS 技术的广泛使用，可以通过在商业 GIS 软件中进行二次开发，自动对这个数量进行计算。

2. L 函数

为了简化计算工作量，贝萨格（Besag，1977）对 K 函数进行修正，提出 L 函数，计算公式为：

$$L(r) = \sqrt{\frac{K(r)}{\pi}} - r$$

$L(r)$ 的含义是，找出 r 范围内的点在区域平均密度为 λ 时，采用理想分布

范围与实际范围 r 的差值。例如，若 $L（10）=5$，说明在 10 千米范围内实际点的个数完全随机分布时，与 15 千米内的点个数是相等的。$L（r）>0$，说明某行业的地理分布在 r 范围呈集中状态，$L（r）<0$ 则分散。计算不同半径范围的 $L（r）$ 值，便可以发现某行业在不同尺度地理区域内的分布特征。

3. D 函数

迪格尔（Diggle）等在非均匀分布前提下，对 K 函数又进行了改进，提出了 D 函数。D 函数与 L 函数的不同之处是运用了一个对照组，并将其定义为除了所研究的本行业（母行业）以外的其他行业的个数，从而可以发现除本行业外，该地区能够聚集到的其他产业类型。这实质上是一个衡量多样化聚集的表达式，抑或是衡量某个行业对其他行业的吸引力。计算公式如下：

$$D(r) = K_{cases}(r) - K_{control}(r)$$

式中，$K_{cases}（r）$ 表示所研究行业（母行业）的 K 函数，$K_{control}（r）$ 表示对照组行业的 K 函数，D 函数的实际含义是研究行业相对于对照组是更集中还是更分散。若 D 值大于零，说明研究行业的地理分布趋于集中；反之则趋向于分散。

4. M 函数

又称 M 功能函数（M-Function），是马尔孔和普埃奇（Marcon & Puech）基于距离测度产业地理集中的函数，即 M 函数。M 函数是对里普利（Ripley）的 K 函数改进。具体思路是，以累积密度函数为基础，可以满足杜兰顿（Duranton，2005）提出的要求。M 函数的优势在于，以点为对象测算空间结构时效果更好；且可以在任意的距离上进行比较，更能在整体上体现集聚特征[①]。由于 M 函数比上述函数考虑得更全面，包括的行业更具有多样性，故计算步骤较为复杂。其测算步骤为：

第一步，考虑一个包含了 N 个企业的 A 区域。N 个企业来自多个行业；N_S 表示 A 区域 S 行业内所有企业；

第二步，计算与 i 企业邻近的企业个数，有两种情况：

（1）不区分行业时：$c（i，j，r）=1$, if, $d_{ij}<r$; $c（i，j，r）=0$, *if, otherwise*，汇总得到：

$$\sum_{j=1, i \neq j}^{N} c(i, j, r)$$

---

① 当企业和部门很多的时候，仅从地图获取的信息较为有限，可以考虑同时采取两种方法进行测度，以减少信息损失。

（2）区分行业时：$c_S(i,j,r)=1$, if, $d_{ij}<r$, and i, $j \in S$；$c_S(i,j,r)=0$, if, $otherwise$，汇总得到：

$$\sum_{j=1,i\neq j}^{N_S} c_S(i,j,r)$$

第三步，考虑企业规模的影响。以邻近企业 j 的就业 w_j 作为权重，计算给定半径 r 内 S 行业的平均就业比重，以及 S 行业平均就业比重和区域 A 内所有行业下的平均就业比重的比率。

（1）单独考虑某个行业 S 的平均就业比重：

$$\frac{1}{N_S}\sum_{1}^{N_S}\frac{\displaystyle\sum_{j=1,i\neq j}^{N_S} c_S(i,j,r)w_j}{\displaystyle\sum_{j=1,i\neq j}^{N} c(i,j,r)w_j}$$

（2）考虑区域内所有行业的平均就业比重：

$$\frac{1}{N_S}\sum_{1}^{N_S}\frac{W_S-w_i}{W-w_i}$$

其中，w_s 表示 S 行业全部就业人数，W 表示 A 区域全部就业人数，w_i 表示企业 i 的权重，w_j 表示邻近企业 j 的权重。

第四步，距离为半径 r 以内的 S 行业的集聚测度计算公式写为：

$$M_S(r)=\frac{\displaystyle\sum_{j=1,i\neq j}^{N_S} c_S(i,j,r)w_j}{\displaystyle\sum_{j=1,i\neq j}^{N} c(i,j,r)w_j}\Big/\sum_{1}^{N_S}\frac{W_S-w_i}{W-w_i}$$

公式表示了 S 行业邻近企业的平均就业比重/区域内全行业的平均就业比重。当函数值为 1 时，表示 S 行业的布局没有特定格局；大于 1 时表示 S 行业有集聚，小于 1 时表示 S 行业分散；检验方法同样采用蒙特卡洛模拟方法，得到局部和全局置信区间。

进一步，M 函数还能测度某行业的企业是否会围绕另一个行业内部的企业进行分布。其中，围绕 S_1 行业的分布为：

$$M_{S_1,S_2}(r)=\sum_{1}^{N_{S_1}}\frac{\displaystyle\sum_{j=1,i\neq j}^{N_{S_2}} c_{S_2}(i,j,r)w_j}{\displaystyle\sum_{j=1,i\neq j}^{} c(i,n,r)w_n}\Big/\sum_{1}^{N_{S_1}}\frac{W_{S_2}}{W-w_i}$$

围绕 S_2 行业的分布为：

$$M_{S_2,S_1}(r) = \sum_{1}^{N_{S_2}} \frac{\displaystyle\sum_{j=1,i\neq j}^{N_{S_1}} c_{S_2}(i,j,r)\, w_j}{\displaystyle\sum_{j=1,i\neq j}^{N} c(i,n,r)\, w_n} \Big/ \sum_{1}^{N_{S_2}} \frac{W_{S_1}}{W - w_i}$$

当上述函数值大于 1 时，表明存在行业之间的协同分布；当该值小于 1 时，表明行业之间是分散布局；当该值 = 1 时，表明两个行业中并没有明显关系。

国内学界在这方面比较典型的应用，主要是刘春霞等（2006）运用 M 函数，采集 2001 年北京市第二次基本单位普查的资料和 2002 年北京 130 个部门的投入产出表数据，分析了北京 25 个制造行业的空间结构，并说明 14 组投入产出关系比较密切的行业是否出现了邻近分布（刘春霞等，2006）。

上述的四个函数在一定程度上解决了度量连续空间的集聚问题，但仍存在一些缺陷：函数假设企业在空间中是完全随机分布且相互独立的，因而单个产业的分布状况与产业总体分布状况无法进行比较；在不含企业规模信息的前提条件下，函数往往都将企业视为同质点，即不能控制产业集中度。

三、两个指数

由于上述函数在计算过程中忽视了空间尺度、行业特征以及企业信息等，因此难以比较聚集的好坏。后续的研究者进一步通过对聚集测度的检验，提出了两个指数。

1. D – O 指数

杜兰顿和奥弗曼（Duranton & Overman，2005）提出了 D – O 指数（也称 DO 指数），并提出根据以下五个标准，来评价集聚测度指数的好坏：

（1）实现不同产业间可比。

（2）可以控制行业的集中程度。

（3）可以控制行业集聚的总体趋势。

（4）在不同的空间尺度下均为无偏。

（5）可以对结果进行显著性检验。

根据这五个条件，他们基于非参估计的方法，利用企业所在位置的精确地理坐标，对不同尺度的要素集聚程度进行测量。该方法主要基于连续平面（或称基于距离）的测度，置信检验采用蒙特卡洛模拟方法。具体的测算步骤如下：

（1）测算 A 行业中 n 个企业之间两两欧氏距离，得到 $n(n-1)/2$ 个双边距离。

（2）计算核函数：

$$\hat{K}(d) = \frac{1}{n(n-1)h}\sum_{i=1}^{n-1}\sum_{j=i+1}^{n}f\left(\frac{d-d_{ij}}{h}\right)$$

式中，h 表示宽度，f 表示核函数，d_{ij} 表示 i 企业与 j 企业的欧氏距离，d 表示选定的门槛距离。

（1）构造局部置信区间：首先构造反事实，找到衡量的标准。对于有 n 个企业的 A 行业，随机模拟有 n 个企业的 m 个行业A_m，$m=1，2，\cdots，1000$；每次模拟得到的密度分布按照升序排列，选择 5% 和 95% 作为置信边界，此时构造的置信区间是局部置信区间（离散的点构成）。

（2）构造全局置信区间：利用插值法对局部极值进行插值，构造全局置信区间，只要有一处距离下的密度分布值大于置信区间上限，即为显著集聚；小于下限且不出现在上限外，即为显著分散。

式中，集聚指数$\tau_A(d)=\max(\widehat{K_A(d)}-\overline{\overline{K_A(d)}}，0)$；分散指数$\varphi_A(d)=\max(\underline{K_A(d)}-\widehat{K_A(d)}，0)$；需要注意的是，在计算分散指数时，任意距离下的集聚指数都为 0。

D－O 指数计算的特点：首先，D－O 指数仅选用行业内企业的精确地理位置坐标以及两两企业之间对的距离。这使得利用核函数进行估计时，无须考虑企业的规模、大小和所占份额，从而消除了产业差异，使不同产业间可以进行比较。其次，随机抽取一个行业内企业点的分布，这样就控制了行业集聚的其他变量。再次，在计算时考虑了一定的距离门槛，距离的大小可以基于需要选择和设定；而且只考虑实际空间分布，不用考虑行政单元划分。结果无论选择什么尺度都是一样的，避免了空间尺度的问题，也保证了结果的无偏性。最后，该指数利用蒙特卡洛模拟法，进行了 1000 次随机模拟，构建全局置信区间，从而可以利用非参的方法进行显著性检验，从而可以计算集聚指数的精度和信度。

为了进一步考虑企业规模大小对聚集的影响，D－O 指数还可以进一步对密度函数进行加权处理，将密度函数用企业的就业人数进行了修正，具体表示为：

$$\hat{K}(d)^{emp} = \frac{1}{h\sum_{i=1}^{n}\sum_{j=i+1}^{n}e(i)e(j)}\sum_{i=1}^{n-1}\sum_{j=i+1}^{n}e(i)e(j)f\left(\frac{d-d_{ij}}{h}\right)$$

式中，$e(i)$ 和 $e(j)$ 分别代表 i 企业和 j 企业的就业人数。

另外，D－O 指数除了测算某一行业的集聚情况，还能研究属于不同行业企业之间的关系，从而可以区分出行业之间的协同集聚（Co－Localization）和联合集聚（Joint－Localization）。这样，可以将核密度函数的公式改写为：

$$\hat{K}_{A,B}(d) = \frac{1}{p(n_A,n_B)h}\sum_{i=1}^{n_A}\sum_{j\neq i}^{n_B}f\left(\frac{d-d_{ij}}{h}\right)$$

式中，$p(n_A,n_B)$ 表示 A、B 两子集内所有企业的双边距离总数。如果 A 集合与 B 集合相同，则与初始的核函数没有区别；若 A 集合与 B 集合交集为空，即 A 行业和 B 行业的企业完全没有任何关联，则距离数目为 $n_A \times n_B$。

由于 D－O 指数的计算较为烦琐和复杂，真正在实际中的应用还存在一定障碍。杜兰顿和奥弗曼（Duranton & Overman，2005）测算了英国制造业企业四位数行业的集聚情况；袁海红等（2014）测算了北京市三位数行业集聚的情况；张延吉等（2017）测算了北京市生产性服务业的三位数行业的集聚情况；谢静、马爱霞（2017）则从全国的尺度测算了医药制造业的集聚情况。这些测算均以处理空间海量数据为基本技能。

2. 群集指数

基于企业聚集关系的测度指标，与一般聚集不同，它更倾向于描述企业作为点的空间分布。为了区别于产业集群，我们称为群集指数（Cluster Index）。虽然 D－O指数和 M 函数能够对区域内某产业的集中程度进行较准确的测度，并提供置信区间，但是无法确定企业点的汇聚程度。肖尔和布伦纳（Scholl & Brenner，2012）为改进 D－O 指数和 M 函数的这个缺陷，提出了群集指数，即在满足 D－O 指数五个要求的同时，以企业的相对距离为基础进行指数构建。主要特点是，以一个企业到其他所有同行业企业的距离之和的倒数为基础，构建空间指数 D_i，进一步根据 D_i 进行核密度函数的计算。最后，同样采用蒙特卡洛模拟方法构建局部置信区间和全局置信区间，对所测得指数进行置信检验。计算步骤如下：

第一步，获取企业名录及其确切的位置数据，测算企业之间的距离，构建 D_i

$$D_i = \frac{1}{J-1}\sum_{j=1,j\neq i}^{J}(f(d_{ij}))^{-1}$$

式中，$(f(d_{ij}))^{-1}$ 表示两点间距离倒数的所有可能函数形式①，这样相邻关

---

① 肖尔和布伦纳认为倒数的形式主要有两种：$(d_{ij})^{-1}$ 以及 $e^{-\alpha d_{ij}}$；如果使用前者，则设定门槛距离为 1km，如果使用后者，则将 α 设为 0.05。这里为便于说明，先采用前者。

系对D_i的影响就会明显显示出来；长距离的影响权重趋于 0；J 表示企业的个数，个数越多显然D_i值越高。这样，该式通过计算平均距离，使得不同行业间的测度具有了可比性。

第二步，在得到D_i的基础上，采用高斯核密度函数估计企业的分布密度：

$$g_I(D) \frac{1}{nh} \sum_{i=1}^{n} f\left(\frac{D - D_i}{h}\right)$$

第三步，利用蒙特卡洛模拟方法，构造模拟值的 5% 和 95% 局部和全局置信区间。

第四步，分别计算集聚指数和分散指数，其中聚集指数为：

$$\phi_{conc} = \int_0^m \max\{0, g_I(D) - g_B(D)\} dD$$

分散指数为：

$$\phi_{disp} = \int_m^{\infty} \max\{0, g_I(D) - g_B(D)\} dD$$

根据公式的计算结果，$\phi = \phi_{conc} - \phi_{disp}$表示集聚和分散测度的综合指数。$\phi$ 的阈值范围为 $[-1, 1]$；如果 $\phi = -1$，则区域内没有行业的企业集中分布；若 $\phi = 0$ 说明该行业内的企业并未呈现出明显的集聚或分散态势；若 $\phi = 1$ 则表明该行业内的企业是完全集中的。

相比于 D – O 指数和 M 函数，群集的优点在于：第一，可以说明某产业是否或在多大程度生更容易集聚（或分散）；第二，揭示了高度集中企业的空间分布格局，由此对集群同时进行了空间维度和企业位置方面的研究；第三，因为群集指数以企业为基本单元进行计算，代表了每个企业内部规模变量的集中程度，从而可以进行企业层面的回归分析和相关性分析。从这个角度来看，群集指数弥补了 D – O 指数和 M 函数无法找到集聚确切发生位置的缺陷。

在应用方面，与 D – O 指数一样，群集指数也是新近提出的测算方法，测算也有一定难度，目前的应用有待普及。

第八章 空间外部性的分析
框架与实证方法

城市经济的最主要特征是空间外部性。正是米尔斯（Mills，1967）和亨德森（Henderson，1974）将外部规模经济引入城市经济学领域，作为城市形成和发展的主要向心力来考虑，构成了城市经济研究的基石。由于外部性并不是来源于经济学中直接的投入和产出关系，还不能直接用经济学的生产函数进行模型量化研究，因此目前的空间外部性主要是将外部性经济视为"黑匣子"来对待。这样，可采用简单的模型进行描述，并通过简单的假设即可推导出均质空间下经济活动空间分布的不均衡特征，从而省去了一系列复杂的过程。这样得出的模型，既可以用来解释经济集聚现象，也可以应用在城市空间结构、城市体系、地区差异等的研究中。

第一节 空间外部性的分析框架

经济学所讲的外部经济（Externality），是指个体经济单位的行为对社会或者其他部门造成了影响却没有承担相应的义务或获得回报。有益的影响称为正的外部经济，有害的影响称为负的外部经济。从资源配置角度来看，外部经济是指某一经济活动的某些效益或成本不在个体经济单位决策者的考虑范围内，从而造成资源配置效率低下，并造成市场失灵的现象。由于外部性所创造的知识、技术、产品对国家的发展和社会进步有不可低估的作用，因此作为任何一个生产体都需要考虑外部性带来的效应。因此，在考虑外部性时，具体的经济理论试图从几个途径发现其来源、分析其效应以及解释其机制。

一、聚集来源的外部性分析

第七章关于聚集的测度，主要揭示的是经济活动的空间分布规律。本章将在聚集的基础上，进一步探究经济活动空间分布的聚集现象来自哪里。即哪些因素导致经济活动的空间聚集，抑或聚集活动的机制是什么。除了衡量工业专业化和区域集中度的各种指标外，研究的目的还包括衡量集聚行为的来源，以发现集聚的外部性或者集聚效应，揭示集聚对于生产率或者劳动需求的影响，这些影响可以用来评估集聚经济所产生的机制和结果。对于集聚经济的效应已经有一些相关的文献研究，如埃伯茨和麦克米伦（Eberts & McMillen，1999）以及罗森塔尔和斯特兰奇（Rosenthal & Strange，2004）；但是由于测量和识别难度较大，关于外部性来源的实证文献较少。

1. 外部性的三种动力

马歇尔（Marshall，1920）在其经典文本中提出了三个集聚外部性的经济来源，即投入共享、共享劳动力市场和知识溢出；随后，藤田和西斯（Fujita & Thisse，2002）从理论上解释了产生这三个好处的决定因素。对于第一种因素投入共享，他们认为与投入生产中的规模经济有关，由于上游公司的投入可以使下游公司从邻近公司购买相对便宜的中间投入。尽管根据实证确定投入共享对生产力贡献难度较大，但霍姆斯（Holmes，1999）还是尝试着评估了公司位置和输入共享之间的联系。这个研究，为发现外部性效应提供了途径。

对于第二种因素，共享劳动力市场，外部性表现为通过工人集中来促进工人相互学习，并降低企业寻找工人或工人寻找工作的风险和成本。劳动力池的大小就成为外部性效应的一个突破口。

针对第三种因素，知识溢出表示在近距离工作的人之间的互动（甚至当信息技术改进时，能够扩大交流沟通的距离）和技术工人的流动。关于知识溢出的效应已有大量研究，但由于对知识溢出难以测度，所采用的方法是假设存在知识溢出，然后将超出平均水平或相对收益的额外部分作为知识溢出。

对于以上三种外部性来源的研究，所采用的方法均以计量经济为主。由于外部性的测度较难，关于聚集的来源或决定因素的实证文献目前还非常有限。主要是在聚集测度基础上，结合区位特征进行的改进。拉尔（Lall，2004）区分了三个集聚经济的来源：由市场潜力增长带来的规模经济（以交通网络和人口加权衡量潜力）、行业集中度（采用区位商）和城市密度（用城市公共事业和服务衡量）。

迪迈（Dumais，2002）试图把 EG 指数分解为工厂进入和退出，来考察集聚带来的外部性效应，用 γ_{it} 代替 EG 指数（称为外部性指数），具体公式为：

$$\gamma_{it} \equiv \frac{G_{it}/(1 - \sum_{s} s_{st}^2) - H_{it}}{1 - H_{it}}$$

在 Dumais 的公式中，$G_{it} = \sum_{s} (s_{ist} - s_{st})^2$，其中 s_{ist} 是 s 州的产业 i 在时间 t 的就业份额，H_{it} 是赫芬达尔厂商水平上的产业就业集中测度，公式为：

$$H_{it} \equiv \sum_{k} \frac{e_{ikt}^2}{(\sum_{k} e_{ikt})^2}$$

式中，e_{ikt} 是产业 i 中第 k 个工厂的就业水平。如果用一个近似的 $\widetilde{\gamma}_{it}$ 代替 γ_{it}，这样 EG 指数的公式就可以写为：

$$\widetilde{\gamma}_{it} \equiv \frac{G_{it}}{1 - \sum_{s} s_{st}^2} - H_{it}$$

由于 EG 指数假设工厂规模不变，因此忽略了工厂规模的异质性。然而，根据企业的生命周期理论，在生命周期中不同阶段，工厂规模会发生较大变化，这导致企业的赫芬达尔指数也相应发生变化，企业的进入和退出会对 EG 指数产生影响。因此，Dumais 在其外部性研究中，定义了企业生命周期的 J 个阶段，这样在不同阶段中，空间外部性效应可以表示为：

$$G_{t+1} - G_t = \sum_{j=1}^{J} \Delta G_t^j$$

同样，采用类似的方式处理赫芬达尔指数，公式为：

$$H_{t+1} - H_t = \sum_{j=1}^{J} \Delta H_t^j$$

在上述公式基础上，外部性指数、J 阶段的变动以及 S 州产业 i 的就业份额变化分别为：

$$\widetilde{\gamma}_t \equiv \frac{1}{I} \sum_{i} \widetilde{\gamma}_{it}, \Delta \widetilde{\gamma}_t^j \equiv \frac{\Delta G_t^j}{1 - \sum_{s} s_{st}^2} - \Delta H_t^j, \Delta s_{ist}^j \equiv \frac{\Delta E_{ist}^j - s_{ist} \Delta E_{it}^j}{E_{it+1}}$$

可以发现，上述公式虽然是在聚集指数基础上进行了改进，但由于突出了进入与推出所体现的规模异质性，故比简单的聚集测度更能反映聚集和规模带来的外部性。

与此同时，霍姆斯和史蒂文斯（Holmes & Stevens，2002）也分解了集聚指数，以确定企业规模对集聚的影响。他们采用的是将就业区位商分解为厂商区位商与规模区位商相乘，公式为：

$$Q_{i,l}^x = Q_{i,l}^n \times Q_{i,l}^s$$

由于：

$$Q_{i,l}^n = \frac{n_{i,l}/x_l}{n_i/x} \qquad Q_{i,l}^s = \frac{x_{i,l}/n_{i,l}}{x_i/n_i}$$

则：

$$Q_{i,l}^x = \frac{x_{i,l}/x_l}{x_i/x}$$

式中，$x_{i,l}$ 和 $n_{i,l}$ 分别表示产业 i 在区位 l 上的就业数量和厂商数量；x_i、n_i、x_l、n_l 分别表示各自对应指标的加总。可以看出，该指数将就业规模与企业数量结合在一起，可以在一定程度上反映企业所在区位的特点。

另外，罗森塔尔和斯特兰奇（Rosenthal & Strange，2001）用代表马歇尔三个本地化经济来源的测度，对采用不同邮政编码的 EG 指数进行回归。回归中用到的三个本地化经济来源为：①每批产品的制造业和非制造业投入比作为投入共享的指标；②单位商品的创新，代表知识溢出（即在贸易杂志上宣传的新产品的数量）；③管理人员除以工人总数以捕获劳动力池。在这项研究的引导下，可以发现集聚的来源。

2. 关于两种聚集方式

聚集是产生外部性的最主要来源。为了更进一步发现聚集的来源，学者发现了两种不同的聚集方式，即本地化经济和城市化经济。其中，本地化经济表示同行业的地理集中，又称为专业化聚集；城市化经济表示高密度的多元化经济活动，又称为多样化聚集。格莱泽（Glaeser，1992）等的研究表明，在一个有限的区域内，特定行业的集中度提高有助于知识溢出，这被称为 Marshall - Arrow - Romer 外部性。雅各布斯（Jacobs，1969）反而提出，多样化的城市地区促进了企业之间互补知识的交流，有助于产生新的思想和技术。外部性到底来源于哪种聚集方式，已有大量研究。我们的目标是进一步发现不同聚集方式产生的外部性到底有多大差异，即如何衡量不同聚集方式产生的外部性大小。这可以从成本、供给和需求及其影响角度进行分析。

针对成本结构，外部性可以揭示为，当特定行业的长期平均生产成本随着行业总产量的增长而下降时，存在本地化经济。一旦加总到行业层面，这意味着对于企业个体而言的外部经济转变为内部规模经济。因此，外部性与内部化经济是相对的。一般而言，从小尺度（或微观对象）可以作为外部性，但是加总到上一层的经济活动，就变为内部化经济了。因此，城市化经济相对于企业和行业层面也呈现出外部性特征，但是相对于整个城市却是内部的。比如，在市场和人口密集地区，由于城市多样性产生的技术溢出效应导致企业成本下降，从而产生了城市化经济（Jacobs，1969）。如果从城市整体来看，则均属于内部化经济。因此，如果我们能够将整体经济效率与个体经济效率进行剥离的话，或许能发现外部性的程度有多大。

针对供给与需求，城市化和本地化经济的外部性可以理解为，不同相关行业公司之间的需求和供给关系，在这种关系中由于供给（或需求）环节减少产生了外部性，即购买中间投入（需求者）的"下游"公司会靠近"上游"公司（供应商），以节省运输成本并促进企业间发生经济联系，使上游公司（在相同或类似行业）的集聚会增加下游公司的外部性。这种相互依存关系，导致整体经济活动的集聚。例如，任何一个大型制造业企业周边，都会有众多中小配套企业存在，丰田汽车约70%的中间投入是从当地汽车相关行业的供应商那里提供的。Hirschman（1958）将这种供给联系定义为前向联系，而需求联系可作为后向联系，两种联系之间相互影响。尽管这种关系目前被解释为投入产出关系，但在特定空间范围内的这种投入产出，能够比远距离的投入产出关系带来更多收益，这种额外收益就是外部性所致。但是，由于还缺少将远距离的投入产出与近距离投入产出收益的比较方法，这种外部性还难以衡量。

3. 采用计量方法分析外部性

由于外部性的经济效应一般采用经济计量方法进行估计，故在实际应用时，一般是用某种聚集指标代表聚集特征，对所涉及的变量进行回归。常用的方法是经济计量。例如，斯特罗斯（Strobl，2004）利用爱尔兰数据中平均工厂规模（作为规模经济的代理），相对于增值的劳动力成本和单位产出的投入值，以及EG协同集聚指数，对区位商进行回归。巴里奥斯（Barrios，2003）等采用比利时、爱尔兰和葡萄牙的数据，分析了商品和服务、能源、投资、工资水平、研究和开发支出（R&D）和平均工厂规模，对EG指数进行回归。Alecke（2006）等用德国制造业研发、制造业投入、具有专业职业和大学学位的工人比例、代表高科技和中等技术产业的虚拟变量，对EG指数进行了回归。当下游行业根据上游行业的聚集与分散特征而进行产业布局时，霍姆斯（1999）检验了中间投入生产者的投入共享。但是，在分析过程中，他发现通过横截面数据无法建立集聚和分散之间的因果关系。

为了建立聚集与分散之间的因果关系，库（Koo，2005，2007）构建了集聚和溢出效应的同时性方程，用来解释经济活动集聚与知识溢出之间的相互作用或内生性。其中，聚集方程为：

$$FA_{ij} = \beta_0 + \beta_1 KS_{ij} + \beta_2 LP_{ij} + \beta_3 INP_{ij} + \beta_4 P_j + \beta_5 D_i + \varepsilon_{ij}$$

式中，FA_{ij}表示区域j产业i的集聚度，KS_{ij}是区域j产业i的知识溢出，LP_{ij}是区域j产业i的劳动力池；INP_{ij}是区域j产业i的投出可用性；P_j是区域j的人口；D_i是产业虚拟变量。

知识溢出方程为：

$$KS_{ij} = \alpha_0 + \alpha_1 FA_{ij} + \alpha_2 SE_{ij} + \alpha_3 SP_{ij} + \alpha_4 DV_j + \alpha_5 D_i + \mu_{ij}$$

式中，KS_{ij}是区域j产业i的知识溢出；FA_{ij}区域j产业i的集聚度；SE_{ij}是区域j产业i的小企业百分比；SP_{ij}是区域j产业i的产业专业化指数；DV_j是区域j的经济多样性；LC_{ij}是区域j产业i的地方竞争水平；D_i是产业虚拟变量。

两个公式中，聚集变量采用的是区域相对于国家的产业 I 的就业密度，知识溢出采用行业之间的研发流动。通过几个变量对聚集的影响，考察不同动力对聚集的影响。通过对一些研究文献的归纳，可以将针对聚集外部性的研究方法汇总见表8-1。

表8-1　聚集外部性测度及其研究文献

集聚外部性指标	实证指标	研究者
本地化经济	投入共享：商品中制造业与非制造业的投入比	Rosenthal 和 Strange（2001）；Alecke（2006）
	知识溢出：单位商品的创新	Rosenthal 和 Strange（2001）
	知识溢出：行业间的研发流动	Koo（2005，2007）
	知识溢出：Ellison - Glaeser 协同集聚指数	Rosenthal 和 Strange（2001）
	劳动力池：管理人员与工人数的比值	Rosenthal 和 Strange（2001）
城市化经济	暂无	
规模经济	工厂规模	Strobl（2004）；Barrios（2003）
要素密度（比较优势）	单位增加值的劳动力成本	Strobl（2004）
成本和需求联系	单位产出的投入	Strobl（2004）

二、生产函数的外部性分析

生产函数是经济学中最常用的表达方式，它以生产要素为基础，揭示了各要素配置对产出的影响。这种角度的研究，主要体现了在投入对产出影响的过程中，外部性在其中承担的角色。由于这些要素主要作为投入，这些投入可以作为成本，进一步分析，也可以从劳动力和固定成本角度揭示外部性的存在机制。

1. 总投入与总产出中外部性的作用

当研究一个地区的投入与产出关系过程中的外部性的角色时，生产函数被广泛用于衡量集聚效应，当证明企业本身条件不变，某地有较低成本或较高生产率时，说明外部性存在。在这样的框架中，集聚因子通常被假定为中性变化因子（被称为希克斯中性）。例如，在行业 i 区域 j 中的企业生产函数可表示为：

$$q_{ij} = h\ (m_{ij};\ v_{ij}),\qquad v_{ij} = g\ (A_{ij})\ f\ (k_{ij},\ l_{ij})$$

式中，g 是生产函数 h 的偏移因子，A_{ij} 是集聚变量的向量，q_{ij} 是产出，v_{ij} 是增值，k_{ij}、l_{ij} 和 m_{ij} 分别是资本、劳动和中间投入。根据经验，通常假设柯布—道格拉斯形式作为生产函数，该模型通常用来表示总量经济的变化。米尔斯（1967）和亨德森（1995）较早地将外部规模经济引入城市经济学领域，作为城市形成和发展的主要向心力来考虑，构成了城市集聚经济研究的重要基础。他们的主要思路是，在生产函数中增加外部规模经济的因素，将外部经济直接纳入模型框架之中。具体应用时，根据不同模型的需要，可以将外部规模经济效应局限于某一个产业内（地方化经济），也可以在所有产业之间体现出来（城市化经济）。

基于上述思想，在采用聚集指标的基础上，可以通过观察不同聚集指标在经济生产中的作用，判断外部性对经济生产的作用程度。在具体应用时，奇普曼（Chipman，1970）提出了一种通过估计方程的参数，来处理外部性经济的方法。其中，本地化经济一般通过该地区自身行业的就业份额来衡量，或者用聚集指数来代替。有学者认为，工业产出或增加值可能比就业份额或企业数量更体现本地化的外部性特征。因此，在具体回归时，采用工业产出作为指标，体现的是本地化经济的内部性过程中，工业产出或增加值的规模报酬递增性质。与此同时，针对城市化经济，通常用人口规模和密度指标。中村（Nakamura，1985）就采用这种思路，分别估算了城市化和本地化聚集的外部性对城市群经济的作用。

亨德森（2003）使用机械和高科技行业工厂层面的数据，估算了工厂层面的生产函数，并检验了本地化经济和城市化经济效应。他采用的城市经济变量指数和面板数据包含的企业特征值，来估计本地化经济外部性的滞后效应。公式为：

$$G_j^s = \frac{1}{I} \sum_{i=1}^{1} \left| S_{ij}^s - S_{i*} \right|$$

$$s_{ij}^S = \frac{x_{ij}}{\sum_{i=1}^{I} x_{ij}} = \frac{x_{ij}}{x_{*j}}, i = 1, \cdots, I; j = 1, \cdots, J$$

$$s_{i*} = \frac{\sum_{j=1}^{J} x_{ij}}{\sum_{i=1}^{I} \sum_{j=1}^{J} x_{ij}} = \frac{x_{i*}}{x_{**}^{*}}$$

公式中，x_{ij}是区域j中行业i的就业人数。费斯特（Feser，2001，2002）和劳尔等（Lall 等，2004）也使用微观企业数据和集聚因子（希克斯中性的对数型生产函数）来估计聚集效应。其中，费斯特（2001）关注的是，三位数字编码的两个行业；其中，城市化经济用总人口来衡量，本地化经济用以工厂为中心的50英里通勤半径内的行业总就业量衡量。费斯特（2002）使用相同的数据来估算马歇尔的三个集聚来源。其中，投入共享用工厂区域内的潜在中间供应，劳动力池用加总的区位系数，知识溢出采用该郡的大学研究支出。他们的共同点是，所有变量都采用了工厂间的距离做权重，以反映地理距离在聚集中的作用。

这种研究的有效方法是，在生产函数的基础上加入了聚集因子。例如，费斯特（2002）的具体思路是，假设：$Y_i = g(A_i) f(L_i)$，其中$f(L_i)$表示厂商的内部生产要素，$g(A_i)$表示与产业规模或者城市规模有关的厂商外部效应。用X和A分别表示投入要素和外部性，则上述公式可以进一步推导出，得出：

$$\ln Y = \alpha_0 + \sum_i \alpha_i \ln X_i + \sum_m \xi_m \ln A_m + \frac{1}{2} \sum_i \sum_j \beta_{ij} \ln X_i \ln X_j +$$

$$\frac{1}{2} \sum_m \sum_n \gamma_{mn} \ln A_m \ln A_n + \sum_i \sum_m \delta_{im} \ln X_i \ln A_m$$

求导后，进一步简化为：

$$\frac{\partial \ln Y}{\partial \ln A_m} = \xi_m + \sum_i \delta_{im} \ln X_i + \sum_n \gamma_{mn} \ln A_n$$

其中，A有三种属性：$A_{t,i}$表示厂商i的中间产品获得性，$A_{r,i}$表示专业化的劳动力池，$A_{u,i}$表示本地化的知识溢出。它们的计算公式分别如下：

$$A_{t,i} = \sum_p \sum_j E_{p,j} h_{ij} r_{kp}$$

式中，$E_{p,j}$是点 j 的产业 p 的规模（例如，就业、产出或者企业数量），h_{ij} 是工厂 i 与点 j 之间的距离，一般形式为 $h_{ij} = (m - d_{ij}) / (m - \alpha d_{ij})$，$m$ 是最大距离，d_{ij} 是县之间最大的圆弧距离。

$$A_{r,i} = \frac{\sum_p \sum_j \frac{E_p/E_{j,m}}{E_p/E_m} h_{ij}}{\sum_j h_{ij}}, d_{ij} = 1 \quad if \quad d_{ij} \leq 50, otherwise\ d_{ij} = 0$$

其中，$E_{p,j}$是点 j 的产业 p 的规模；$E_{j,m}$是点 j 的总制造业就业人数；E_p 是产业 p 的就业总人数；E_m 是制造业的就业总人数，h_{ij}是 $0 \sim 1$ 向量。

$$A_{u,i} = \sum_j U_j h_{ij}$$

式中，U_j 是点 j 的研究总支出，h_{ij}是点 i 与点 j 之间的距离。

另一种方法是直接用集聚变量对劳动生产率进行回归。例如，Rigby & Essletzbichler（2002）用包括聚集在内的几个变量，对劳动生产率进行回归，以检验美国大都市区域的生产率差异。但是，在具体选择指标时发现，很难根据城市化和本地化经济的代理变量解释回归结果，于是他们根据马歇尔的外部性定义，使用 Hirschman - Myrdal 因子（Hirschman，1958），直接构建了投入共享指数。其中，Hirschman - Myrdal 的因子计算公式如下：

$$\sqrt{(\sum_{i=1}^I \omega_{ik}\rho_i)(\sum_{i=1}^I \omega_{ki}\rho_i)}$$

式中，ω_{ik}是由投入产出表估算的产业 i 作为工业 k 供应商的权重，用就业人数行业分布的平方差之和代表劳动力池效应。梅尔和蒂明斯（Maré & Timmins，2006）同样根据当地劳动力市场层面提出的集中度指数、行业规模和区位商（本地化经济的代理），以及工厂层面的 H - H 指数，估算了集聚对于新西兰制造企业劳动生产率的效应。

可以看出，在生产函数中加入表示聚集的指标，作为除了要素以外的变量，其对生产效率或产出的贡献可以表示聚集产生的外部性；或者采用聚集指数对生产函数中某个要素的改变，表示外部性对该要素的作用，也可以反映外部性的贡献。总体来看，采用生产函数研究城市经济外部性，主要指标和方法如表 8 - 2 所示。

表 8 - 2　在生产函数反映集聚的测度变量

集聚指标	实证指标	研究者
本地化经济	行业的就业量或者企业数	
	集中度指数	
	区位商	Maré and Timmins（2006）Hanink（2006）
	工业产出或者增加值	
	区域专业化指数和面板数据包含的企业特征	Henderson（2003）
	通勤半径范围内的行业就业量	Feser（2001）
	投入共享：区域内潜在的中间供给	Feser（2002）
	投入共享：Hirschman - Myrdal 因子	Rigby and Essletzbichler（2002）
	知识溢出：大学的研究支出	Feser（2002）
	劳动力池：加总的区位系数	Feser（2002）
	劳动力池：就业的职业分布的平方差之和	Rigby and Essletzbichler（2002）
城市化经济	人口规模	Feser（2001）
	人口密度	
规模经济	市场潜力	Lall 等（2004）
行业集中度	区位商	Lall 等（2004）
城市密度	城市的公用事业和服务	Lall 等（2004）

2. 基于劳动力函数的外部性分析框架

为了进一步突出外部性对不同要素的作用，需要在上述生产函数基础上，进一步分析外部性对劳动需求的影响，或从劳动需求角度估计外部性的贡献。维拉德坎斯－马萨尔（Viladecans - Marsal，2004）从利润最大化行为的一阶条件导出劳动力需求函数，估计了西班牙城市的劳动力需求函数。该函数是由 CES（恒定替代弹性）生产函数导出。其中，城市经济变量采用了城市人口、城市人口的平方、人均行业就业人数和一个多样化指数。其中，城市人口的平方用来捕捉城市拥挤带来的聚集不经济，所采用的多样化指数为：

$$1 - 0.5 \sum_{k \neq i} |x_{kj}^S - x_{i*}|$$

在此基础上，维拉德坎斯－马萨尔（Viladecans - Marsal，2004）通过计算 Moran's I 指数来评估集聚经济超出行政边界的溢出效应。另外，也可以采用工资代表劳动力需求，如哈宁克（Hanink，2006）调查了新英格兰各郡不同产业（包括制造业）的工资差异，通过人口和区位商来衡量城市化经济和本地化经济，并使用 Moran 指数来捕捉经济活动集聚的空间外部性效应。尽管他的估计方程并非直接来自生产函数，但采用了对数线性形式的规模收益参数，能够反映聚集所产生的外部性效应。

生产函数中劳动力是非常重要的投入要素，在将就业人数作为劳动力加入到生产函数中的时候，就业人数的聚集与否可以反映劳动力池的大小。因此，很多学者将就业人数的聚集程度指标加入到生产函数，分析聚集的外部性（由于资本数据的缺乏，就业人数最为常用），如埃利森和格莱泽（Ellison & Glaeser，1997）。柏斯和尤塞（Paci & Usai，2006）使用意大利制造业就业专业化指数、部门就业的赫芬达尔指数的倒数、工厂员工分布的赫芬达尔指数，对经济效率进行了回归；亨德森（1995）针对美国大都市区的八个制造业部门，设计了城市多样性指数，观察其对城市经济的影响；马诺和大冢（Mano & Otsuka，2000）也使用了多样化指数作为自变量，估算了日本的区域就业增长方程；库姆斯（Combes，2000）基于专业化指数、多样性指数、内部规模经济和竞争指标，估计了它们与工资变化的关系；利姆（Lim，2007）在美国大都市区的高科技产业中，添加了一个外部性的解释变量，即由研发密度带来的空间知识溢出效应，并以每个工人的专利数量作为代理变量，以区域间的距离作为权重，对制造业的创新能力进行回归分析。归纳起来，基于劳动力函数的外部性分析，主要采用的指标是工资、就业增长等（见表 8-3）。

表 8-3　基于劳动函数的外部性分析用到的测度指标

集聚指标	实证指标	研究者
劳动力需求	工资	Viladecans-Marsal（2004），Hanink（2006）
劳动力需求	就业增长、平均就业增长率	Paci and Usai（2006），Lim（2007），Henderson（1995），Mano 和 Otsuka（2000），Van Oort（2007），Van Soest 等（2006）

3. 采用经济学范式分析外部性

经济学在解释外部性时，是将外部性收益视为"黑匣子"，通过非常简单的假设即可推导出均质空间下经济活动空间分布的不均衡特征，以及这种不均衡带来的产出效益。这样，可以省去了复杂的作用机制，仅作为结果解释经济的集聚现象，常用在城市空间结构、城市体系、地区差异等的研究中。由于这种研究范式一直没有打开这一"黑匣子"，对外部规模经济背后的知识外溢、劳动力池效应等集聚机制都没有作进一步分析，一定程度上被认为缺乏微观基础。针对此类模型的缺陷，很多研究者分别从知识外溢、劳动力池效应、中间投入品等各类集聚机制出发进行探索，为打开外部性"黑匣子"奠定了基础，也为进一步的研究提出了问题。

（1）关于空间结构与空间单元。范·乌特（Van Oort, 2007）通过使用被解释变量和自变量的空间滞后估计，捕获邻近空间的外部性效应，从而扩展了传统经济学的研究范式。范·索斯特等（2006）采用了一个某种不同的指数，在研究中把缺乏工业多样性定义为除工业之外的五大产业的就业份额，并估计了集聚对荷兰南部地区就业增长和新设立企业的影响。科恩和保罗（Cohen & Paul, 2003, 2005）估计了美国州级食品加工制造的成本函数，并解决了农产品生产过程中存在本州和邻州间的外部性空间联系。他们指定的三个集聚因素分别是：邻州食品生产的空间溢出效应，由本州和邻州的农业供给产生的供给侧溢出效应，由本州产品生产需求产生的需求溢出效应（城市化经济）。这个函数虽然较为有用，但由于空间数据的可得性，很难在城市或县级建立一致的成本数据集，使得在城市尺度上的外部性研究难以拓展。

（2）关于相互作用。大多数实证研究，从企业或行业的较高生产率来确认集聚的外部性经济，这意味着企业或行业通过空间布局的聚集来获得收益。从而得出，集聚分布影响企业的选址决策。与此同时，位于集聚区域的企业也会对集聚经济做出贡献，由此产生的集聚来源和企业选址决策之间存在着在同一时间的相互作用。要分析聚集与选址之间的相互作用，就需要基于行为模型构建这两种影响同时存在的生产函数，采用飞镖方法（Dartboard Approach）和生产函数方法的相互结合，可以为该研究找到突破口。

（3）城市化经济的外部性测度。由于本地化（专业化）聚集测度较为容易，因此大多数实证研究都集中在与本地化经济相关的集聚动力来源上。目前，尽管多样化聚集测度指标可以代替城市化指标，但它从本质上仍然是聚集的测度，在反映城市化方面仍有不足。最常用见的是，用人口或人口密度作为城市化经济的代理变量。但是，由于人口是一个包罗万象的指标，用来进行经济效率的测度针对性不强。尤其是后向联系效应不一定能被这些测度指标来捕捉或区分。因此，未来研究中，需要构造更有针对性的城市化变量，以代替其在生产和消费方面的作用。

（4）劳动力市场的供给与需求关系。一方面，劳动力池对劳动力供给侧有益，主要表现为劳动力的聚集意味着工人可以更容易地找到另一份工作，降低了寻找就业机会的成本，这使大城市往往吸引更多劳动力进入；另一方面，从公司对劳动力需求来看，多样化的产业聚集可以帮助那些寻求特定劳动技能的公司，找到更合适的工人，同样也可以节省招聘成本。由于劳动力池对供需双方均有益，职位和产业的多样性都很重要，在采用经济学模型时，如何体现两方面的重要性，应该在未来的劳动力池效应实证研究中得到更好的反映。

（5）知识溢出的衡量。知识溢出很难用指标来衡量，尤其是缄默知识。虽然互联网的快速发展使信息获取变得更容易，但是面对面交流以及活动的空间密度，依然是信息传播的重要途径。因此，很多学者直接采用聚集指标测度创新绩效（比如专利），但这种研究仍然停留在外部性的"黑匣子"中。对于反映这种交流沟通更直接的测度方法，即知识溢出的基础，一些学者已经通过集聚区域的问卷调查进行了探索，但需要更进一步的方法揭示引起知识溢出的机制。

此外，由于聚集主要针对实体空间，而经济和社会活动却往往按照行政范围进行统计，这导致区域和行政边界限制了集中度或专业化的测度。比如，当评估集聚经济时，活动的空间相互依赖性与信息溢出的范围，往往与行政边界不一致，这需要更精确的微观统计以及分析模型。

第二节　外部性实证研究中的空间计量方法应用

由于外部性体现的是在特定空间产生的额外收益，这种收益可以随距离而延伸，从而形成了特定的空间结构。因此，除了上述通过构建指标和建立生产函数模型外，对集聚的实证研究已经开始引入空间滞后变量和空间计量经济模型，以进一步明确生产要素分布所导致的空间效应行为，从而为进一步揭示外部性的空间结构提供了分析工具。

一、产业聚集外部性效应实证分析

产业聚集是城市经济研究的主要内容，城市聚集效应的研究也主要集中在产业领域。通常研究产业聚集效应时，均是将聚集作为一项自变量，经济效率、经济增长等各种综合指标作为因变量，然后观察各自变量对因变量的影响，根据回归系数判断聚集效应的大小。由于空间计量主要考察变量影响的空间扩散范围，故采用空间计量可以在考察这种影响的同时，观察到这种聚集效应在一定空间范围的延伸。

1. 不同产业聚集外部性对工资水平的影响

程中华和于斌斌（2014）以新经济地理学和城市经济学理论为基础，运用空间计量方法，引入地理距离分析制造业集聚、生产性服务业集聚、制造业与生产性服务业共同集聚，对地区工资水平的影响机制；然后，采用空间计量方法，进一步分析集聚外部性对地区工资水平的影响。他们根据边际成本与产业集聚的非线性关系，建了立如下的空间计量方程：

$$\ln wage_{it} = \rho \sum_{j=1}^{N} W_{ij} \ln wage_{jt} + \alpha \ln agglo_{it} + \gamma \ln mp_{it} + \delta \ln X_{it} + \eta_i + \nu_t + \varepsilon_{it}$$

$$\varepsilon_{it} = \lambda \sum_{j=1}^{N} W_{ij} \varepsilon_{jt} + u_{it}$$

式中，$wage$ 表示城市职工平均工资；$agglo$ 代表产业集聚水平；mp 表示市场潜能；X 表示其他控制变量；η_i 表示地区效应；ν_t 表示时间效应；ε_{it} 表示随机扰动项；ρ 为空间滞后系数；λ 为空间误差系数，ρ 和 λ 反映了城市之间的空间溢出效应。值得关注的是，W_{ij} 代表空间权重矩阵，以城市间直线距离的倒数为权重，回归后这个变量的系数和显著程度反映了一个城市的工资水平对周边城市工资随距离的传导。当然这种传导主要与空间距离有关，仍表现为空间相互作用的"黑匣子"状态。

由于外部性效应随着聚集增加会表现为聚集不经济，从而使聚集呈现出倒 U 形关系。为了进一步反映这种倒 U 形关系，笔者分别对制造业、生产性服务业和两者的共聚性对工资影响所呈现的二次关系进行验证。具体做法是，在模型中引入三种集聚水平的二次项，公式如下：

$$\ln wage_{it} = \rho \sum_{j=1}^{N} W_{ij} \ln wage_{jt} + \alpha_1 \ln magglo_{it} + \beta_1 \left(\ln magglo_{it} \right)^2 +$$
$$\alpha_2 \ln psagglo_{it} + \beta_2 \left(\ln psagglo_{it} \right)^2 + \alpha_3 \ln coagglo_{it} +$$
$$\beta_3 \left(\ln coagglo_{it} \right)^2 + \gamma \ln mp_{it} + \delta \ln X_{it} + \eta_i + \nu_t + \varepsilon_{it}$$

$$\varepsilon_{it} = \lambda \sum_{j=1}^{N} W_{ij} \varepsilon_{jt} + u_{it}$$

式中，$magglo$ 和 $psagglo$ 分别表示制造业集聚和生产性服务业集聚水平，且分别用区位商指数来衡量。其中，共同集聚指数用制造业与生产性服务业的产业集聚指数的相对差异来衡量，具体计算如下：

$$coagglo_i = 1 - \frac{\left| magglo_i - psagglo_i \right|}{\left(magglo_i + psagglo_i \right)}$$

另外，市场潜能（mp）按如下公式计算：

$$mp_i = \sum_{j \neq i} \frac{Y_j}{d_{ij}} + \frac{Y_i}{d_{ii}}$$

式中，Y 为城市国内生产总值，d_{ij} 为 i 城市到 j 城市的距离，d_{ii} 为 i 城市内部的距离。由于空间计量是直接采用空间权重矩阵作为一个变量，前提是需要证明所要考察的变量确实存在空间相关，一般用 Moran'I 指数进行检验。由此可以看出，在进入一般计量分析之前，空间外部性就已存在，这说明空间外部性其实在经济领域里具有普遍性。

2. 产业聚集对碳排放的影响

城市环境是城市所有活动的结果，是外部性最主要的内容之一。与此同时，产业活动既可以加剧环境压力，也可以通过聚集等空间结构的改变减轻对环境的压力。因此，好的产业空间组织和坏的产业空间组织都会对环境产生影响。无论对环境的影响好坏，都体现了城市的外部性。因此，很多学者从产业聚集的角度发现城市环境的外部性。

韩峰和谢锐（2017）采用空间计量方法，对中国地级及以上城市生产性服务业的聚集对碳排放的影响进行了分析。他们将生产性服务业作为工业发展的中间投入行业，采用 SP 指数作为生产性服务业专业化聚集的测度指标，DV 指数作为多样化聚集指标；并加入了从业人员、城市人口规模、人均 GDP、人力资本、FDI、城市交通、财政收入占 GDP 比重等城市发展指标，在引力模型基础上构建了地理区位与经济联系的综合权重矩阵，具体公式如下：

$$W_{gov,ij} = \begin{cases} \dfrac{(\overline{Q}_i \times \overline{Q}_j)}{d_{ij}^2}, & i \neq j \\ 0, & i = j \end{cases}$$

式中，$\overline{Q}_i$、$\overline{Q}_j$ 分别表示两两相联系城市的实际人均 GDP。由于城市环境具有本城市以及通过空间对相邻城市的传导，故笔者根据勒萨热和佩斯（LeSage & Pace，2009）的空间杜宾模型，进一步对直接效应和间接效应进行了分析。具体做法是，在空间杜宾模型中加入其他变量，公式如下：

$$y = \rho Wy + X\beta + WX\theta + l_n\alpha + \varepsilon \varepsilon \sim N(0, \delta^2 I)$$

$$(I_n - \rho W)\, y = X\beta + WX\theta + l_n\alpha + \epsilon$$

$$y = \sum_{r=1}^{k} S_r(W)\, x_r + V(W)\, l_n\alpha + V(W)\varepsilon$$

$$S_r(W) = V(W)(I_n\beta_r + W\theta_r), \quad V(W) = (I_n - \rho W)^{-1}$$

$$= I_n + \rho W + \rho^2 W^2 + \rho^3 W^3 + \cdots$$

$$
\begin{matrix} y_1 \\ y_2 \\ \vdots \end{matrix} = \sum_{r=1}^{k} \begin{pmatrix} S_r(W)_{11} & S_r(W)_{12} \cdots & S_r(W)_{n1} \\ S_r(W)_{21} & S_r(W)_{22} \cdots & \vdots \\ S_r(W)_{n1} & S_r(W)_{n2} \cdots & S_r(W)_{nn} \end{pmatrix} \begin{pmatrix} x_{1r} \\ x_{2r} \\ x_{nr} \end{pmatrix} + V(W) l_n \alpha + V(W)\varepsilon
$$

$$y_i = \sum_{r=1}^{k} [S_r(W)_{i1} x_{1r} + S_r(W)_{i2} x_{2r} + \cdots + S_r(W)_{in} x_{nr}] + V(W) l_n \alpha + V(W)\varepsilon$$

其中，$S_r(W)_{ij}$表示第i行第j个元素，$V(W)_i$代表第i行。这种方法将总效应分成了直接效应和间接效应，体现了城市环境的空间交互作用。总效应等于矩阵$S_r(W)$加总的均值，直接效应由矩阵$S_r(W)$中对角元素$S_r(W)_{ii}$的平均值得到，间接效应是矩阵$S_r(W)$中非对角元素的平均值，可通过总效应减去直接效应得到。

实证结果表明，生产性服务业专业化和多样化集聚，对邻近城市的碳排放有提升作用，且多样化集聚对碳排放的空间溢出效应明显大于专业化集聚。在此基础上，勒萨热和佩斯进一步验证了生产性服务业集聚对碳排放的溢出效应随距离衰减的变化情况。采取50千米的间隔构建了以下方程：

$$\ln I_{it} = \alpha + \rho \sum_{j=1, j\neq i}^{N} \omega_{ij}\ln I_{jt} + X_{it}\beta + \sum_{j=1}^{N} \omega_{ij} X_{ijt}\theta + u_i + \nu_t + \varepsilon_{it}$$

$$\varepsilon_{it} = \psi \sum_{j=1, j\neq i}^{N} \omega_{ij} \varepsilon_{jt} + \mu_{it}$$

研究结果表明，生产性服务业专业化集聚间接效应主要发生在 $0 \sim 300$ 千米范围内。可以看出，这种城市环境的外部性既有本地化，又有空间溢出；且这种空间溢出可以跨越行政界限。这反映了前述的空间外部性与行政单元的关系往往不匹配的事实。由于勒萨热和佩斯并没有进一步揭示环境外部性的传导机制，我们并不认为这完全是由空气污染的扩散所致；更深层次的原因可能是生产性服务业一般在大城市聚集，周边的中小城市往往是制造业（或者传统制造业），中心城市的服务业越发达，周边地区的制造业成长得越好，这种产业的规模越大，在技术水平不变的条件下，碳排放自然就越多。因此，这是一种产业聚集的空间溢出和环境空间溢出的双重作用。采用空间杜宾模型，虽然既可以体现本城市的外部性，也可以反映更大空间尺度的外部性；但是，对于多重外部性还难以识别。

3. 产业结构的外部性分析

城市的任何一项经济活动都有外部性，产业作为城市经济发展的主体，无论是总量变动，还是产业结构变动，均可产生外部性。对于产业结构变动产生的外部性，主要体现在结构调整引起的劳动生产率改变，由于产业活动的外部性，这种改变也能够产生外部性，即空间溢出。当然，某地产业结构升级如果可以带来相邻地区产业结构随之升级以及劳动生产率的提高，称之为正外部性；反之，则为负外部性。

于斌斌和金刚（2014）利用 2003～2011 年中国地级及以上城市数据，验证了城市产业结构调整和模式选择，对劳动生产率影响的空间溢出效应。基本思路是，在产业结构对劳动生活生产率的回归方程中，加入了空间权重矩阵，以发现这种效应随空间的扩散程度。一般来说，这个空间溢出可以是任何一项经济活动，当空间权重矩阵与某项经济活动的指标相乘时，表示这种经济活动的空间溢出，以此类推。想要验证哪种经济活动存在空间溢出，空间权重矩阵就与该项指标相乘。他们构造的空间计量模型如下：

$$\ln prod_{it} = \rho \sum_{j=1}^{N} W_{ij} \ln prod_{it} + \beta_1 stru_{it} + \beta_2 type_{it} + \gamma X_{it} + \alpha_i + v_t + \varepsilon_{it}$$

$$\varepsilon_{it} = \lambda \sum_{j=1}^{N} W_{ij} \varepsilon_{it} + \mu_{it}$$

式中，$prod_{it}$ 表示 i 城市在 t 时间的劳动生产率；$stru_{it}$ 表示产业结构调整指数；$type_{it}$ 表示城市模式指数；X_{it} 表示控制变量；α_i、v_t、ε_{it} 分别表示地区效应、时间效应和随机扰动项；ρ、λ 分别为空间滞后系数和空间误差系数，反映了城市之间的空间溢出效应；W_{ij} 表示空间权重矩阵，以城市间直线距离的倒数作为权重。由公式可以看出，空间权重矩阵是与因变量劳动生产率相乘的，故说明他们想验证的是产业结构对本地劳动生产率影响的同时，还向考察本地产业结构对相邻地区劳动生产率的影响。结果确实表明，中国城市间劳动生产率的溢出效应在 450 千米范围内呈先上升后下降的倒"U"形曲线。作为空间外部性的一个案例，进一步证明了产业结构的空间溢出范围。

二、城市相互作用的外部性分析

由城市外部性产生动力可知，城市规模越大、聚集越强，其外部性效应就越大。因此，城市规模与外部性息息相关。另外，城市群之间的相互作用，体现的是更大空间尺度的外部性。对于城市之间相互作用而产生的外部性进行实证分析，主要是通过空间计量，验证外部性效应的大小。

1. 城市规模等级体系中的外部性

基于城市之间相互作用时，不同规模城市的作用力有差别，且这种作用力与空间距离有关。程开明和庄燕杰（2012）据 1985~2009 年中国中部地区的城市人口数据，对该地区地级以上城市的位序—规模特征进行分析的同时，采用空间计量模型，验证不同城市规模对 Zipf 指数变化的影响。他们构造的空间计量模型如下：

$$\ln P_i = \rho \sum_{j=1}^{n} \omega_{ij}(\ln P_i) + \alpha - q \times \ln R_i + \varepsilon_i$$

式中，ε_i 独立同分布于 $N(0, \sigma^2)$，ω_{ij} 是空间权重矩阵 W 的元素，基于邻接性进行赋值；α 为空间滞后系数，反映空间扩散或空间溢出的程度，ρ 显著则表明因变量之间存在一定的空间依赖性。结果表明，城市规模的空间临近溢出，是以空间滞后体现的，即城市位序—规模法则与城市之间是否相邻有关系。在讨论城市位序—规模法则时，一般仅关注城市规模形成的等级关系，而忽视了空间邻近或空间距离，由于城市之间产生影响的同时存在空间相互作用，这种相互作用不但随不同规模的城市有别，同时还随不同的空间距离而变化。因此，城市之间的相互作用是多种因素综合叠加影响的结果。这个研究说明，城市规模等级体系需要考虑空间距离的作用。

2. 城市群空间扩散效应中的外部性

城市群作为多个城市在更大范围内的集群分布，其形成机制是城市之间的相互作用。在多个城市之间相互作用的过程中，根据地理学第一定理，任何空间相互作用都与空间距离有关，且随距离增加呈衰减趋势。基于这个规律，研究城市群中各城市之间的相互作用，需要考虑城市之间的距离对这种作用力的贡献。

毕秀晶和宁越敏（2013）利用人口普查数据及统计数据，分析大都市区的溢出效应及城市群的集聚与扩散特征和主要影响因素。作者在分析空间溢出效应时，首先，直接采用 Moran' I 指数发现城市之间的相互作用，根据各城市人口分布的空间变动状态，判断城市群中人口的聚集与扩散特征；然后，构造传统回归模型和空间计量模型，并对两者的结果进行了比较。其中，空间计量模型仅解决了城市之间相互作用是否与邻近大城市有关，旨在说明高等级城市向外扩散的趋势明显，且使得靠近大城市的周边县市人口和经济增长迅速，进一步验证了城市群中大城市向外扩散（其实也是一种空间外部性），这种扩散力在城市群中起着举足轻重的作用。

3. 城市产业结构与城市规模规模协同

前已述及，城市产业结构与城市规模在对城市生产效率产生影响的过程中，都表现出空间溢出特征。现实中，往往是多种因素以及多种外部性叠加的结果，需要将它们结合起来分析其外部性。但是，由于空间效应的叠加，目前尚没有可行的方法进行证明，对城市产业结构与城市规模之间的协同性进行研究，是突破这一限制的窗口。

柯善咨和赵曜（2014）运用城市生产性服务业—制造业聚集模型，从市场规模角度证明了大市场对提高劳动生产率有利，大市场意味着城市规模更大。因此，笔者将城市规模设定为一个固定的参照值，采用传统的计量模型，验证产业结构和城市规模的协同效应。结论显示，服务业—制造业部门结构，对城市经济效率的影响无论方向还是大小都受制于城市规模。城市经济效率与城市规模的相关关系表现为倒"U"形曲线；城市规模增大的边际收益随产业结构向服务业转变而增加。鉴于我国大部分地级市的实际规模仍小于最优规模，中小城市应强化聚集。

本书的结论仅为多种空间外部性提供了一个条件，也显示出聚集外部性的存在，但却未能进一步证明它们共同产生的空间溢出。如果能够探索出多种因素叠加的空间溢出效应，那么中小城市如何通过产业结构调整，强化聚集就可以进一步得到深化。

三、交通外部性分析

交通作为基础设施，其最大的效应就是通过空间外部性促进城市经济发展。但是，由于交通线路所经过地区（或地段）的区位不同，能够发挥这种外部性的条件有别，交通所产生的外部性有较大差异。通过实证分析可以发现这种外部性的大小，从而为交通建设和实现更多外部性提供依据。

1. 城市交通建设的外部性

龚维进和徐春华（2017）选用 2004～2013 年全国 273 个地级市的数据，运用空间杜宾模型，探讨交通便利性以及对外开放水平对我国房价的影响。其中，城市交通便利指标采用人均道路面积，被解释变量与空间权重矩阵相乘，表示房价变化的空间溢出。具体的方程如下：

$$\ln price_{it} = \rho W \ln price_{it} + \alpha I_N + X_{it}\beta + W X_t\theta + u_i + \lambda_t + \varepsilon_{it}$$

式中，$\ln price_{it}$ 为 $N \times 1$ 的被解释变量向量；矩阵 X 为包括交通便利性、开放水平及其交互项等，主要解释变量和相应控制变量在内的解释变量矩阵；W 为空间权重矩阵；I_N 为单位向量；u_i、λ_t、ε_{it} 分别为空间效应、时间效应和扰动项变量。由于房价变动既是本地交通便利的结果，同时也影响到相邻城市，故采用的是空间杜宾模型来反映两种空间溢出。

2. 城市外部交通（高铁）产生的外部性

高铁对中国城市空间结构的改善举世瞩目，高铁开通带动城市经济效率的提高也已经得到公认。但是，由于城市本身发展条件不同，城市在利用这种外部性时，所表现出的反映水平有别。正是城市的这种异质性，使高铁的外部性表现出了极大的丰富性，高铁的空间溢出程度以及对不同城市的影响都有待于进一步观察。

王雨飞和倪鹏飞（2016）在假设高铁对城市经济产生增长效应和结构效应的前提下，对这两种效应进行了实证分析。他们认为，增长效应主要体现在交通对区域间经济发展的空间溢出（空间外部性），促进了沿线城市的经济增长；结构效应主要通过改变经济空间格局而实现。其中，空间格局的改变即是改变外部性的动力基础。作者通过将两种效应相结合，分析它们共同对城市经济增长产生影响的同时，还加入了对经济增长变量的空间溢出项，观察高铁发展对两种效应及其结果的空间溢出。具体方程为：

$$\ln Y_i = \rho \sum_{j=1}^{n} \omega_{ij} \ln Y_j + \beta_1 \ln K_i + \beta_2 \ln L_i + \beta_3 \ln H_i + \beta_4 X_i + \varepsilon_i$$

$$\varepsilon_i = \lambda \sum_{j=1}^{n} \omega_{ij} \varepsilon_i + \mu_i$$

式中，下标 i 表示地级城市；X 为控制变量集合；ε 是随机扰动项；ρ 是空间滞后系数，反映样本观测值的空间依赖性；λ 是空间误差系数，反映误差结构中存在的空间相关性。当 λ 值为 0 时，空间计量模型称为空间滞后模型（SLM）；当 ρ 值为 0 时，空间计量模型称为空间误差模型（SEM）。空间滞后系数和空间误差系数反映邻近城市之间经济产出的相互影响和作用，即经济的空间溢出效应。ω_{ij} 是空间权重矩阵 W 的元素，反映城市之间的空间联系。

王雨飞和倪鹏飞（2016）设置了三种空间权重矩阵：一是基于地理距离的空间权重矩阵；二是包含高铁在内的综合交通体系下的时间距离权重矩阵；三是将高铁运输方式剥离掉后仅含公路、高速公路和普通铁路的时间距离权重矩阵。通过三种空间权重矩阵，比较不同情况下的空间溢出，使空间溢出内容更详细和丰富。

四、公共服务外部性

与交通等基础设施一样，公共服务也具有显著的外部性，但这种外部性主要表现在城市内部，尤其是近距离的空间范围。因此，为了缩小城市之间的发展差距，常常需要实现公共服务均等化。观察公共服务均等化引起的空间外部性大小，可以为合理布局城市公共服务提供依据。

1. 公共服务均等化对城市化的影响

城市优越于农村的主要标志是城市比农村有更好的公共服务，为了在快速城市化过程中缩小城乡差距，就需要在城乡合理布局公共服务，以避免城市公共服务过多加剧城乡差距，或者农村公共服务过多降低效率阻碍城市化。

李斌等（2015）在验证了城市化有明显的空间正相关后，构建了公共服务评价指标体系、城乡公共服务均等化评价指标体系，在控制了民生财政支出、经济发展水平和就业结构的条件下，建立了动态空间自回归模型：

$$URB_{it} = \alpha_0 + \alpha_1 URB_{i(t-1)} + \rho W \times URB_{it} + \alpha_2 AREA_{it} + \alpha_3 DIST_{it} + \alpha_4 FINA_{it} +$$
$$\alpha_5 \left(AREA_{it} \times FINA_{it} \right) + \alpha_6 \left(DIST_{it} \times FINA_{it} \right) + \alpha_7 GDP_{it} + \alpha_8 STRU_{it} + \varepsilon_{it}$$

式中，URB_{it} 代表 i 城市第 t 年的城市化水平，$URB_{i(t-1)}$ 为城市化水平的滞后一期，用来衡量城市化发展的时间惯性，W 代表空间权重矩阵，且使用的是相邻矩阵，即两城市相邻记为 1，不相邻记为 0。$AREA_{it}$、$DIST_{it}$、$FINA_{it}$、GDP_{it} 和 $STRU_{it}$ 分别表示 i 城市第 t 年的公共服务差异度指数、城乡公共服务均等化水平、民生财政支出水平、经济发展水平和就业结构；交叉项 $AREA_{it} \times FINA_{it}$ 用来衡量民生财政支出通过影响地区公共服务差异而对城市化产生的影响；$DIST_{it} \times FINA_{it}$ 则用来衡量民生财政支出通过影响城乡公共服务均等化而对城市化产生的影响。结果显示，邻近城市的公共服务水平促进了本地的城市化进程；邻近地区的城乡公共服务均等化水平并不会影响本地的城市化进程。实际上，城市化进程意味着城市比农村更容易吸引人口流入，因此，城市公共服务的提升强化了这种吸引力；反之，农村公共服务的提高对这种吸引力是一种削弱。所以，城乡公共服务均等化不利于城市化。

2. 公共服务均等化对人口流动的外部性

公共服务均等化表现在两个方面：一个是城乡公共服务均等化，另一个是城市之间的公共服务均等化。上述研究已经证明前者不利于城市化；后者对城市人口流动的影响需要进一步分析。

李拓和李斌（2015）采用中国 286 个城市 2002～2012 年的数据，再次运用空间计量模型，对城市公共服务水平对人口流动的影响进行分析。与之前研究不同的是，本研究中作者将空间权重矩阵与每一个自变量都相乘，说明作者想要观察各变量所产生的空间溢出效应，使空间外部性变成普遍现象。由仅考虑因变量的空间溢出到考虑所有变量空间溢出，方程变换如下：

$$POP_{it} = \alpha_0 + \rho W \times POP_{it} + \alpha_1 \ln PUB_{it} + \alpha_2 \ln INI_{it} + \alpha_3 \ln LOG_{it} + \alpha_4 \ln ECO_{it} +$$
$$\alpha_5 \ln STR_{it} + \alpha_6 \ln URB_{it} + \alpha_7 CET_{it} + \varepsilon_{it}$$

$$POP_{it} = \alpha_0 + \rho W \times POP_{it} + \alpha_1 \ln PUB_{it} + \alpha_2 \ln INI_{it} + \alpha_3 \ln LOG_{it} + \alpha_4 \ln ECO_{it} +$$
$$\alpha_5 \ln STR_{it} + \alpha_6 \ln URB_{it} + \alpha_7 CET_{it} + \alpha_8 W \times \ln PUB_{it} + \alpha_9 W \times \ln INI_{it} +$$
$$\alpha_{10} W \times \ln LOG_{it} + \alpha_{11} W \times \ln ECO_{it} + \alpha_{12} W \times \ln STR_{it} + \alpha_{13} W \times \ln URB_{it} +$$
$$\alpha_{14} W \times CET_{it} + \varepsilon_{it}$$

式中，POP_{it} 表示 i 城市第 t 年的人口流入速度；W 代表空间权重矩阵，采用的是相邻空间矩阵，即两城市相邻为 1，不相邻为 0；系数 ρ 用来衡量人口流动的相关度；$\ln PUB_{it}$、$\ln INI_{it}$、$\ln LOG_{it}$、$\ln ECO_{it}$、$\ln STR_{it}$、$\ln URB_{it}$ 分别表示 i 城市第 t 年的公共服务差异度指数、地区收入差异度指数、人口地理饱和指数、人口经济饱和指数、产业结构指数和城市化指数；CET_{it} 则是表示核心城市虚拟变量，核心城市为 1，非核心城市为 0。在这个模型基础上，他们又采用了空间自回归和空间杜宾模型，以进一步观察中国跨地区人口流动的影响因素。结果显示，地区间公共服务差异是影响人口流动的重要因素，目标城市的公共服务水平相对越高，人口的流入速度越快。由于核心城市具有的各种优势，更容易吸引人口，这正是中国人口持续向大城市集聚的原因。

因此，从上述的实证研究中可以清楚地发现，空间外部性是城市经济发展的普遍现象，这种外部性产生的收益可以从很多方面得到证实。任何一个问题都可以成为空间外部性的研究领域。目前面临的研究瓶颈，不是如何证明这种外部性，而是需要揭示外部性的运行机制，或者运用方法找出各种外部性相互作用的关系，从而推动城市经济空间价值的挖掘和寻找实现路径。

参考文献

[1] 安虎森，邹璇. 最优城市规模选择与农产品贸易成本[J]. 财经研究，2008（7）：74-86，97.

[2] 安琳，李红霞，杨选良. 基于改进熵值法的西部地区城市化水平综合评价研究[J]. 统计与信息论坛，2007（5）：87-90.

[3] 巴顿. 城市经济学[M]. 北京：商务印书馆，1984.

[4] 白永亮，石磊，党彦龙. 长江中游城市群空间集聚与扩散——基于31个城市18个行业的劳动力要素流动检验[J]. 经济地理，2016，36（11）：38-46.

[5] 毕秀晶，宁越敏. 长三角大都市区空间溢出与城市群集聚扩散的空间计量分析[J]. 经济地理，2013，33（1）：46-53.

[6] 蔡景辉，任斌，黄小宁. 城市规模对流动人口幸福感的影响——来自RUMIC（2009）的经验证据[J]. 贵州财经大学学报，2016（1）：89-99.

[7] 蔡永龙，陈忠暖，刘松，张学良，翁锦娜. 快速铁路开通对海南岛空间可达性格局和空间公平性的影响[J]. 经济地理，2018，38（1）：36-45.

[8] 曹飞. 新型城镇化质量测度、仿真与提升[J]. 财经科学，2014（12）：69-73.

[9] 陈莉，李姣姣. 基于 GA-PSO-ACO 综合指数的新型城镇化质量评估[J]. 统计与决策，2017（22）：55-58.

[10] 陈彦光. 城镇等级体系的 Beckmann 模型与三参数 Zipf 定律的数理关系——Beckmann 城镇等级-规模模型的分形与分维[J]. 华中师范大学学报（自然科学版），2001，35（2）：229-233.

[11] 陈治. 资源型城市生产要素配置与经济增长关系实证分析[J]. 统计与

决策，2015（12）：131－133.

［12］陈卓咏．最优城市规模理论与实证研究［M］.北京：中国社会科学出版社，2013.

［13］程开明，庄燕杰．城市体系位序—规模特征的空间计量分析——以中部地区地级以上城市为例［J］.地理科学，2012，32（8）：905－912.

［14］程中华，于斌斌．产业集聚与地区工资差距——基于中国城市数据的空间计量分析［J］.当代经济科学，2014，36（6）：86－94，125.

［15］仇保兴．紧凑度和多样性——我国城市可持续发展的核心理念［J］.城市规划，2006，30（11）：18－24.

［16］邓春玉．基于对外经济联系与地缘经济关系匹配的广州国家中心城市战略分析［J］.地理科学，2009，29（3）：330－335.

［17］丁巧云，王力．证券公司规模经济实证研究——基于 DEA 和超越对数成本函数法［J］.沈阳工业大学学报（社会科学版），2014，7（6）：529－534.

［18］丁睿，顾朝林，庞海峰，李震．2020 年中国城市等级规模结构预测［J］.经济地理，2006（12）：215－218.

［19］董春，梁双陆，刘纪平，张玉．地形和交通条件约束下的空间相互作用模型改进及应用［J］.中山大学学报（社会科学版），2017，57（5）：201－208.

［20］都沁军，武强．基于指标体系的区域城市化水平研究［J］.城市发展研究，2006（5）：5－8.

［21］段亚明，刘勇，刘秀华，王红蕾．基于 POI 大数据的重庆主城区多中心识别［J］.自然资源学报，2018，33（5）：788－800.

［22］樊福卓．一种改进的产业结构相似度测度方法［J］.数量经济技术经济研究，2013（7）：98－115.

［23］方创琳，祁魏锋．紧凑城市理念与测度研究进展及思考［J］.城市规划学刊，2007，1（2）：65－73.

［24］冯健，周一星．近 20 年来北京都市区人口增长与分析［J］.地理学报，2003，58（6）：903－916.

［25］傅红春，金俐，金琳．幸福框架下的最优城市规模［J］.城市问题，2016（2）：14－24，58.

［26］于春晖，郑若谷．中国地区经济差距演变及其产业分解［J］.中国工业经济，2010（6）：25－34.

［27］高蓉蓉，盖锐. 基于 TCF 函数的银行规模经济的实证研究［J］. 统计与决策，2015（19）：161-163.

［28］耿乃国，王永刚. 中国城市群经济规模效应研究［M］. 北京：北京师范大学出版社，2010.

［29］"工业化与城市化协调发展研究"课题组. 工业化与城市化关系的经济学分析［J］. 中国社会科学，2002（2）：44-56.

［30］龚维进，徐春华. 交通便利性、开放水平与中国房价——基于空间杜宾模型的分析［J］. 国际贸易问题，2017（2）：50-60.

［31］郭洁，吕永强，沈体雁. 基于点模式分析的城市空间结构研究——以北京都市区为例［J］. 经济地理，2015，35（8）：68-74.

［32］国家城调总队，福建省城调队课题组. 建立中国城市化质量评价体系及应用研究［J］. 统计研究，2005（7）：15-19.

［33］韩峰，谢锐. 生产性服务业集聚降低碳排放了吗？——对我国地级及以上城市面板数据的空间计量分析［J］. 数量经济技术经济研究，2017，34（3）：40-58.

［34］韩笋生，秦波. 借鉴"紧凑城市"理念实现我国城市的可持续发展［J］. 国外城市规划，2004（6）：23-27.

［35］何博汶，杨显明. 嘉陵江流域（川渝地区）城镇经济联系空间格局演化研究［J］. 四川文理学院学报，2017（7）：113-118.

［36］何娟，丁磊，牛小丹. 城市开放空间价值评估：Hedonic 法应用研究［J］. 中国人口·资源与环境，2016，26（5）：393-396.

［37］胡安俊，刘元春. 中国区域经济重心漂移与均衡化走势［J］. 经济及理论与经济管理，2013（12）：101-109.

［38］华中，牛慧恩. 城市化水平测度方法与实证研究——以深圳市特区外地区为例［J］. 城市规划，2003，27（11）：34-38.

［39］黄焕春，李明玉. 延边城市体系内部经济关系研究［J］. 黑龙江大学自然科学学报，2010，27（3）：304-307.

［40］黄木易，褚楚，何翔. 皖江城市带新型城镇化质量测度及障碍因子诊断［J］. 合肥工业大学学报（社会科学版），2017，31（6）：18-26.

［41］季菲菲，陈雯，魏也华，袁丰. 长三角一体化下的金融流动格局变动及驱动机理——基于上市企业金融交易数据的分析［J］. 地理学报，2014，69

（6）：823－837.

[42] 简·K. 布吕克纳. 城市均衡的结构：对穆特－米尔斯模型的统一处理[M]//埃德温·S. 米尔斯. 城市经济学，北京：经济科学出版社，2003：94－115.

[43] 蒋殿春，张庆昌. 美国在华直接投资的引力模型分析[J]. 世界经济，2011（5）：26－41.

[44] 蒋冠宏，蒋殿春. 中国对外投资的区位选择基于投资引力模型的面板数据检验[J]. 世界经济，2012（9）：21－40.

[45] 蒋涛，沈正平. 聚集经济与最优城市规模探讨[J]. 人文地理，2007（6）：68－71.

[46] 焦张义. 房价、生态环境质量与最优城市规模[J]. 南方经济，2012（10）：63－73.

[47] 金相郁. 最佳城市规模理论与实证分析：以中国三大直辖市为例[J]. 上海经济研究，2004（7）：35－43.

[48] 井晓鹏，周杜辉. 县域城镇化水平差异的人工神经网络测定——以陕西省为例[J]. 城市问题，2011（7）：66－69.

[49] 柯善咨，赵曜. 产业结构、城市规模与中国城市生产率[J]. 经济研究，2014，49（4）：76－88，115.

[50] 李斌，李拓，朱业. 公共服务均等化、民生财政支出与城市化——基于中国286个城市面板数据的动态空间计量检验[J]. 中国软科学，2015（6）：79－90.

[51] 李陈，靳相木. 基于引力模型的中心镇空间联系测度研究——以浙江省金华市25个中心镇为例[J]. 地理科学，2016，36（5）：724－732.

[52] 李浩，钱永坤. 企业规模经济衡量方法的选择与构建[J]. 商业时代，2010（10）：65－66.

[53] 李红启. 基于Wilson模型的物流空间相互作用[J]. 经济地理，2008，28（4）：587－591.

[54] 李慧玲，戴宏伟. 京津冀与长三角城市群经济联系动态变化对比——基于城市流强度的视角[J]. 经济与管理，2016，30（2）：9－16.

[55] 李健，中村良平. 城市空间人口密度模型研究综述[J]. 国外城市规划，2006，21（1）：40－47.

[56] 李俊峰，焦华富．江淮城市群空间联系及整合模式[J]．地理研究，2010，29（3）：535－544．

[57] 李山，王铮，钟章奇．旅游空间相互作用的引力模型及其应用[J]．地理学报，2012，67（4）：526－544．

[58] 李拓，李斌．中国跨地区人口流动的影响因素——基于286个城市面板数据的空间计量检验[J]．中国人口科学，2015（2）：73－83，127．

[59] 李小云，杨宇，刘毅，王钰鑫．1990年以来中国经济重心和人口重心时空轨迹及其耦合趋势研究[J]．经济问题与探索，2017（11）：1－9．

[60] 李振福．城市化水平综合测度模型研究[J]．北方交通大学学报（社会科学版），2003（2）：75－80．

[61] 梁斌，孙久明．从城市空间相互作用理论看浦东、浦西的协调发展[J]．财经研究，1991（4）：31－35．

[62] 梁晨，曾坚．城市流视角下京津冀城市群网络联系测度[J]．城市问题，2019（1）：78－83．

[63] 梁进社．逆序的Beckmann城镇等级—规模模式及其对位序—规模法则的解释力[J]．北京师范大学学报（自然科学版），1999，35（1）：132－135．

[64] 梁普明．中国城镇化进程的特殊性及测度方法研究[J]．统计研究，2005（4）：9－15．

[65] 梁琦．中国工业的区位基尼系数——兼论外商直接投资对制造业集聚的影响[J]．统计研究，2013，20（9）：21－25．

[66] 廖志强，江辉仙．基于改进潜能模型的城市医院空间可达性研究——以福州市仓山区为例[J]．福建师范大学学报（自然科学版），2018，34（1）：38－49．

[67] 林泉．城市化指标体系的实证分析[J]．城市问题，2001（4）：14－17．

[68] 刘春霞，朱青，李月臣．基于距离的北京制造业空间集聚[J]．地理学报，2006，61（12）：1247－1258．

[69] 刘继生，陈彦光．城镇体系等级结构的分形维数及其测算方法[J]．地理研究，1998（1）：83－90．

[70] 刘玲玲，周天勇．对城市规模理论的再认识[J]．经济经纬，2006（1）：112－115．

［71］刘妙龙，陈雨，陈鹏，陈捷．基于等级钟理论的中国城市规模等级体系演化特征［J］.地理学报，2008，63（12）：1235－1245.

［72］刘少湃，田纪鹏，陆林．上海迪士尼在建景区客源市场空间结构预测——旅游引力模型的修正及应用［J］.地理学报，2016，71（2）：304－321.

［73］吕斌，祁磊．紧凑城市理论对我国城市化的启示［J］.城市规划学刊，2008（4）：61－63.

［74］吕薇，刁承泰．中国城市规模分布演变特征研究［J］.西南大学学报（自然科学版），2013，35（6）：136－141.

［75］马树才，宋丽敏．我国城市规模发展水平分析与比较研究［J］.统计研究，2003（7）：30－34.

［76］梅志雄，李诗韵，赵书芳，陆军辉．珠三角城市经济与环境协调关系的时空演变［J］.华南师范大学学报（自然科学版），2016，48（5）：74－81.

［77］屈晓杰，王理平．我国城市化进程的模型分析［J］.安徽农业科学，2005，33（10）：1938－1984.

［78］沈迟．关于城市化水平计算方法的探讨［J］.城市规划，1997（1）：22.

［79］宋正娜，陈雯，车前进．基于改进潜能模型的就医空间可达性度量和缺医地区判断——以江苏省如东县为例［J］.地理科学，2010，30（2）：213－219.

［80］孙浦阳，武力超．城市的最优发展规模：基于宜居视角的研究［J］.上海经济研究，2010（7）：31－40.

［81］孙三百，黄薇，洪俊杰，王春华．城市规模、幸福感与移民空间优化［J］.经济研究，2014，49（1）：97－111.

［82］孙学勇．内蒙古第二产业规模报酬评价——基于 C－D 生产函数理论及回归分析方法［J］.内蒙古科技与经济，2012（4）：21－22.

［83］谭清美，陆菲菲．Ellison－Glaeser 指数的修正方法及其应用——对中国制造业行业集聚的再测度［J］.技术经济，2016（11）：62－67.

［84］唐任伍，肖彦博．基于 ROXY 指数的中国"逆城市化"［J］.经济与管理研究，2017，38（3）：36－42.

［85］陶卓霖，戴特奇，郑清菁，梁进社．空间相互作用模型中的目的地竞争效应——基于中国城市间铁路客流数据的实证研究［J］.地理科学，2017，37（2）：181－189.

［86］田莉.探究最优城市规模的"斯芬克司之谜"——论城市规模的经济学解释［J］.城市规划学刊，2009（2）：63－68.

［87］万庆，吴传清.六大视角下最优城市规模研究进展与展望［J］.区域经济评论，2017（1）：107－114.

［88］王德忠，庄仁兴.区域经济联系定量分析初探——以上海与苏锡常地区经济联系为例［J］.地理科学，1996，16（2）：51－57.

［89］王丰龙，曾刚，叶琴，陈弘挺.基于创新合作联系的城市网络格局分析——以长江经济带为例［J］.长江流域资源与环境，2017，26（6）：797－805.

［90］王慧娟，兰宗敏，金浩，张超.基于夜间灯光数据的长江中游城市群城镇体系空间演化研究［J］.经济问题探索，2017（3）：107－114.

［91］王明杰，韩勇.济南市都市圈城市空间关联分析［J］.山东师范大学学报（自然科学版），2016，31（2）：89－95.

［92］王文博，袁海.陕西省城市化进程的实证分析［J］.统计与信息论坛，2003（7）：25－27.

［93］王小鲁，夏小林.优化城市规模推动经济增长［J］.经济研究，1999（9）：22－29.

［94］王欣，吴殿廷，王红强.城市空间经济联系的定量计算［J］.城市发展研究，2006（5）：55－59.

［95］王雨飞，倪鹏飞.高速铁路影响下的经济增长溢出与区域空间优化［J］.中国工业经济，2016（2）：21－36.

［96］王振波，张颖，翟婧彤，王丽艳.京津冀城市群城市规模分布演进机理研究［J］.北京联合大学学报（人文社会科学版），2016，14（2）：41－48.

［97］吴连霞，赵媛，吴开亚，管卫华.人口结构与经济重心空间耦合演化及机制探析——以江苏省为例，经济问题探索，2017（12）：91－101.

［98］吴敏洁，徐常萍，唐磊.制造业泰尔熵指数及其对全要素生产率TFP的影响研究［J］.统计与决策，2018（21）：130－134.

［99］吴文钰，马西亚.1990年代上海人口密度模型及演变［J］.市场与人口分析，2007，13（2）：40－47.

［100］吴艳霞，张道宏.城市发展水平的综合评价与实证分析［J］.经济与管理研究，2005（8）：66－69.

［101］西蒙·库兹涅茨.各国经济的增长［M］.常勋，译.商务印书馆，

1985：87.

[102] 夏骥. 基于威尔逊模型的焦作旅游业国内市场再分析[J]. 河南理工大学学报（社会科学版），2005，6（4）：287－292.

[103] 谢静，马爱霞. 创新视角下我国医药制造业集聚水平分析——基于D－O指数的企业精准地理位置测度[J]. 科技管理研究，2017（15）：170－178.

[104] 谢念斯，刘胜华. 基于引力模型的武汉市城区——郊区空间相互作用动态分析[J]. 国土与自然资源研究，2017（3）：33－37.

[105] 许抄军，罗能生，吕渭济. 基于资源消耗的中国城市规模研究[J]. 经济学家，2008（4）：56－64.

[106] 许抄军. 基于环境质量的中国城市规模探讨[J]. 地理研究，2009，28（3）：792－802.

[107] 杨吾扬. 论城市体系[J]. 地理研究，1987，6（3）：1－8.

[108] 杨晓娟. 新经济时代区域产业结构转型升级水平测度方法及实证研究[J]. 改革与开放，2017（7）：19－22.

[109] 姚文萃，周婕，陈虹桔，陈秋华. 基于互联网公共信息流的区域网络空间结构研究[J]. 经济地理，2017，37（10）：10－16.

[110] 姚永玲. 北京郊区化进程中的"超非均衡"空间结构[J]. 经济地理，2011（9）：1458－1462.

[111] 于斌斌，金刚. 中国城市结构调整与模式选择的空间溢出效应[J]. 中国工业经济，2014（2）：31－44.

[112] 袁海红，张华，曾洪勇. 产业集聚的测度及其动态变化——基于北京企业微观数据的研究[J]. 中国工业经济，2014（9）：38－50.

[113] 袁正，郑勇，韩骁. 城市规模与居民幸福感的关系[J]. 城市问题，2012（5）：29－33＋49.

[114] 袁政. 区域平衡发展优势理论探讨——城市相互作用理论视角[J]. 武汉大学学报（哲学社会科学版），2010，63（5）：667－672.

[115] 张佰瑞. 城市化水平预测模型的比较[J]. 理论界，2007（4）：48－51.

[116] 张耕田. 关于建立城市化水平指标体系的探讨[J]. 城市问题，1998（1）：6－9.

[117] 张洪，金杰. 城市地价空间的计量经济分析——以昆明市为例[J].

资源科学，2007，29（4）：25 – 32.

［118］张可云．中国区域城市化管理水平比较研究［J］．中国人民大学学报，2015（5）：90 – 101.

［119］张延吉，吴凌燕，秦波．北京市生产性服务业的空间集聚及影响因素——基于连续平面的测度方法［J］．中央财经大学学报，2017（9）：113 – 120.

［120］张臻汉．资源集约与城市化的最优规模［J］．经济与管理研究，2012（6）：79 – 85.

［121］赵伟，余峥．中国城市群聚集辐射效应测度［J］．城市问题，2017（10）：13 – 24.

［122］赵梓渝，庞瑞秋，王士君．长春市大型零售设施空间可达性绩效测度［J］．地理研究，2016，35（3）：431 – 441.

［123］赵作权．空间格局统计与空间经济分析［M］．北京：科学出版社，2014：8，92 – 112.

［124］钟少颖，杨鑫，陈锐．层级性公共服务设施空间可达性研究——以北京市综合性医疗设施为例［J］．地理研究，2016，35（4）：731 – 744.

［125］周立彩，陈鸿宇．城市化进程模型新探［J］．岭南学刊，2001（5）：55 – 58.

［126］周民良．经济重心、区域差距与协调发展［J］．中国社会科学，2000（2）：42 – 53.

［127］周霞，王德起，刘海楠，高玉娟．城市群城镇等级体系：理想金字塔与演变趋势［J］．城市发展研究，2007，24（6）：23 – 29.

［128］周一星．城市地理学［M］．北京：商务印书馆，2003：203 – 222.

［129］Alecke，B.，C. Alsleben，F. Scharr and G. Untiedt. Are there really high – tech clusters? The geographic concentration of German manufacturing industries and its determinants［J］．Annals of Regional Science，2006（40）：19 – 42.

［130］Alonso W. The economics of urban size［J］．Papers in Regional Science，1971，26（1）：67 – 83.

［131］Alperovich，G. Determinants of urban population density functions：A procedure for efficient estimates［J］．Regional Science and Urban Economics，13（4）：287 – 295.

［132］Alperovich，G. Determinants of population density gradient in tel aviv metropolitan area [J]. Urban Studies, 1980, 17 (2): 185 – 192.

[133] Amiti M. Specialization patterns in Europe [J]. Weltwirtschaftliches Archiv, 1999, 135 (4): 573 – 593.

[134] Anas A, Arnott R, Small K A. Urban spatial structure [J]. Journal of economic literature, 1998, 36 (3): 1426 – 1464.

[135] Arnott R J, Stiglitz J E. Aggregate land rents, expenditure on public goods, and optimal city size [J]. The Quarterly Journal of Economics, 1979, 93 (4): 471 – 500.

[136] Arnott R. Does the Henry George Theorem provide a practical guide to optimal city size? [J]. American Journal of Economics and Sociology, 2004, 63 (5): 1057 – 1090.

[137] Arnott R. Optimal city size in a spatial economy [J]. Journal of Urban Economics, 1979, 6 (1): 65 – 89.

[138] Au C C, Henderson J V. How migration restrictions limit agglomeration and productivity in China [J]. Journal of Development Economics, 2006, 80 (2): 350 – 388.

[139] Barrios, S. , L. Bertinelli, E. Strobl and A. C. Teixeira. Agglomeration economies and the location of industries: A comparison of three small European countries [C]. CORE Discussion Paper, No. 67, 2003.

[140] Bergstrand, J. H. The gravity equation in international trade: Some microeconomic foundations and empirical evidence [J]. Rev. Econ. Stat, 1985, 67 (3): 474 – 481.

[141] Black D, Henderson V. A theory of urban growth [J]. Journal of political economy, 1999, 107 (2): 252 – 284.

[142] Bruelhart, M, Traeger, R. An account of geographic concentration patterns in Europe [J]. Reg. Sci. Urban Econ, 2005 (35): 597 – 624.

[143] Camagni R P. From city hierarchy to city network: reflections about an emerging paradigm [M] //Structure and change in the space economy Berlin, Heidelberg: Sprimger, 1993: 66 – 87.

[144] Capello R, Camagni R. Beyond optimal city size: An evaluation of alternative urban growth patterns [J]. Urban Studies, 2000, 37 (9): 1479 – 1496.

[145] Carlino G A. Manufacturing agglomeration economies as returns to scale: A production function approach [J]. Papers in Regional Science, 1982, 50 (1): 95 – 108.

[146] Castells, M. The Rise of Network Society [M]. 2nd ed. Oxford: Blackwell, 1996: 316.

[147] Chipman, J. S. External economies of scale and competitive equilibrium [J]. Quarterly Journal of Economics, 1970 (84): 347 – 385.

[148] Clark, C. . Urban Population Densities [J]. Journal of Royal Statistics Society, Series A, 1951, 114 (12): 490 – 494.

[149] Cohen, J. P. and C. J. Morrison Paul. Agglomeration economies and industry location decisions: The impacts of spatial and industrial spillovers [J]. Regional Science and Urban Economics, 2005 (35): 215 – 237.

[150] Cohen, J. P. and C. J. Morrison Paul. Spatial and supply/demand agglomeration economies: State – and industry – linkages in the US food system [J]. Empirical Economics, 2003 (28): 733 – 751.

[151] Combes, P. P. Economic structure and local growth: France, 1984 – 1993 [J]. Journal of Urban Ecomomics, 2000 (47): 329 – 355.

[152] Dave S. High urban densities in developing countries: A sustainable solution? [J]. Built Environ, 2010, 36 (1): 9 – 27.

[153] Davis K. World urbanization: 1950 – 1970 [M] //Bounce I S, Simons J W. systems of the cities. New York: Oxford University Press, 1978: 92 – 100.

[154] Duany A, Plater – Zyberk E. Suburban nation [M]. New York (NY): North Point Press, 2001.

[155] Dumais, G, G. Ellison and E. Glaeser. Geographic concentration as a dynamic process [J]. Review of Economics and Statistics, 2002, 84 (2): 193 – 204.

[156] Duranton G, Puga D. Micro – foundations of urban agglomeration economies [J]. Handbook of regional and urban economics, 2004 (4): 2063 – 2117.

[157] Duranton G, Overman H G. Geographic Concentration in U. S. Manufacturing Industries: A Dartboard Approach [J]. Journal of Political Economy, 1997, 105 (5): 889 – 927.

[158] Duranton G, Overman H G. Testing for Localization Using Micro – Geo-

graphic Data [J]. Review of Economic Studies, 2005, 72 (4): 1077 – 1106.

[159] Duranton G. , Puga D. Chapter 48 Micro – foundations of urban agglomeration economies [J] . Handbook of Regional and Urban Economics, 2004: 2063 – 2117.

[160] E Heikkila, P Gordon, J I Kim, R B Peiser, H W Richardson. What happened to the CBD – distance gradient? Land values in a polycentric city [J]. Environment and Planning A, 1989, 21 (3): 221 – 232.

[161] Eaton J, Eckstein Z. Cities and growth: Theory and evidence from France and Japan [J]. Regional science and urban Economics, 1997, 27 (4 – 5): 443 – 474.

[162] Eberts, R. W. and D. P. McMillen. Agglomeration economies and urban public infrastructure [M] //P. Cheshire and E. S. Mills (eds.) . Handbook of Urban and Regional Economics, Vol. 3, New York: North – Holland, 1999: 1455 – 1495.

[163] Elkin T, McLaren D. Reviving the city, towards sustainable urban development [M]. London (UK): Friends of the Earth, 1991.

[164] Ellison, G. and E. L. Glaeser. Geographic concentration in US manufacturing industries: A dartboard approach [J]. Journal of Political Economy, 1997 (105): 889 – 927.

[165] Evans A W. The pure theory of city size in an industrial economy [J]. Urban Studies, 1972, 9 (1): 49 – 77.

[166] Ferguson N, Woods L. Travel and mobility. In: Jenks M, Jones C, editors. Dimensions of the sustainable city [M]. London (UK): Springer, 2010.

[167] Feser, E. J. A flexible test for agglomeration economies in two US manufacturing industries [J]. Regional Science and Urban Economics, 2002 (31): 1 – 19.

[168] Feser, E. J. Tracing the sources of local external economies [J]. Urban Studies, 2002 (39): 2485 – 2506.

[169] Flatters F. , Henderson V. , Mieszkowski P. Public goods, efficiency, and regional fiscal equalization [J]. Journal of Public Economics, 1974, 3 (2): 99 – 112.

[170] Freeman A M. The Measurement of Environmental and Resource Values, Theory and Methods [M]. Washington: Resources for the Future, 2003.

[171] Fujita M. Urban economic theory: land use and city size [M]. Cambridge University Press, 1989.

[172] Fujita, M. and J. – F. Thisse. Economics of Agglomeration: Cities, Industrial Location and Regional Growth, Cambridge [M]. Cambridge University Press, 2002.

[173] Gini, C. On the Measure of Concentration with Special Reference to Income and Statistics [M] . In: General Series, Vol. 208, Colorado College Publication, 1936: 73 – 79.

[174] Glaeser, E. L. , H. D. Kallal, J. A. Scheinkman and A. Shleifer. Growth in cities [J]. Journal of Political Economy, 2006 (100): 1126 – 52.

[175] Griffith D A. . Modelling urban population density in a multi – centered city [J]. Journal of Urban Economics, 1981, 9 (3): 298 – 310.

[176] Guillain, R. , LeGallo, J. Agglomeration and dispersion of economic activities in and around Paris: an exploratory spatial data analysis [J]. Environment and Planning B, 2010 (37): 961 – 981.

[177] Gupta S. P. , Hutton J. P. Economies of scale in local government services [J]. HMSO, 1968.

[178] Hallet M. Regional specialisation and concentration in the EU [J]. Economic Papers No. 141, February, 2000: 2000.

[179] Hanink, D. M. A spatial analysis of sectoral variations in returns to external scale [J]. Journal of Regional Science, 2006 (46): 953 – 968.

[180] Harvey J. The economics of real property [M]. London, UK. : Macmillan, 1981.

[181] Henderson J. V. General equilibrium modeling of systems of cities [J]. Handbook of regional and urban economics, 1987 (2): 927 – 956.

[182] Henderson J V. The sizes and types of cities [J]. The American Economic Review, 1974, 64 (4): 640 – 656.

[183] Henderson, J. V. , A. Kuncoro and M. Turner. Industrial development in cities [J]. Journal of Political Economy, 1995 (103): 1067 – 90.

[184] Henderson, J. V. Marshall's scale economies [J]. Journal of Urban Economics, 2003 (53): 1 – 28.

[185] Hirschman, A. The Strategy of Economic Development [M]. New Haven, CT: Yale University Press, 1958.

[186] Holmes, T. J. , J. J. Stevens. Geographic concentration and establishment scale [J]. Review of Economics and Statistics, 2002, 84 (4): 682 – 91.

[187] Holmes, T. J. Localization of industry and vertical disintegration [J]. Review of Economics and Statistics, 1999, 81 (2): 314 – 25.

[188] Howard E. Garden Cities of to morrow: A peaceful path to real reform [M]. Londonm, UK: Swan Sonnenschein, 1902.

[189] Isard, W. Methods of Regional Analysis: An Introduction to Regional Science [M] . New York: John Wiley & Sons Inc. , 1960.

[190] Jacobs, J. The Economy of Cities [M]. New York: Random House, 1969.

[191] Katarzyna Kopczewska. Cluster – based measures of regional concentration [J]. Critical overview, Spatial Statistics, 2018 (27): 31 – 57.

[192] Kau, J. , Lee, C. and Chen, R. Structural Shifts in Urban Population Density Gradients: An Empirical Investigation [J]. Journal of Urban Economics, 1983, 13 (6): 364 – 377.

[193] Kawashima T. Aged population in spatial cycles: Roxy index analysis for Chuo – line region in Tokyo metropolitan area [J]. Gakushuin Economic Paper, 1994, 31 (1): 13 – 35.

[194] Kim, Y. , Barkley, D. L. , Henry, M. S. Industry characteristics linked to establishment concentrations in nonmetropolitan areas [J]. Regional Science, 2000 (40): 231 – 259.

[195] Koo, J. Agglomeration and spillovers in a simultaneous framework [J]. Annals of Regional Science, 2005 (39): 35 – 47.

[196] Koo, J. Determinants of localized technology spillovers: role of regional and industrial attributes [J]. Regional Studies, 2007 (41): 1 – 17.

[197] Krugman P. Increasing returns and economic geography [J]. Journal of political economy, 1991, 99 (3): 483 – 499.

[198] Krugman P. R. History and Industry Location: The Case of the Manufacturing Belt, American Economic Review, 1991, 81 (2): 80 – 83.

[199] Kullback S. , Leibler R. A. On Information and Sufficiency [J]. The Annals of Mathematical Statistics, 1951, 22 (1): 79 – 86.

[200] Lall, S. V. , Z. Shalizi and U. Deichmann. Agglomeration economies and productivity in Indian industry [J]. Journal of Development Economics, 2004 (73): 643 - 673.

[201] Lilien, D. M. Sectoral shifts and cyclical unemployment [J]. Political E-conomy, 1982 (3): 777 - 793.

[202] Lim, U. Knowledge externalities, spatial dependence, and metropolitan economic growth in the United States [J]. Environment and Planning A, 2007 (39): 771 - 788.

[203] Mano, Y. and K. Otsuka. Agglomeration economies and geographical con-centration on industries: A case study of manufacturing sectors in postwar Japan [J]. Journal of the Japanese and International Economics, 2000 (14): 189 - 203.

[204] Marcon E. , Puech F. Measures of the Geographic Concentration of Indus-tries: Improving Distance - Based Methods [J]. Journal of Economic Geography, 2009, 10 (5): 745 - 762.

[205] Marius Brülhart, Traeger R. An Account of Geographic Concentration Pat-terns in Europe [R] . Cahiers de Recherches Economiques du Département d' Econométrie et d'Economie politique (Deep), 2003.

[206] Marshall, A. Principles of Economics [M]. 8th ed. London: Macmillan, 1920.

[207] Maurel, F. , Sedillot, B. A measure for geographical concentration of French manufacturing industries [J] . Regional Science of Urban Economics, 1999, 29 (5): 575 - 604.

[208] McDonald, J. and Bowman, H. Some Alternative Urban Population Densi-ty Functions [J]. Journal of Urban Economics, 1976 (3): 241 - 252.

[209] McDonald, J. Econometric Studies of Urban Population Density: A Survey [J]. Journal of Urban Economics, 1989, 26 (2): 361 - 385.

[210] Michael Batty. Rank Clocks [J]. Nature, 2006, 11 (30): 592 - 596.

[211] Mirrlees J. A. The optimum town [J]. The Swedish Journal of Economics, 1972 (74): 114 - 135.

[212] Miyao T, Shapiro P. Dynamics of rural—urban migration in a developing economy [J]. Environment and Planning A, 1979, 11 (10): 1157 - 1163.

[213] Myrdal, G. Economic Theory and Underdeveloped Regions [M]. London: Duckworth, 1957.

[214] Nakamura, R. Agglomeration economies in urban manufacturing industries: a case of Japanese cities [J]. Journal of Urban Economics, 1985 (17): 108 – 124.

[215] Paci, R. and S. Usai. Agglomeration economies and growth: the case of Italian local labour systems, 1991 – 2001 [D]. Working Paper 2006/12, Centro Ricerche Economiche Nord Sud, University of Cagliari.

[216] Richardson H. W. Optimality in city size, systems of cities and urban policy: a sceptic's view [J]. Urban Studies, 1972, 9 (1): 29 – 48.

[217] Rigby, D. L. and J. Essletzbichler. Agglomeration economies and productivity difference in US cities [J]. Journal of Economic Geography, 2002 (2): 407 – 432.

[218] Ripley B. D. Locally Finite Random Sets: Foundations for Point Process Theory [J]. Annals of Probability, 1976, 4 (6): 983 – 994.

[219] Rosenthal, S. S. and W. C. Strange. Evidence on the nature and sources of agglomeration economies [M] //J. V. Henderson and J. F. Thisse (eds.). Handbook of Urban and Regional Economics, Vol. 4, New York: North – Holland, 2004: 2119 – 2171.

[220] Rosenthal, S. S., W. C. Strange. The determinants of agglomeration [J]. Journal of Urban Economics, 2001 (50): 191 – 229.

[221] Saskia Sassen. The Global City: NewYork, London, Tokyo [M]. Princeton, New Jersey: Princeton Univercity Press, 1991.

[222] Scholl T., Brenner T. Detecting Spatial Clustering Using a Firm – Level Cluster Index, Regional Studies [J]. The Journal of the Regional Studies Association, 2016, 50 (6): 1054 – 1068.

[223] Scholl T., Brenner T. Optimizing distance – based methods for large data sets, Journal of Geographical Systems, 2015 (17): 333 – 351.

[224] Shannon C. E. A mathematical theory of communication [J]. Bell Labs Technical Journal, 1948, 27 (4): 379 – 423.

[225] Shi L, Li D, Zhao J. A method to estimate urban optimum population con-

ditions: A case study of Xiamen, China [J]. International Journal of Sustainable Development & World Ecology, 2010, 17 (4): 324 – 328.

[226] Strobl, E. Trends and determinants of geographic dispersion of Irish manufacturing activity, 1926 – 1996 [J]. Regional Studies, 2004 (38): 191 – 205.

[227] Taylor, P. J. World cities and territorial states: the rise and fall of their mutuality, in Knox, P. L. and Taylor, P. J. (eds.) World Cities in a World – System [M]. Cambridge: Cambridge University Press, 1995.

[228] Taylor, P. J. World City Network [M]. London: Routledge, 2004.

[229] Thomas L, Cousins W.. The compact city: a successful, desirable and achievable urban form? In: Jenks M, Burton E, Williams K, editors. The compact city, a sustainable urban form? [M]. London (UK): E& FN Spon, 1996: 53 – 65.

[230] Van Oort, F. Spatial and sectoral composition effects of agglomeration economies in the Netherlands [J]. Papers in Regional Science, 2007 (86): 5 – 30.

[231] Van Soest, D. P., S. Gerking and G. G. Van Oort. Spatial impact of agglomeration externalities [J]. Journal of Regional Science, 2006 (46): 881 – 899.

[232] Viladecans – Marsal, E. Agglomeration economies and industrial location: city – level evidence [J]. Journal of Economic Geography, 2004 (4): 565 – 582.

[233] Williams K, Burton E, Jenks M. Achieving the compact city through intensification; an acceptable option? In: Jenks M, Burton E, Williams K, editors. The compact city, a sustainable urban form? [M]. London (UK): E & FN SPON, 1996: 83 – 96.

[234] Wundt, B. D. Re – evaluating alternative measures of industrial diversity as indicators of regional cyclical variations [J]. Review of Regional Study, 1992, 22 (1): 59 – 73.

[235] Yang X, G. Hogbin. The Optimum Hierarchy [J]. China Economic Review, 1990 (2): 125 – 140.

[236] Zheng X. P. Measurement of optimal city sizes in Japan: a surplus function approach [J]. Urban Studies, 2007, 44 (5 – 6): 939 – 951.

后　记

　　本书自开始列入计划到全部完成历时十年时间。一方面，由于确实没有全力以赴集中写作；另一方面，也是更重要的原因，城市经济的研究来自各领域的交叉与融合，城市经济的研究方法也是各领域专家智慧的结晶，要比较系统地体现这些智慧实属不易，对于本人来说更是如此。

　　十年来，我们一方面不断搜集和整理国内外相关文献，另一方面通过教学和研究不断积累与城市发展相关的研究方法。所以，本书中很多文献延伸到了百年前的相关成果。在搜集和整理这些文献的过程中，笔者发现有很多成果尽管年代较为久远，但今天读来依然显示出其学术价值。笔者感到欣喜的同时，也为当时作者们精诚治学所留下的传世之作所折服。潜心治学的深度与流传久远的长度密切相关！

　　本书在写作过程中，本着"教学相长"的理念，老师指出城市发展的关键内容或需要解决的城市问题，师生共同寻找解决办法；针对各种不同研究方法，师生共同讨论，发现这些方法的基本思路与应用的优势与缺陷。因此，本书在写作过程中，汇集了很多学生的付出与贡献。尤其是在本书接近完成的 2019 年，王敢整理了外部性的研究框架；王佩琳搜集了关于空间计量方法在外部性实证研究中的应用案例；邵璇璇结合讲课内容，整理了聚集测度的各种方法；朱甜和吕文卓整理了城市规模和规模效应研究方法的资料。在这里一并致谢！

　　围绕城市经济的脉络，我们尽量从空间角度汲取与城市经济相关的地理学、经济学、社会学和管理学等不同学科的知识精华，努力从这些领域的研究中获取灵感。但是，由于每个学科都有各自的"话语体系"和"研究范式"，笔者在获取这些研究成果的时候难免发生对语义理解的偏差而导致对研究方法的"误解"，若有不当之处，深表歉意，并衷心感谢读者提出宝贵意见，以便帮助我们后续进行改正。

姚永玲

2020 年 1 月 6 日